中国社会科学院习近平新时代中国特色社会主义思想
研究中心研究系列丛书

中国式现代化的
文明领航

刘须宽◎著

首都经济贸易大学出版社
Capital University of Economics and Business Press
·北 京·

图书在版编目（CIP）数据

中国式现代化的文明领航/刘须宽著．--北京：首都经济贸易大学出版社，2023. 4
ISBN 978-7-5638-3504-1

Ⅰ．①中…　Ⅱ．①刘…　Ⅲ．①现代化建设—研究—中国　Ⅳ．①D61

中国国家版本馆 CIP 数据核字（2023）第 060664 号

中国式现代化的文明领航
刘须宽　著
ZHONGGUOSHI XIANDAIHUA DE WENMING LINGHANG

责任编辑　彭伽佳
封面设计　砚祥志远·激光照排 TEL：010-65976003
出版发行　首都经济贸易大学出版社
地　　址　北京市朝阳区红庙（邮编 100026）
电　　话　（010）65976483　65065761　65071505（传真）
网　　址　http：//www. sjmcb. cueb. edu. cn
经　　销　全国新华书店
照　　排　北京砚祥志远激光照排技术有限公司
印　　刷　北京建宏印刷有限公司
成品尺寸　170 毫米×240 毫米　1/16
字　　数　206 千字
印　　张　17. 5
版　　次　2023 年 4 月第 1 版
印　　次　2025 年 1 月第 3 次印刷
书　　号　ISBN 978-7-5638-3504-1
定　　价　56. 00 元

导　言

面对世界之变、时代之变、历史之变，人类必须准确识变、科学应变、主动求变，我们必须知道自己是谁，从哪里来，到哪里去，人类社会文明又一次来到历史的十字路口。就全球范围而言，面对世界经济复苏艰难的困境、发展鸿沟不断拉大的现实、生态环境持续恶化的走势、冷战思维阴魂不散的陷阱，人类发展的光明在哪里？文明世界的未来在哪里？人类是要追随资本主义的工业文明一条路走到黑，继续加剧以上困境，还是另辟蹊径、开辟新文明？是模仿少数发达国家走两极分化之路还是走共同富裕之路？是仅注重追求物质至上还是要实现物质与精神的协调发展？不同文明之间是继续扩大冲突、大搞零和博弈还是选择合作共赢？各民族国家是立足本国国情保持自身文明的独立性、现代化道路的自主性，还是要釜底抽薪式地照搬照抄别国的文明和发展模式？各国是经由自己的文化与文明传统走向现代化，还是要放弃自己的文化与文明传统直取“所谓的现代文明”的“搬来峰”？各国是采取竭泽而渔、“挖坟掘墓”式的短视发展路径，或者像发达资本主义国家那样搞对外的生态殖民、生态掠夺、污染输出，还是致力于建设优美生态环境、寻求人与自然和谐共生的美好生活图景？回答这些问题，既是建构人类文明新形态的核心要求，也是马克思主义批判旧文明的核心立场的确认，更是中国式现代化要化解的核心问题。今天，中华民族站到了新的历史方位上，历史的结论昭示我们：必须高举马克思主义、中国特色社会主义伟大旗帜，建设具有强大生命力和创造力的社会主义精神文明，建设具有强大感召力和影响力的中华文化软实力，建设具有强大牵引力和示范性的全新人类文明形态。

在热力学的耗散结构中，熵是表征物质状态的重要参量，是衡量体系稳定或混乱程度的一个度量，熵减少或熵为负意味着系统更加稳定，熵增加则意味着系统更趋混乱。在人类文明的发展进程中，同样存在革命性变量与保守变量之间的斗争，文明发展的先进基因的作用与熵理论的主张恰恰相反，在人类社会中，积极的变量增加尽管可能暂时导致混乱，但将在更高的程度上建立新的平衡，开掘新的文明样态，这就是在资本主义胚胎之中产生无产阶级革命力量的原因，也是在资本主义工业文明体系之中不断形成社会主义文明基因的价值所在。西方经济学的“帕累托改进”概念假定在没有使任何人境况变坏的前提下，使得至少一个人变得更好，这样的事情是值得做的；罗尔斯的正义论也有类似的主张，每个人所享有的自由与其他人在同体系下所享有的各项自由权兼容，在使社会中处境最不利的成员获得最大的利益时，不能伤害到其他人的利益。尽管罗尔斯认为天赋不能作为“应得”的评判标准，但在罗尔斯的正义体系中，“劫富济贫”是不正义、不被容许的，帕累托与罗尔斯归根到底都在维护“私有权益的神圣性”。在哲学领域，马克思发现了从肯定到否定再到肯定的辩证规律，验证了文明发展从原始公有制到私有制再到公有制的辩证发展路径；在科学社会主义领域，马克思主义勘破了从空想社会主义到资本主义再到科学社会主义的辩证运动规律。在中华优秀传统文化之中，也存在一个类似于“帕累托改进”的中华文明的“孔子改进”（赵汀阳持这一主张）。“孔子改进”的基本出发点在于“己所不欲，勿施于人”，强调反躬自省，“己欲立而立人，己欲达而达人”，做人做事都应该如此，文明发展也应当如此，一个国家不应该将本民族的文明主张强加给别的国家、别的民族，不应该随意指责别国的文化与文明传统。就中华文明的时代化而言，“孔子改进”在新时代的本质表现为：将马克思主义的辩证法、科学社会主义主张和历史唯物主义进行深度互嵌交融，既实现了马克思主义的中国化、时代化、大众化，实现马克思主义世界观方法论的中国化时代化，又不断促成中华优秀传统文化的创造性发展与创新性转化，开创中国式现代化新道路，“弘扬立己达人精神，增强现代化成果的普惠性”①，开创人类文明新形态。我们认为，“吹灭别人的灯，并不会让自己更加光明；阻挡别人的路，也不会让自己行得更远”②。

人类文明新形态既是文明按照历史规律自觉选择的结果，也是无产阶级长期斗争的结晶。每一种文明都企图恒久地停留在历史时空之中，但时间会做出选择，只有那种始终秉承以“人民为

① 习近平：“携手同行现代化之路——在中国共产党与世界政党高层对话会上的主旨讲话”，《光明日报》，2023 年 3 月 16 日。

② 习近平：“携手同行现代化之路——在中国共产党与世界政党高层对话会上的主旨讲话”，《光明日报》，2023 年 3 月 16 日。

中心”的文明样态，那种兼顾最大多数人利益的文明，才是真“文明”的本意呈现。“野蛮”是以自利、重视“私域”为评判尺度的，文明是以利他、重视“公域”为基本表征的。资本主义的工业文明在扬弃封建社会的土地所有制中发挥了积极作用，解放了生产力，但这个生产力仅仅服务于少数资本家精英或精英集团，从而是超越地主土地所有制的“有限公域性”。在历史唯物主义发展历程中，需要一种将“公域”最大化的文明，也就是公有制的文明形式，这种文明发展的极致表现就是“人人为我，我为人人”，我是别人获得全面自由发展的条件，别人是我实现全面自由的条件，每个人都能获得全面自由的发展，代表着集团、阶级和国家“私域”的狭隘诉求日渐消亡。随着国家与阶级的消亡，最完全的人人共享的公有制文明得以建立。

我们正处在马克思主义所指明的关于人类文明发展的历史进程之中，马克思主义是万里长河之泉源、参天大树之根本，我们必须坚定站稳马克思主义立场，以历史唯物主义方法批判一切旧文明，清理旧文明之糟粕，继承中华文明的精华，不断将人类文明的有益基因编织到中国特色社会主义的伟大实践之中，开创并丰富发展人类文明新形态。中华 5000 年文明是世界文明史上唯一没有中断的文明形式，足见其生生不息的强大生命力、薪火相传的蓬勃滋养力。但历史总有吊诡的地方，伟大文明也会遭遇蒙尘的厄运，近代以来中华民族任人宰割的历史、中华文明惨遭歧视的历史、黄色人种受尽屈辱的历史，历历在目。反观西方工业文明，在颠覆封建制文明基础上创造了资产阶级文明的新高峰，这警示我们，文明的发展离不开生产力与技术变革，贫穷不是社会主义，社会主义新文明必须超越资本主义的工业文明，人类美好社会需要产品的极大丰富，需要摆脱对“物的依赖”，增强人的自我选择的权利，形成具有社会主义标识性的新人类文明、新工业文明、新城市新文明、新乡村新文明、新互鉴文明，充分展现“人类文明新形态”的丰富内涵、广博外延、本质特质与世界意义。

历史学家蒋廷黻认为：“近百年的中华民族根本只有一个问题，那就是：中国人能近代化吗？能赶上西洋人吗？能利用科学和机械吗？能废除我们的家族和家乡观念而组织一个近代的民族国家吗？能的话，我们民族的前途是光明的；不能的话，我们这个民族是没有前途的。因为在世界上，一切国家能接受近代文化者必致富强，不能者必遭惨败，毫无例外。”[①]“近代文化”是何种意义上的呢？是资产阶级工业文明的近代文化？还是马克思主义所掀起的近代无产阶级的革命文化呢？是所有制意义上的文化，还是要打破所有制的文化？从作者的前后表述分析，谈到赶上西洋人、懂得利用科学、能机械化作业才算作是接受“近代文化”，讲到日本“接受近代文化很快”，并认为在17世纪末，当中国还处在康熙年间时，俄国的大彼得变名改姓，“微服到西方去学造船、学炼钢”[②]，故而认为“俄国的近代化基础是大彼得立的”[③]，日本与俄国的维新都是学习资本主义的工业文明，“接受了近代的科学、机械及民族主义”。蒋廷黻认为中国的近代化

① 蒋廷黻：《中国近代史》，江苏人民出版社2017年版，第2~3页。
② 蒋廷黻：《中国近代史》，江苏人民出版社2017年版，第4页。
③ 蒋廷黻：《中国近代史》，江苏人民出版社2017年版，第4页。

不仅仅要学技艺，还要“废弃”族群观念、乡愿，形成高度组织化的治理结构，也就是要向西方学习官僚体系与治理结构，才能推动中国“现代化”。蒋廷黻 1895 年出生，1911 年赴美求学，获哥伦比亚大学博士学位，1923 年回国从事历史研究，先后任南开大学第一任历史系主任和清华大学历史系主任，因受蒋介石赏识，1935 年被任命为国民党行政院政务处长，1961 年任台湾驻美“大使”。从蒋廷黻的成长经历看，他学成于美国，对西方工业文明颇多高看也情有可原，他作为国民党的要员，无法读懂“马克思主义革命意义上的近代化”，或者不认可无产阶级革命，也与其服务的政治集团和政治信仰有关，故他开出的药方依然还是“技术层面”而非思想觉醒层面的，仅仅是对“师夷长技以制夷”的变革路径的沿袭，并无击中人民园地的真理闪电的新意。

时代是思想之母，实践亦是理论之源。对于蒋廷黻的疑问，我们用一种全新的社会主义制度给出了最好的答案，中国共产党百年奋进，获得了真理和实践的双重肯定、开创社会主义新文明与推进现代化伟业的变革性成就的多重确证。党的二十大报告指出：“实践告诉我们，中国共产党为什么能，中国特色社会主义为什么好，归根到底是马克思主义行，是中国化时代化的马克思主义行。”① 一百年来，中国共产党团结带领中国人民进行的一切奋斗、一切牺牲、一切创造，归结起来就是一个主题：实现中

① 习近平：《高举中国特色社会主义伟大旗帜 为全面建设社会主义现代化国家而团结奋斗——在中国共产党第二十次全国代表大会上的报告》，人民出版社 2022 年版，第 16 页。

华民族伟大复兴。这一百年来开辟的伟大道路、创造的伟大事业、取得的伟大成就，必将载入中华民族发展史册、人类文明发展史册！百年来，中国共产党创造了新民主主义革命的伟大成就，庄严宣告中国人民站起来了，中华民族任人宰割、饱受欺凌的时代一去不复返了；创造了社会主义革命和建设的伟大成就，庄严宣告只有社会主义才能救中国，只有中国特色社会主义才能发展中国；创造了改革开放和社会主义现代化建设的伟大成就，庄严宣告改革开放是决定当代中国前途命运的关键一招，中国大踏步赶上了时代；创造了新时代中国特色社会主义的伟大成就，庄严宣告中华民族迎来了从站起来、富起来到强起来的伟大飞跃，实现中华民族伟大复兴进入了不可逆转的历史进程。

巨变时代往往是大历史转折的关键点，也往往是集成时代精华形成新文明的伟大标志点。世界百年未有之大变局，本质上也是社会主义文明对资本主义文明超越的转折点，是开创人类文明新形态的转折点。在人类文明演进的历程中，“文明是朝着人类幸福的目标前进的。”[①] 对于美好文明状态马克思给出了“自由人联合体”的设想，人类文明新形态是中国共产党基于马克思主义所指明的历史方向，在正确的历史方位上推进人类文明发展的一次伟大跃进，人类文明新形态注重从多维视野变革人类社会发展、提升优化文明程度、聚焦共同体意志与共同体利益，塑造更有质地的共同体。尽管人类文明在历史的必然性上是以进步为主基调的，但并不意味着文明退步与文明毁灭一定不会出现，在核

① 约翰·伯瑞：《进步的观念》，范祥涛译，上海三联书店 2005 年版，第 97 页。

武器、生化武器作为文明威胁的主要战争工具的时代，人类唯有达成最广泛的理性共识，谨慎维护世界的持久和平，防止核武器与生物武器的灭绝性滥用，才能保证文明发展的前进方向。人类朝向文明进步的所有努力，一定是以限制毁坏文明的行为作为重要的辅助手段来制衡非文明化变量的。人类文明新形态的开创与形成本质上是对非文明和旧文明的一次扬弃过程，既是人类文明自身演进的逻辑结果，也是正义力量上升压制非正义力量的结果，更是无产阶级领导的新形态的人类文明对旧形态的人类文明自我超越的结果。在马克思主义所指明的历史进程中，审视人类文明新形态产生的可能与必然性，厘清人类文明新形态的本质与特征，梳理人类文明新形态的内在生成逻辑，凸出人类文明新形态的历史唯物主义本质，彰显人类文明新形态胸怀天下的伟大格局，阐释人类文明新形态的世界意义，拓展人类文明新形态的全人类共同价值空间，以人类文明新形态赋值构建人类命运共同体，不断丰富和发展人类文明新形态，为最终走向人类文明的更高形态奠定强大的物质基础、思想基础与自由人联合体的体制机制。

目　录

第一章　人类文明新形态何以可能……………………（1）
第一节　人类处在文明选择的十字路口…………………（1）
一、百年未有之大变局是文明变奏曲的开启……………（2）
二、旧文明加剧人类社会自我毁灭进程…………………（6）
三、文明冲突论本质是西方文明优越论…………………（8）
四、人类文明新形态是引导人类自我优化的必然选择 ……………………………………………………（14）
第二节　资产阶级文明无法引领未来 …………………（15）
一、西方文明中心论加剧自身的自我设限 ……………（16）
二、马克思主义对资本主义工业文明的肯定 …………（19）
三、经典作家对鸦片战争前落后的东方给予毫不留情的批判 ……………………………………………………（23）
四、马克思主义对资本主义工业文明的批判与超越 ……（26）
第三节　社会主义文明代表进步方向 …………………（29）
一、马克思主义激活下的中华文明的自卑与自检 ……（30）
二、社会主义文明矫正一切旧文明的劣根性 …………（36）

三、摆脱物的依赖走向自由是人类的终极目的 ……… (39)
第四节　中国共产党胸怀天下的文明胸襟 ……………… (45)
一、坚持胸怀天下是马克思主义的鲜明特征 ………… (46)
二、中国共产党胸怀天下的眼光和格局 ……………… (49)
三、中国共产党胸怀天下的宝贵历史经验 …………… (51)

第二章　人类文明新形态的内涵与特征 ……………… (56)
第一节　人类文明新形态的本质内涵 ………………… (57)
一、党的领导：人类文明新形态的本质规定 ………… (57)
二、爱民富民：以人民为中心的文明 ………………… (59)
三、天无私覆：平等与共享的文明 …………………… (61)
四、全面进步：多向度协调发展的文明 ……………… (62)
五、价值同构：内蕴全人类共同价值的文明 ………… (64)
第二节　人类文明新形态的特征 ……………………… (64)
一、表征新时代历史方位与文明进步方向 …………… (65)
二、彰显中国式现代化道路与制度优势 ……………… (67)
三、合规律性螺旋式上升的文明形态 ………………… (68)

第三章　人类文明新形态的历史唯物主义基础 ……… (72)
第一节　以大历史观看待人类文明新形态 …………… (73)
一、文明形态更替的历史逻辑与演进路径 …………… (74)
二、社会主要矛盾转化赋值文明形态新内涵 ………… (76)
三、以人类文明新形态牵引大变局向优而变 ………… (77)

第二节　人类文明新形态对历史唯物主义的原创性贡献 …………………………………………（80）
一、从百年历史经验中得出文明飞跃的历史性结论 ……………………………………………（80）
二、"两个结合"夯实了人类文明新形态的理论基础 ……………………………………………（83）
三、中国共产党以中国式现代化开创了人类文明新形态 …………………………………………（85）
第三节　人类文明新形态对既有文明的本质性超越 ……（89）
一、社会主义文明的救赎：矫正"东方从属于西方"的文明倒挂 ……………………………………………（90）
二、超越现代性：从虚假共同体进入真实共同体 ……（92）
三、命运共同体：中国与世界的共同归宿 …………（95）

第四章　人类文明新形态的理论生成逻辑…………（100）
第一节　"两个结合"：开创人类文明新形态的理论基点……………………………………………（101）
一、真理之种在人民的园地中开繁花、结硕果………（102）
二、"两个结合"的最新理论成果 …………………（103）
三、通向真理的坦途…………………………………（105）
第二节　"双创"：中华文明融入人类文明新形态的时代支点……………………………………………（106）
一、中华文明当代化的使命…………………………（106）
二、"双创"的文明建构承载 ………………………（108）

第三节 “两种形态”：人类文明新形态的理论本质……………………………………………………（110）
一、社会主义性质的文明形态……………………（110）
二、文明演进的内在逻辑机理……………………（111）
三、划定两种形态的文明界限……………………（112）
第四节 “两个未来的统一”：人类文明新形态的辩证发展路径……………………………………（113）
一、将中华文明的核心理念编织到人类文明新形态的经纬纲目之中……………………………（113）
二、人类文明新形态是解决世界向何处去的重要方案……………………………………………（114）
三、中华文明蕴涵着解决人类普遍性难题的一般法则……………………………………………（115）
四、文明发展螺旋式上升逻辑的必然结果…………（116）

第五章 “两个时代精华”赋能人类文明新形态 ………（118）
第一节 新时代中华文化和中国精神的时代精华的能指与所指……………………………………（119）
一、凝结马克思主义世界观和方法论的深刻哲理……（120）
二、“两个精华”是当代中国的精神内核 ……………（123）
三、揭示人类文明进路的历史机理…………………（126）
四、内蕴制衡霸权、引导世界向优而变的全球善治……………………………………………（129）
五、表征中华文化与中国精神的大一统气象…………（130）

第二节 时代精华夯实全新人类文明的理论地基………（131）
一、展现了新思想的历史自信与历史贯通性…………（131）
二、体现了新思想的文化自信与文化继承性…………（133）
三、彰显了新思想的文明自信与文明创造性…………（135）
四、呈现了政党自信与政治丰富性……………………（137）
五、体现了主要创立者的人格魅力的独特性与思想的深邃性……………………………………………………（139）
第三节 “两个时代精华”铸型世界文明新形态 ……（140）
一、时代精华牵引高尚生活……………………………（141）
二、时代精华内蕴马克思主义世界观和方法论………（143）
三、深刻回答世界之变、时代之变、历史之变………（144）
四、中国风格、时代思想、世界理论…………………（145）

第六章 中国式现代化是全新的人类文明形态…………（146）
第一节 中国式现代化蕴含全新人类文明的基本基因………………………………………………………（147）
一、和平型现代化的文明基因…………………………（147）
二、普惠型现代化的文明基因…………………………（148）
三、保护文明多样性的文明基因………………………（149）
四、开创了中国式现代化与人类新文明互推互建的领导机制………………………………………………（151）
第二节 中国式现代化对资本主义工业文明的全面超越………………………………………………………（152）
一、人民逻辑超越资本逻辑……………………………（152）

二、系统和谐超越分裂对抗……………………………（153）
三、天下大同超越霸权思维……………………………（154）
四、自主选择超越无根依附……………………………（156）
第三节 中国式现代化赋予全新人类文明形态发展的伟大使命……………………………………………………（157）
一、明确文明使命与目标………………………………（158）
二、创造新的共同体文明………………………………（159）
三、创造人类工业新文明………………………………（160）
四、创造人类城市新文明………………………………（162）
五、创造乡村新文明……………………………………（163）
六、打通“三个和解”通道 ……………………………（166）

第七章 以全新文明基因型塑人类命运共同体…………（168）
第一节 构建人类文明新形态的传播机制………………（168）
一、在世界文明体系中构建中华文明的全新文化起点……………………………………………………（170）
二、超越资本逻辑、校准文明发展航向、拓宽人类现代化路径…………………………………………（172）
三、讲清楚社会主义文明发展的“时与势” …………（173）
四、廓清“强权即正义”的旧文明的丛林法则本质………………………………………………………（175）
五、明确新时代世界“普遍文明”的生成路径 ………（177）
六、开创为人民谋幸福与为人类谋进步的价值合流新路径……………………………………………………（180）

七、做引领大变局向优而变的文明表率…………（182）
第二节　以全人类共同价值塑造全球价值共识…………（183）
一、站在历史正确的一边审视价值观论争…………（184）
二、不存在放之四海而皆准的价值立场…………（190）
三、以大文明格局谋划未来…………（196）
四、弘扬全人类共同价值…………（204）
五、为人类文明新形态开辟价值空间…………（208）
第三节　不断丰富发展人类文明新形态…………（211）
一、深化人类文明新形态的中国特色社会主义建构…………（212）
二、发挥人类命运共同体与人类文明新形态的互促效应…………（215）
三、大力发展社会主义数字文明…………（217）
四、筑牢中华文明共同体意识…………（228）
五、进一步夯实自由人联合体的制度基础，拓宽实现通道…………（230）

结语…………（232）

参考文献…………（237）

第一章 人类文明新形态何以可能

推动人类文明发展是当代中国最伟大最壮丽的“文明工程”①，旧文明衰落与新文明兴起都是历史发展的必然结果，每一种文明的诞生与演进看似杂乱无章，其实都有其内在逻辑，我们必须基于历史唯物主义与辩证唯物主义的视野审视一种新文明形态建立的可能性与现实性。从人类文明演进的进程中来看，资产阶级旧文明尽管具有消亡的必然性，但垂而不死正是资产阶级工业文明的基本存在样态。在资本主义工业文明主导的近400年历程中，任何一种新的文明形态的形成，都必然要与资本逻辑发生关系。如果一种新文明依旧屈从于资本的逻辑，那这种新文明就不会有“新”东西，能被称为新文明形态的，一定是与资本主义文明的内在规定性、资本至上性具有本质区别的文明形式。人类文明新形态正是在社会主义公有制同资本主义私有制的博弈中不断显现自己本质规定性的。

第一节 人类处在文明选择的十字路口

以习近平同志为核心的党中央深刻洞察世界发展的大趋势，精准定位新时代中国的历史方位和发展机遇，明确指出：“我国

① 包心鉴：“新文明观：面对新全球化的价值选择”，《理论视野》，2017年第6期。

处于近代以来最好的发展时期，世界处于百年未有之大变局，两者同步交织、相互激荡。”① 世界百年未有之大变局的实质是文明变奏曲，是“新旧文明”变换的历史时刻，在资产阶级文明“一统天下”的时代，资本主义及其工业文明现存的合理性抑制着社会主义力量的崛起，大变局的到来，“资强社弱”的形势开始转变，社会主义文明从萌芽和胚胎状态走向绽放。从文明形态的变革来看，世界百年未有之大变局，既是两种制度的切换，也是历史必然性的彰显过程，更是社会主义文明超越资本主义文明、中国共产党开创的人类文明新形态对资本主义工业文明的超越，将人类文明的发展进程向前推进一大步。没有人类文明的进步，就不会有变局的开端与走向变局的结果，大变局的必然性就体现为进步文明替代落后文明的必然性。

一、百年未有之大变局是文明变奏曲的开启

文明（civilization）是人类劳动与技术变革的结果，技术大变革时代也往往是文明跃升最快的历史时段，技术发展是支撑新文明的必要条件。早期文明都是原子式的单体存在样态，技术促成了交通、航海、通信大发展，推进了人类历史的世界化，各种文明打破地域制约、疆域限制而走向彼此的认知与交往。人类历史的世界化也是技术世界化的结果，文明的发展伴随着人类支配半径、行动轨迹的拓展，石器、石斧、粗陋的弓箭、长矛限制了

① 《习近平谈治国理政》（第三卷），外文出版社 2020 年版，第 428 页。

人类文明的拓展，随着新技术使用范围的扩大，文明影响范围与文明自身的自我塑造能力都在提升，“仍旧要等技术自身的发展超过一定的限度，社会里才不期然而然又有转移文明的新活力发现”①。从广泛的意义上看，“世界文明”基于“世界”的广域，应该有“文明的一般”形式，应该有向好发展的“文明大道”②，也就是世界文明发展的基本趋势。从长轴线看，人类脱离野蛮状态与打破封闭局面、推动工具变革与技术进步、交往半径扩展与不同地域性文化碰撞交融，构成了世界性文明不断生成的一般过程与基本逻辑，其间也伴随着霸权文明对落后地区的征服、杀戮、掠夺、文明挤压与文化同化。

“世界百年未有之大变局在一定意义上意味着一种文明原理的变局，意味着对于任何具体社会和古老文明选择自身现代化道路的主体性赋权。”③ 马克思在分析德国人的解放图景时指出：“这个解放的头脑是哲学，它的心脏是无产阶级”④，人类文明的解放前景，正是将马克思所理解的“世界文明”变为“文明世界”⑤，其赋能的心脏依然是“无产阶级”。国民党并没有能够把水深火热的旧中国带入“至进步、至庄严、至富强、至安乐之国家，而为民所有、为民所治、为民所享”⑥，建立新中国、新文明的任务最后便落到了中国共产党人的身上。正如毛泽东所说：

① 《瞿秋白文集》（政治理论编第二卷），人民出版社 2013 年版，第 267 页。
② 《列宁全集》（第 23 卷），人民出版社 1990 年版，第 41 页。
③ 张志强：“大变局与新文明”，《中国社会科学报》之《学术中国 · 2022 专刊》，2022 年 8 月 29 日，第 5 版。
④ 《马克思恩格斯选集》（第一卷），人民出版社 2012 年版，第 16 页。
⑤ 《马克思恩格斯全集》（第九卷），人民出版社 1961 年版，第 109~110 页。
⑥ 《孙中山全集》（第六卷），中华书局 1981 年版，第 413 页。

“我们共产党人，多年以来，不但为中国的政治革命和经济革命而奋斗，而且为中国的文化革命而奋斗；一切这些的目的，在于建设一个中华民族的新社会和新国家。在这个新社会和新国家中，不但有新政治、新经济，而且有新文化。这就是说，我们不但要把一个政治上受压迫、经济上受剥削的中国，变为一个政治上自由和经济上繁荣的中国，而且要把一个被旧文化统治因而愚昧落后的中国，变为一个被新文化统治因而文明先进的中国。一句话，我们要建立一个新中国。”① “建立民族独立、民权自由与民生幸福的新中国，”② 毛泽东在中共七大上指出：“全国的解放，全国人民的解放，建立一个新中国，一个新民主主义的中国，一个独立的、自由的、民主的、统一的、富强的中国。这就是我们的总路线。”③ 这是中国共产党改写人类文明的序章。

在百年未有之大变局的历史情境中，按现有西方文明剧本演下去，人类的喜剧将越来越少，悲剧却越来越多，期待书写更多喜剧、擘画更美好未来的新文明是历史进步的趋势使然，新文明必须具有民族叙事、全球担当和世界指向的多重意义，反映现代文明新诉求、昭示现代文明新特质、展示人类文明新格局、构建文明新秩序，人类文明新形态正是对中华文明当代化、当代中国文明觉醒的学理、道理与实践效果的确证。人类文明演进是否存在雅斯贝斯所说的文明的轴心时代有待论证，但历史唯物主义所指明的人类文明演进的阶梯是无法颠覆的真理性结论。人类文明

① 《毛泽东选集》（第二卷），人民出版社 1991 年版，第 663 页。

② 中共中央文献研究室、中央档案馆编：《建党以来重要文献选编》（第十四册），中央文献出版社 2011 年版，第 392 页。

③ 《毛泽东文集》（第三卷），人民出版社 1996 年版，第 304 页。

走向普遍性的步履从未停止，人类文明新形态“彰显其对经典现代性的合理扬弃，也顺应了21世纪全球化时代多元共生的逻辑，昭彰了中国特色社会主义现代文明对它的历史必然性的展开”①。

雅斯贝斯认为：“人类一直靠轴心期所产生、思考和创造的一切而生存。每一次新的飞跃都回顾这一时期，并被它重燃火焰。”② 世界百年未有之大变局正在点燃“人类文明跃升是新烛光”，“文明的历史是历时几个世纪之久的提炼集体性格的过程”③，在西方主导世界近400年的治理结构中，形成并进一步强化了西方文明的优势地位，但随着第三世界的崛起、广大新兴市场国家的快速发展，人类又到了“提炼文明新内涵”的变局期，正如马尔库塞所分析的那样，“发达工业文明有可能达到的目标，也是技术合理化的‘目的’，但实际上在发生作用的却是相反的趋势”④。这也是马克思切中肯綮的基本点：“在我们这个时代，每一种事物好像都包含有自己的反面。我们看到，机器具有减少人类劳动和使劳动更有成效的神奇力量，然而却引起了饥饿和过度的疲劳。财富的新源泉，由于某种奇怪的、不可思议的魔力而变成贫困的源泉。技术的胜利，似乎是以道德的败坏为代价换来的，随着人类愈益控制自然，个人却似乎愈益成为别人的奴隶或自身的卑劣行为的奴隶。甚至科学的纯洁光辉仿佛也只能在愚昧

---

① 吴海江、徐伟轩：“新文明的中国形态”，《复旦学报》（社会科学版），2020年第5期。

② 卡尔·雅斯贝斯：《历史的起源与目标》，魏楚雄、俞新天译，华夏出版社1989年版，第14页。

③ 布罗代尔：《文明史纲：人类文明的传承与交流》，广西师范大学出版社2003年版，第51页。

④ 马尔库塞：《单向度的人》，上海译文出版社2008年版，第4页。

无知的黑暗背景上闪耀。我们的一切发现和进步，似乎结果是使物质力量成为有智慧的生命，而人的生命则化为愚钝的物质力量。现代工业和科学为一方与现代贫困和衰颓为另一方的这种对抗，我们时代的生产力与社会关系之间的这种对抗，是显而易见的、不可避免的和毋庸争辩的事实。”① 在人类文明发展进程中，黑格尔指出民族精神的影响价值，他认为：“一个民族在世界历史的发展阶段中究竟占据着什么样的位置，不在于这个民族外在成就的高低，而在于这个民族所体现出的精神，要看该民族体现了何种阶段的世界精神。”② 尽管黑格尔的世界精神具有形而上学的本体论色彩，但至少表明了民族精神、文明进步的文化伟力在世界历史演进中的巨大价值，这也从梁漱溟先生那里得到了印证，他认为：“中国应当以‘理性’为基础创造出一个新的世界文化，这种文化将征服西方现代化的力量，同时又能避免西方现代化所带来的灾难。”③

二、旧文明加剧人类社会自我毁灭进程

现代性逻辑基本上是基于西方理性主义的普适性建构起来的，依据于现代性逻辑建立起来的资本主义制度，“在理性与资本的双重导向下，现实地表现出资本的扩张性、价值的一元性及

① 《马克思恩格斯文集》（第二卷），人民出版社 2009 年版，第 580 页。

② 黑格尔：《黑格尔历史哲学》，九州出版社 2011 年版，第 58 页。

③ 艾恺：《最后的儒家：梁漱溟与中国现代化的两难》，王宗昱、冀建中译，外语教学与研究出版社 2018 年版，第 187 页。

道路的唯一性的霸权主义实质。”① 这奠定了西方现代性对“自我”、“原子式的个人”的强调，对“我族”的强化与“异己”的排斥，是世界实现和平与发展的最大挑战，特别是在拥有核武器和生化武器等大规模杀伤性武器的当下，少数国家具备毁灭人类和地球上所有生命的能力；资本主义大工业所造成的气候失常、生态失调、物种灭绝，正在深刻影响人类生存；和平赤字、发展赤字、治理赤字、信任赤字的不断累积，更是将人类社会拖入发展的深度困境；“推墙”“颜色革命”“脱钩”“自我筑墙”进一步加剧单边主义与保护主义抬头。与这些困境相比，现有的西方文明不仅不能解决这些问题，还在进一步加剧灾难与风险，导致人类文明陷入深层次危机，需要文明变革、文明进步与文明突围，补配与人类对自然影响当量相对等的治理文明、与人的自由需要相匹配的高度政治文明。

资本主义工业文明强调资本的至上性、排他性；社会主义文明强调人民的优先性、至上性，尊重文明的多元性，按照社会主义市场经济的规律，中国特色社会主义也尊重资本的基础性作用，但并不是将资本视为高于一切的存在，总是将人的第一性摆在资本之前，不会导致劳动者成为资本的奴隶、个体被迫承受资本的宰制。西方工业文明所带来的两极分化、环境污染、文明扩张、文化霸权、西方中心主义等综合症候正在将人类文明发展引入死胡同。根据马克思主义社会发展和文明演进理论，以及现实

① 杨乔乔、郭凤志：“中国道路开启新文明类型的可能性——基于现代性生成逻辑比较语境下的探析”，《思想教育研究》，2019 年第 12 期。

的实践要求，能取代现代资本主义工业文明的文明形式只能是现代社会主义的全新的人类文明形态。实践表明，“中国传统文化内在地拥有化解西方现代性问题的元素”，“马克思现代性批判理论的中国化发展拥有超越现代性的现实张力”[①]，这是中华优秀传统文化的基本内蕴，也是我们应对大变局的基本立场，“弘扬和平、发展、公平、正义、民主、自由的全人类共同价值，坚持合作、不搞对抗，坚持开放、不搞封闭，坚持互利共赢、不搞零和博弈，反对霸权主义和强权政治，推动历史车轮向着光明的目标前进!”[②] 以全人类的视野建构共同价值，强化人类文明自觉，提升文明的自我审视。

三、文明冲突论本质是西方文明优越论

第一，不同文明都是人类进步发展的成就。布罗代尔提出这样的疑问：文明是“单数”还是“复数”？“文明单数论”本质上就是排他论，将某一种文明独有的要素作为衡量其他文明优劣的“普遍性”标准，西方中心主义文明是典型的“单数文明”。福泽谕吉认为，文明是“广大群众的总的精神发展”[③]，每种文明都有其地域性、独特性、价值性，这体现出文明的“复数”特

① 杨乔乔、郭凤志：“中国道路开启新文明类型的可能性——基于现代性生成逻辑比较语境下的探析”，《思想教育研究》，2019 年第 12 期。

② 习近平：《在庆祝中国共产党成立 100 周年大会上的讲话》，人民出版社 2021 年版，第 16 页。

③ 福泽谕吉：《文明论概略》，北京编译社译，商务印书馆 1959 年版，序言页 1。

征，其实“每个文明都与众不同”[①]。文明单数论的极致就是文明霸权、文明倾轧、文明同化，文明复数论则意味着文明间的平等性、互鉴性、交融性。那种认为强调文明的复数性可能导致文明的相对主义、缺乏文明权威的论调是错误的，文明的张力一定来自“文明性”的吸引力与影响力，而不是来自“非文明性”的武力、暴力与长臂管辖。

第二，二选一的、形而上学的、非此即彼的文明冲突论加剧了民族和种族敌视。就像美国历史学家理查德·霍夫斯达特在其经典著作《美国政治中的偏执风格》中指出的那样，当美国面临内忧外患的时候，一些社会群体就会臆想出“一个庞大而邪恶的、试图削弱和破坏既有社会生活方式的阴谋”。社会主义中国所做的一切就是美国那些持有冷战思维的政治家的“臆想”对象，他们认为中国的崛起是世界发展的“意外”、中国式道路是相异于现代主流文明的“例外”，发起联合价值观和制度相近的国家以所谓“民主国家联盟”对中国实施“排外”战略，以孤立中国，视社会主义中国为威胁人类现有文明的“威权主义国家”，指责中国有财富无自由、有制度无民主。

这种文明歧视实际上是对中国崛起的惧怕。说到底是因为中国的崛起，在世界的广阔地域、在中国特色社会主义的实践层面进一步证明了马克思主义关于社会发展理论、社会形态更替理论的正确性，并在历史发现进程中将人类文明向前推进了一大步，

① 费尔南·布罗代尔：《文明史纲》，肖昶等译，广西师范大学出版社2003年版，第27页。

奏响了人类文明发展变奏曲，打破了西方自威斯特伐利亚体系建立以来近400年统治世界的格局。中国式现代化开启了人类历史上社会主义发展新纪元，以全新的人类文明形态，对西方的文明范式、制度模式、民主样态、价值理念、自由实质发起了全方位挑战，从根本上否认了西方文明的唯一性、样本性、优越性，开掘出人类文明发展的全新路径，找到了将中华文明融入世界文明的新支点，以种族和谐超越狭隘的种族主义，以超越西方中心主义的更高文明形态构建命运与共的和谐世界。

第三，文明冲突论调加剧了世界乱局。亨廷顿认为，现实与未来的国家间冲突往往是基于文化冲突，文明冲突将演化为政治对抗，全球政治的主要冲突将在不同文明的国家和集团之间进行，并强调同一种文明必须有核心国家发挥主导作用，从而不断巩固同一文明体系内的“价值观同盟”。按亨廷顿的观念推演，美国与中国存在对抗的关键也在于美国的“普世主义”与中国的“核心价值观”不同。文明冲突是未来世界和平的最大威胁，这一论调被西方运用到政治对抗之中，正在造成不同文明的国家间的相互疏远，甚至高度敌对。事实上，文明交往的历史比国家冲突的历史更为久远而深刻，文化之间或文明之间即便有竞争，一样可以实现共处。正如白恂德（Thodore White）在1967年发表的文章中所言：“我们正陷于文明冲突。这种冲突也许会摧毁世界。其中关系最大的是两种文明，即大西洋—地中海文明与太平洋—亚洲文明，它们分别以美国和中国为首。”① 中国的国际关

① Thodore White: An Offering of History to Men Who Must Act Now, *Harrard Alumini Bulletin*, May13, 1967, p.4.

系研究者王逸舟认为，“总体上看，在今后相当长的一段时间里，国际政治仍然会以国家之间关系及其同国际组织的关系为中轴，种族的、民族的、文明的差异只会使主权国家产生更多的裂变而不是使其消亡。从这个意义上讲，文明间的冲突不会超过、盖住或压倒由社会制度、意识形态或实际的经济、政治利益决定的国家间和地区间冲突。”①

时任美国国务院政策规划事务主任基伦·斯金纳认为，中美竞争代表着一种巨大的“文明的冲突”②。她（他）们惧怕跨文化、跨文明的交流交往，但“跨文化的交往与鉴赏并非一定是羞耻和屈辱的。我们确实有能力去欣赏在别处产生的东西，而文化的民族主义和沙文主义作为一种生活方式却会严重削弱生命力。”③ 人类有共同美好生活的追求，有诸多需要共同面对的生存难题，有共商共建共存的价值理性，说明文明之间和平相处是可能的，也是必需的。汤一介先生认为，亨廷顿的“儒家—伊斯兰的联合以对抗西方”的说法并不合理，这种主张是与儒家传统中的“和为贵”和“普遍和谐”的观念不相容的，“表明他对儒家作为一种理论体系完全不了解”④，以孔子“和而不同”的思想来应对“今日世界的纷争”和“文明差异性”的问题，“正符

① 王逸舟：“国际政治的又一种透视”，《美国研究》，1994 年第 1 期。

② 本报评论员：“荒唐的‘文明冲突论’愚蠢的强权霸道心态”，《光明日报》，2019 年 5 月 16 日。

③ 阿玛蒂亚·森：《以自由看待发展》，任赜、于真译，中国人民大学出版社 2012 年版，第 245 页。

④ 汤一介：《评亨廷顿的〈文明的冲突〉》，载汤一介《和而不同》，辽宁人民出版社 2001 年版，第 56 页。

合当前世界多元文化发展的趋势”①，正如李光耀把“儒教看作是新加坡成功的原因，并积极地向世界的其他地方宣扬儒教的价值观”②，要做文明互学互鉴的建构性事业，而不是使文明无休止地“撕扯”。文明冲突论等“作为负态文化的话语霸权、恐怖主义信条”③，都不配享有“文明”之美名。尽管亨廷顿也认为，“建立在多文明基础上的国际秩序是防止世界大战的最可靠保障”④，但基于他的冲突理论，“多文明”又必须有一个“主角”或者“核心”。

亨廷顿担心随着中国经济的继续发展，“将使各文明的均势发生巨大变化”⑤，“中国的崛起则是核心国家大规模文明战争的潜在根源”⑥，忧虑日益强大的中国会“毫不犹豫地攻击起那些他们先前曾用来维护自己利益的价值观”⑦。随着文明均势被打破，美国的国家特性将面临挑战，认为“多文化主义实质上是反欧洲文明”⑧，他担心中国强大以后也会进行价值扩张，“历史

① 汤一介：《“和而不同”原则的价值资源》，载汤一介《和而不同》，辽宁人民出版社2001年，第66页。

② 塞缪尔·亨廷顿：《文明的冲突与世界秩序的重建》，周琪等译，新华出版社2010年版，第107页。

③ 陶富源：“文明冲突，还是文明互鉴？——文明及其发展规律和当代走向”，《中国浦东干部学院学报》，2020年第5期。

④ 塞缪尔·亨廷顿：《文明的冲突与世界秩序的重建》，周琪等译，新华出版社2010年版，第297页。

⑤ 塞缪尔·亨廷顿：《文明的冲突与世界秩序的重建》，周琪等译，新华出版社2010年版，第125页。

⑥ 塞缪尔·亨廷顿：《文明的冲突与世界秩序的重建》，周琪等译，新华出版社2002年版，第230页。

⑦ 塞缪尔·亨廷顿：《文明的冲突与世界秩序的重建》，周琪等译，新华出版社2010年版，第90页。

⑧ 塞缪尔·亨廷顿：《我们是谁：美国国家特性面临的挑战》，程克雄译，新华出版社2005年版，第39页。

上，一个文明权力的扩张通常总是同时伴随着其文化的繁荣，而且这一文明几乎总是运用它的这种权力向其他社会推行其价值观、实践和体制。一个普世文明需要普世的权力”①。因为中国信奉共产主义，他诋毁中国“实行专政而不尊重政治自由、民主或人权”，从而视中国为“似乎令人可信的潜在敌人”，认为中国“持有强烈的文化优越感，其军界和另一些精英群体明显以美国为敌”②，极有可能“重建其 1842 年以前在东亚的霸权地位”③，“假如在遥远的未来的某一天，中国取代了西方成为世界占优势的文明，英语作为世界的共同语言就将让位于汉语普通话”④。基于这些不同文明的国家和集团之间对抗性言论，“邪恶的西方帝国”就为捍卫自己的文明找到充足的理由，正如约翰·厄普代克所说：“没有了冷战，做一个美国人的意义何在呢?”⑤亨廷顿并非是期望“唤起人们对文明冲突的危险性的注意”，“促进整个世界上‘文明的对话’”⑥，反倒是恶意引导了敌意，他们“既要理解所有文明及其互动，又要珍视并保护西方文

① 塞缪尔·亨廷顿：《文明的冲突与世界秩序的重建》，周琪等译，新华出版社 2002 年版，第 88 页。

② 塞缪尔·亨廷顿：《文明的冲突与世界秩序的重建》，周琪等译，新华出版社 2010 年版，第 4 页。

③ 塞缪尔·亨廷顿：《文明的冲突与世界秩序的重建》，周琪等译，新华出版社 2010 年版，中文版序言 1。

④ 塞缪尔·亨廷顿：《文明的冲突与世界秩序的重建》，周琪等译，新华出版社 2002 年版，第 52 页。

⑤ 转引自塞缪尔·亨廷顿：《我们是谁：美国国家特性面临的挑战》，程克雄译，新华出版社 2005 年版，第 215 页。

⑥ 塞缪尔·亨廷顿：《文明的冲突与世界秩序的重建》，周琪等译，新华出版社 2010 年版，中文版序言 2。

明"[①]。即便有西方文明的摇旗呐喊，也无法阻挡人类文明向着美好未来演进，落后文明不能代表全球文明拼图中保持文化均势的制衡力量，文明进步的车轮滚滚向前，"这是任何人都无法否认的事实"[②]，"从茹毛饮血到田园农耕，从工业革命到信息社会，构成了波澜壮阔的文明图谱，书写了激荡人心的文明华章"[③]。"由于中国特色社会主义不断成功，冷战结束后世界社会主义万马齐喑的局面得到很大程度的扭转，社会主义在同资本主义竞争中的被动局面得到很大程度的扭转，社会主义优越性得到很大程度的彰显。"[④] 从文明发展的必然性看，美国不应该蓄意冒犯中国，也不能蓄意破坏其发展的稳定性，对抗作为中华文明的核心国家，美国的权力就会衰落，"核心国家是应该得到尊重的"[⑤]。

四、人类文明新形态是引导人类自我优化的必然选择

中国特色社会主义文明构建是基于人类社会发展史的必然选择，也是世界历史的文明趋向，西方文明无法深刻回答文明向何处去的世界之问，中国特色社会主义的文明必须承担起这个重大的历史责任。党的二十大报告提出，"从现在起，中国共产党的中心任务就是团结带领全国各族人民全面建成社会主义现代化强国、

---

① 格雷斯："亨廷顿'文明冲突'论的潜台词（上）"，潘忠岐、陈威译，《现代外国哲学社会科学文摘》，1998 年第 8 期，第 25~29 页。

② 于沛："历史大变局中的人类文明新形态"，《历史研究》，2021 年第 6 期。

③ 《习近平谈治国理政》（第一卷），外文出版社 2014 年版，第 258 页。

④ 《社会主义发展简史》，人民出版社、学习出版社 2021 年版，第 197 页。

⑤ 格雷斯："亨廷顿'文明冲突'论的潜台词（下）"，潘忠岐、陈威译，《现代外国哲学社会科学文摘》，1998 年第 9 期。

实现第二个百年奋斗目标，以中国式现代化全面推进中华民族伟大复兴"[1]。大时代的深刻变局、当代中国的宏阔进步，让人类历史在曲折中看到光明，"两个一百年"奋斗目标的历史交汇关键点，也是人类文明演进的关键点，"党的二十大正处于中华文明从转型到定型的历史拐点之上"[2]，内生于中华优秀传统和马克思主义联姻的人类文明新形态，既占有资本主义的积极文明成果，也占有全部人类文明的积极成果，从物质文明建设中"大踏步赶上时代"，但在社会主义政治文明、制度文明的建设上我们早已"引领时代"。"以中国式现代化全面推进中华民族伟大复兴"，中国式现代化就是全新的人类文明形态，也意味着中国特色社会主义最终将引领人类文明，既要建成社会主义现代化强国，又要不断丰富和发展人类文明新形态，既要扩展马克思主义的时空舞台，让马克思主义的光芒绽放21世纪，又要在人类文明的发展逻辑上树立起东方典范，当我国14亿多人口整体迈进现代化行列时，将更充分证明中国式现代化与人类文明新形态的历史必然性。

第二节　资产阶级文明无法引领未来

资本打通了界域、洲际等割裂区域的连接点，首次开辟了世界历史，在人类第一重世界化的意义上缔造了以资本为基质的人

---

① 习近平：《高举中国特色社会主义伟大旗帜 为全面建设社会主义现代化国家而团结奋斗——在中国共产党第二十次全国代表大会上的报告》，人民出版社2022年版，第21页。

② 张梧："在重大历史关键节点深化哲学思考"，《中国社会科学报》，2022年11月24日。

类文明新类型，使西方文明成为资本主义大工业下的人类文明的基本底色，将掠夺与剥削的制度支撑合法化。西方自大航海时代以来，借助于坚船利炮使相对封闭隔绝的区域不断联系起来，交通通信等科技成就压缩了时空，真正使地球的“经线”与“纬线”从地图建模的理论认识，变成了彼此联通的真实脉络，使各国相连相交、文明相遇、文化碰撞。在资本主义、殖民主义和帝国主义多重叠加下，从显性表现与事实境况看，近400年的世界历史就是西方文明超越国界、洲际、海洋等地理边界而获得普遍性的历史。“西方膨胀为‘世界’的同时，其启蒙价值亦走向了世界，‘人类和地球的欧洲化’成为世界历史的主导逻辑，人类文明进入了西方主导的时代。”①

一、西方文明中心论加剧自身的自我设限

直到今天，依旧有很多西方人持有这样的观点：“没有白种人的帮助，就不会诞生文明。”② 西方人认为白人缔造了文明，就有权主宰文明。在地球村时代，各民族国家共存是一个既定的事实，各民族共同建设同一个世界是推进世界文明发展的基本价值选择，在一个必须共建的世界中，人为地“自我抬高”“垒墙”“封闭”“退群”“搞阵营”“拉派系”都是对全球持久和平与共同繁荣的背叛，是对文明普遍性的否弃。文明的辩证运动需

① 陈曙光：“世界大变局与人类文明的重建”，《哲学研究》，2022年第3期。

② Arthur Comte de Gobineau, *Inequality of Human Races*, tr. Adrian Collins, New York: H. Fertig, 1967, 1999, p. 210.

要不断突破自我限域，剥离“地方性”，强化“世界性”，“避免文化冲突和危机的唯一前提，就是确立一种与全球化进程相适应的全球文明新理念”[①]。

“西方中心论”起步于“欧洲中心论”，其主要立论依据是“西方文明优越”，建基于肤色上的“种族优越论”、西方现代化与私有制方面的“制度优越论”和资本主义的“文化优越论”。历史学家布鲁斯·马兹利什认为，“文明概念兴起于启蒙运动时期，是欧洲人想象的一部分，它声称为世界提供了一个放诸四海皆准的衡量尺度”[②]。欧洲在开启现代化过程中，自然就强化了欧洲人对“欧洲文明”的定位：“欧洲是世界上最先进的文明，法国是其中最文明的国家。”[③]“有教养”的英国、法国自居于“文明山巅”，从“肤色优越”的直观感性优越，逐步被强化扩容为“西方中心论”的政治价值与制度优越，并逐步被政治家和理论家视为文明史演进终结的“最好的制度”。将西方的“现代文明”制度的所谓“标配”嫁接到世界所有文明身上，他们在人类文明发展的“终点”等待那些“待开化”“待引导”“待教化”“待同化”落后文明，这“也许是‘人类意识形态演化的终点’和‘人类政体的最后形式’，并因此构成‘历史的终

① 哈佛燕京学社主编：《全球化与文明对话》，江苏教育出版社2004年版，第276页。

② 布鲁斯·马兹利什：《文明及其内涵》，汪辉译，商务印书馆2017年版，第7~8页。

③ 布鲁斯·马兹利什：《文明及其内涵》，汪辉译，商务印书馆2017年版，第62页。

结’”①。

我们处在玛莎·努斯鲍姆（Martha Nussbaum）所谓的“同心圆结构”之中：“第一个圆圈围绕着自我，接下来是直接的家庭，然后是延伸的家庭成员，再后面依次是邻居或地方群体，同城居民，以及国家同胞，而我们也很容易在这个清单增加依据族裔、语言、历史、专业、性别、性取向的各种群体类别。在这些圆圈之外，是最大的一个圆：整个人类。”② 这也是孔子所讲的“爱有差等”，从爱自己到爱家人，从爱邻居再到爱乡亲，爱有余力泛爱众。他人、其他组织、其他文化都是我们赖以存在的单元，尽管作用有大小之别，但这里的彼此联系、普遍关联始终存在。一个只爱自己的人，没有被爱的权利；一个只爱自己民族的文明形式，没有被世界接纳的可能。西方中心论的自我设限，注定逃不过自我茧房化而丧失观摩世界的机会。发达的和进步的工业化体系，让产生于近代殖民主义的故乡不断强化自己的“文明优越论”，将“发达的和进步的西方社会”同“停滞的和不发展的东方社会”不断固化、标签化：西方在政治制度上是民主或三权分立，东方是专制；西方是市场经济模式，东方是非市场经济；西方拥有公理化的数学和近代实验科学，东方没有自己的科学体系；西方是机械化的大生产，东方还停留在手工业时代；西方拥有个体自由和抽象思维，东方无自由甚至不懂抽象思维，这

① 弗朗西斯·福山：《历史的终结与最后的人》，陈高华译，广西师范大学出版社2014年版，第9页。

② Martha C. Nussbaum, “Patriotism and Cosmopolitanism”, in Martha Nussbaum with Respondents (edited by Joshua Cohen), *For Love of Country: Debating the Limits of Patriotism*, Boston: Beacon Press, 1996/2002, p. 9.

是暂时性领先者对落伍者不可一世的傲慢和偏见，也是西方殖民主义者打开东方国家大门的最好说辞。

二、马克思主义对资本主义工业文明的肯定

在人类历史上，推动一种与野蛮相对立的文明形态诞生的动力只能在人的现实的生产和劳动中寻找。尽管资本主义工业时代“每个毛孔都流着血和肮脏的东西”，但其推动人类文明进步的价值不能否定。在马克思看来，“自然形成的生产工具”与“由文明创造的生产工具”之间有巨大差异，使用以打磨石器、棍棒等简单的“自然形成的生产工具”时代，意味着个人受自然界支配而只能获得有限自由，“飞离与跳脱的时空有限”，长矛、石斧的生产效率低下，掌握简陋工具的个体不能独活，故而采用最原始的公有制，而“由文明创造的生产工具”则表现为“大机器化”、“深度与广度的人化自然”，但不自由、不自主的工人“受劳动产品的支配”、受自我积累起来的劳动与“资本的统治”。[①] 这就是问题的两个方面，有历史进步性，但同时留存历史劣根性，“马克思对于人类社会野蛮的抑或文明形态的研究全部建基于这一‘改变世界’的诉求之上。”[②] 对资本主义工业文明的肯定，也是对资本主义根本制度进行批判的始点，因为资本化大工业带来了“剥削”“剩余价值”“劳动异化”“工人的悲惨”“价

① 夏莹：“唯物史观视域中新文明的辩证演化”，《中国社会科学报》，2022 年 7 月 29 日。

② 夏莹：“唯物史观视域中新文明的辩证演化”，《中国社会科学报》，2022 年 7 月 29 日。

值与使用价值的分离”“越是辛苦越是贫穷的背反”种种矛盾与背反。

在经典作家的分析框架中，“现代社会”、“资本主义社会”与“文明社会”是同一个历史过程相互联系、雌雄同体的产物，尽管从世界大联合与深度交融的视野来看，西方工业文明（资本主义文明、西方中心论）都已经走入穷途末路，但在人类发展史上，西方工业文明缔造的伟大时代不能抹杀。“资产阶级在历史上曾经起过非常革命的作用”①，“资本一出现，就标志着社会生产过程的一个新时代”②，打破过去那种地方的和民族的自给自足和闭关自守状态，“把一切民族甚至最野蛮的民族都卷到文明中来了”③。

马克思在《黑格尔法哲学批判》中指出，中世纪的等级制度不仅造成了社会内部分离，“而且还使人同自己的普遍本质分离，把人变成直接与其规定性相一致的动物。中世纪是人类史上的动物时期，是人类动物学”④。而对于自己所处的世纪，马克思接着说，“我们的时代即文明时代”⑤，这个“文明时代”，马克思话锋一转，接着说，这个时代却“犯了一个相反的错误”⑥，“它使人的对象性本质作为某种仅仅是外在的、物质的东西同人分离，它不认为人的内容是人的真正现实”⑦。这就直指资本对人

① 《马克思恩格斯文集》（第二卷），人民出版社 2009 年版，第 33 页。
② 《马克思恩格斯选集》（第二卷），人民出版社 2012 年版，第 164 页。
③ 《马克思恩格斯文集》（第二卷），人民出版社 2009 年版，第 35 页。
④ 《马克思恩格斯全集》（第三卷），人民出版社 2002 年版，第 102 页。
⑤ 《马克思恩格斯全集》（第三卷），人民出版社 2002 年版，第 102 页。
⑥ 《马克思恩格斯全集》（第三卷），人民出版社 2002 年版，第 102 页。
⑦ 《马克思恩格斯全集》（第三卷），人民出版社 2002 年版，第 102 页。

的对象化、对人的异化、对物支配人的推崇，在物质进步中杂糅着人的本质的退步。与“野蛮”的前资本主义相比，资本主义文明体系确实是人类文明发展史上的一次伟大飞跃与个体解放进程的重要组成部分。“各大文明传统是建设未来的最宝贵的资源”[①]，资产阶级文明也是人类进步文明的垫脚石。正如《共产党宣言》所言：“自然力的征服，机器的采用，化学在工业和农业中的应用，轮船的行驶，铁路的通行，电报的使用，整个整个大陆的开垦，河川的通航，仿佛用法术从地下呼唤出来的大量人口——过去哪一个世纪料想到在社会劳动里蕴藏有这样的生产力呢？”[②] 资本主义的“现代社会”，“它或多或少地摆脱了中世纪的杂质，或多或少地由于每个国度的特殊的历史发展而改变了形态，或多或少地发展了。”[③] 文明的印记总是铭刻在历史进步的标尺上，资本主义工业文明有其应有的历史席位。

有人认为，“西欧从根本上重新改易了人类地理并在全球共同体上打下了难以磨灭的印记”[④]。伴随着交通的建设、航路的开辟，资产阶级奔走于世界各地，他们既将剥削和压迫输出到世界，也将西方的文明和价值观布道于全球。从大航海时代的开启到20世纪上半叶，全球化进程主要表现为欧洲化、西方化，以至于有人断言：“现今世界已拥有一个世界文明，它源于西方文明，是其科学、技术、工业、资本主义互动的产物，其中包含了

① 哈佛燕京学社主编：《全球化与文明对话》，江苏教育出版社2004年版，第404页。

② 《马克思恩格斯文集》（第二卷），人民出版社2009年版，第36页。

③ 《马克思恩格斯选集》（第三卷），人民出版社2012年版，第373页。

④ 哈佛燕京学社主编：《全球化与文明对话》，江苏教育出版社2004年版，第78页。

一些普遍价值。"[①] 尽管文明不仅仅是通过技术表征的，但从技术进步和实践理性看，"如果说文明是实践的事情，是社会的素质，那么英国人确实是世界上最文明的人。"[②] 这为西方试图建构"单数文明""一元化制度""终结性文明"提供了理论支撑，他们划定世界文明演进的西方化标准。恩格斯在1840年的《恩斯特·莫里茨·阿伦特》一文中就认为，法国人在国外称霸的基础是他们比其他民族都更容易"掌握欧洲的文化形式即掌握文明"[③]。

经典作家从高度发达的生产力来审视文明，将文明的起点定位在资产阶级社会，强调"现代社会"就是"存在于一切文明国度中的资本主义社会"[④]，并视英、法、德等国为"文明国家"或"文明民族"，这强调了资本主义生产力的伟大，"资产阶级在它的不到一百年的阶级统治中所创造的生产力，比过去一切世代创造的全部生产力还要多，还要大。"[⑤] 资本所有者也缔造着西方文明对东方社会的征服："正像它使农村从属于城市一样，它使未开化和半开化的国家从属于文明的国家，使农民的民族从属于资产阶级的民族，使东方从属于西方。"[⑥] 这是资本主义开掘出来的人类世界的第一次真正的"世界化"，使国别史、地域史走向世界历史。但不管经典作家对资本主义的工业文明表达多

---

① 哈佛燕京学社主编：《全球化与文明对话》，江苏教育出版社2004年版，第127页。

② 《马克思恩格斯文集》（第一卷），人民出版社2009年版，第97页。

③ 《马克思恩格斯全集》（第四十一卷），人民出版社1982年版，第149页。

④ 《马克思恩格斯选集》（第三卷），人民出版社2012年版，第373页

⑤ 《马克思恩格斯文集》（第二卷），人民出版社2009年版，第36页。

⑥ 《马克思恩格斯文集》（第一卷），人民出版社2009年版，第13页。

少一面之词，我们必须在文明的结论中记住马克思的如下判断："工人的产品越完美，工人自己越畸形；工人创造的对象越文明，工人自己越野蛮。"[①] 为什么劳动越有力量，工人越无力？为什么工人生产的越多，能够消费的却越少？这不仅仅表现为"淘金的老儿穷得慌，卖盐的老翁喝淡汤"，还有"劳动越技巧，工人越愚笨，越成为自然界的奴隶"[②] 的异化在里面。

三、经典作家对鸦片战争前落后的东方给予毫不留情的批判

生长于欧洲本土、目睹工业文明的兴起、经常往返英法德之间的马克思和恩格斯，多少也带着一点"西方文明优越论"的感性认知，马克思、恩格斯从未到过东方国度，对中国与印度文明的了解也大抵依靠别人的旅行感受、游记来做出感性的评判。尤其对鸦片战争之前的中国，马克思基于西方的进步性、开放性，指责与西方处于隔绝状态的中国是"野蛮的和令人窒息的"[③]、其生活特征是"守旧性的衰败"[④]、是过时社会阶段的一块"活化石"[⑤]，这里"除了改朝换代，他们没有意识到自己还有别的任务。他们没有任何口号。他们给民众带来的惊恐比给老统治者们的惊恐更严重。他们的全部使命，好像只是用丑恶万状的破坏

① 《马克思恩格斯全集》（第三卷），人民出版社2002年版，第269页。

② 《马克思恩格斯全集》（第三卷），人民出版社2002年版，第269页。

③ Karl Marx/Friedrich Engels：Gesamtausgabe（Erste Abteilung Band 12），Berlin：Dietz Verlag，1984. p. 248.

④ Karl Marx /Friedrich Engels：Werke（Band 15），Berlin：Dietz Verlag 1961，p. 514.

⑤ Karl Marx /Friedrich Engels：Werke（Band 15），Berlin：Dietz Verlag 1961，p. 514.

来与守旧性的衰败对立，这种破坏没有显示出任何建设工作的苗头”[1]。批判包括印度在内的东方各国，社会发展一成不变，与“社会的底层建筑恒久不动”相比，政治的上层建筑领域中却不断上演你方歌罢我登场的篡权夺位闹剧。

马克思认为：“满族王朝的声威一遇到英国的枪炮就扫地以尽，天朝帝国万世长存的迷信破了产，野蛮的、闭关自守的、与文明世界隔绝的状态被打破，开始同外界发生联系，这种联系从那时起就在加利福尼亚和澳大利亚黄金的吸引之下迅速地发展起来。同时，这个帝国的银币——它的血液——也开始流向英属东印度。”[2] 英国的大炮破坏了皇帝的权威，迫使天朝帝国与地上的世界接触，与外界完全隔绝的状态被英国的暴力所打破，解体就事所难免，“正如小心保存在密闭棺材里的木乃伊一接触新鲜空气便必然要解体一样”[3]。经典作家甚至认为，“西方列强用英、法、美等国的军舰把‘秩序’送到上海、南京和运河口之时”，“中国却把动乱送往西方世界”。[4]

面对鸦片战争，马克思客观公允地评价了英国的强盗逻辑与对中国的“极端不义的战争”：“自从英国人在中国采取军事行动的第一个消息传来以后，英国政府报纸和一部分美国报刊就连篇累牍地对中国人进行了大量的斥责，大肆攻击中国人违背条约的义务、侮辱英国的国旗、羞辱旅居中国的外国人，如此等等。

---

① Karl Marx /Friedrich Engels: *Werke* (Band 15), Berlin: Dietz Verlag 1961, p. 514.

② 《马克思恩格斯文集》（第二卷），人民出版社 2009 年版，第 608 页。

③ 《马克思恩格斯文集》（第二卷），人民出版社 2009 年版，第 609 页。

④ 《马克思恩格斯文集》（第二卷），人民出版社 2009 年版，第 612 页。

可是，除了亚罗号划艇事件以外，它们举不出一个明确的罪名，举不出一件事实来证实这些指责。而且就连这个事件的实情也被议会中的花言巧语歪曲得面目全非，以致使那些真正想弄清这个问题真相的人深受其误。”[①] 实际上，英国人以“中国人的挑衅行为危及英国人的生命和财产”这种站不住脚的理由，向广州城的“无辜居民和安居乐业的商人”展开屠杀，“他们的住宅被炮火夷为平地，人权横遭侵犯”，马克思认为，面对“屠戮”英国人的“这些非难是多么虚伪和空洞”[②]，因为“这些不分青红皂白的说法是毫无根据的”。如果“英国人控告中国人一桩，中国人至少可以控告英国人九十九桩”[③]。中国人维护中华民族生存的人民战争，是“保卫社稷和家园”的战争，“像道貌岸然的英国报刊那样从道德方面指责中国人的可怕暴行”既卑鄙又丑陋，不管英国人如何诋毁旧中国，即便旧中国有“目空一切的偏见、愚蠢的行动、饱学的愚昧和迂腐的野蛮”[④]，也不是西方对中国发展侵略战争的理由。“对于起来反抗的民族在人民战争中所采取的手段，不应当根据公认的正规作战规则或者任何别的抽象标准来衡量，而应当根据这个反抗的民族所刚刚达到的文明程度来衡量。”[⑤]

马克思认为，印度本来就逃不掉被征服的命运，甚至将英国在亚洲的行为视为“消灭旧的亚洲式的社会”、为在亚洲建立

① 《马克思恩格斯文集》（第二卷），人民出版社 2009 年版，第 619 页。
② 《马克思恩格斯文集》（第二卷），人民出版社 2009 年版，第 620 页。
③ 《马克思恩格斯文集》（第二卷），人民出版社 2009 年版，第 620~621 页。
④ 《马克思恩格斯文集》（第二卷），人民出版社 2009 年版，第 626 页。
⑤ 《马克思恩格斯文集》（第二卷），人民出版社 2009 年版，第 626 页。

“西方式的社会奠定物质基础”[①]，印度“过去的全部历史，如果还算得上是什么历史的话，就是一次又一次被征服的历史”[②]，“印度社会根本没有历史，至少是没有为人所知的历史”[③]。当然，经典作家认为，不列颠人毁灭了印度的文明，这是先进文明对落后文明的征服，总要好于印度被更落后文明所征服，“问题并不在于英国人是否有权征服印度，而在于我们是否宁愿让印度被土耳其人、波斯人或俄国人征服而不愿让它被不列颠人征服”[④]。这一论断有其局限性，也颇为令人费解。

四、马克思主义对资本主义工业文明的批判与超越

私有制的资本主义工业的发展表明：“资本来到世间，从头到脚，每个毛孔都滴着血和肮脏的东西。”[⑤] 在资本主义工业文明取得“令人陶醉的”经济进步表现之下，即便在不列颠帝国，饿死人也是司空见惯的，这个被标榜为世界文明样本的西方文明模式，也是制造工商业危机、社会瘟疫、劳动异化、残酷剥削的文明形式。在本国土地上，资本家也许还偶尔表达一下对劳动者与孤苦大众的善意，“当我们把目光从资产阶级文明的故乡转向殖民地的时候，资产阶级文明的极端伪善和它的野蛮本性就赤裸裸地呈现在我们面前，它在故乡还装出一副体面的样子，而在殖

① 《马克思恩格斯文集》（第二卷），人民出版社 2009 年版，第 686 页。
② 《马克思恩格斯选集》（第一卷），人民出版社 2012 年版，第 856 页。
③ 《马克思恩格斯选集》（第一卷），人民出版社 2012 年版，第 856 页。
④ 《马克思恩格斯文集》（第二卷），人民出版社 2009 年版，第 685~686 页。
⑤ 《马克思恩格斯文集》（第五卷），人民出版社 2009 年版，第 871 页。

民地它就丝毫不加掩饰了”[①]。这种文明“是在‘恶性循环’中运动，是在它不断地重新制造出来而又无法克服的矛盾中运动”[②]，总是暴露着“文明的暴行”“文明的阴沟”“文明的污浊毒气”等不堪与混乱，“每次混乱对全部文明都是一种威胁，它不但把无产者抛入贫困的深渊，而且也使许多资产者破产”[③]。

资本主义工业文明戴着经过美化的“西方文明优越论”的遮羞布，不断侵略、强制同化其他文明形式，正如马克思恩格斯在《共产党宣言》中指出，资产阶级“迫使一切民族——如果它们不想灭亡的话——采用资产阶级的生产方式”，“使未开化和半开化的国家从属于文明的国家”[④]。西方现代化史就是一部血腥且肮脏的殖民掠夺史，他们还常常用“文明”洗白自己的暴行，“这就是自由主义民主的‘另一面’，也是真实的世界政治史”[⑤]，盎格鲁—撒克逊人建构的现代文明，不正是充满血腥、霸权欺凌的扩张式文明吗？正如伊格尔顿所言：“马克思正是在现实逻辑失灵、步入自相矛盾的死胡同的情况下，找到了一个理想化未来的轮廓。”[⑥] 马克思、恩格斯切中资本主义不可克服的矛盾、揭露资产阶级的剥削本质、劳动者遭受资本无情的宰制、两个阶级对立难以消弭的现实，找到了撕裂资本主义世界体系的社会主义

① 《马克思恩格斯文集》（第三卷），人民出版社 2009 年版，第 10 页。
② 《马克思恩格斯选集》（第三卷），人民出版社 2012 年版，第 784 页。
③ 《马克思恩格斯选集》（第一卷），人民出版社 2012 年版，第 302 页。
④ 《马克思恩格斯选集》（第一卷），人民出版社 2012 年版，第 405 页。
⑤ 威廉·麦克尼尔：《西方的兴起：人类共同体史》，孙岳等译，中信出版社 2015 年版。
⑥ 特里·伊格尔顿：《马克思为什么是对的》，李杨等译，重庆出版集团、重庆出版社 2007 年版，第 61 页。

力量，找到了克服资本主义基本矛盾的办法，为建立社会主义确立世界观、方法论，建构起人类未来走向的历史唯物主义逻辑路径。

劳动者严峻的生存悖论、工具理性的异化、经济危机的癌化病灶、西方中心将其自身的文明普遍化，都暴露出“深层的自我异化是当代人类文明所面临的重大现实问题”[1]。无论是资本主义前期的“实体资本主义”，还是帝国主义时代的“金融资本主义”，或者是新近的“数字帝国主义”，以“资本剥削劳动”为内核的本质都没有变，不管是表现在实体经济还是虚拟经济，抑或是数字经济，总在扩大资本对财富占有总量、人与人的裂缝、富人和穷人之间的矛盾、强者和弱者之间的对立，这种表面上的“文明”遮蔽着“鄙俗的贪欲”与“无节制的物欲”，占有财富“是用激起人们的最卑劣的冲动和情欲，并且以损害人们的其他一切禀赋为代价而使之变本加厉的办法来完成这些事情的”[2]。他们追求的不是“社会的财富，而是这个微不足道的单个的个人的财富，这就是文明时代唯一的、具有决定意义的目的”[3]。这昭示了一个结果与逻辑必然：“摒弃了西方以资本为中心的现代化、两极分化的现代化、物质主义膨胀的现代化、对外扩张掠夺的现代化老路，拓展了发展中国家走向现代化的途径，为人类对更好社会制度的探索提供了中国方案。”[4]

① 《马克思恩格斯文集》（第五卷），人民出版社 2009 年版，第 871 页。

② 《马克思恩格斯全集》（第二十八卷），人民出版社 2018 年版，第 205 页。

③ 《马克思恩格斯全集》（第二十八卷），人民出版社 2018 年版，第 205 页。

④ 习近平：“以史为鉴、开创未来，埋头苦干、勇毅前行”，《求是》，2022 年第 1 期。

第三节 社会主义文明代表进步方向

在历史发展进程中，“人类总是不断探寻社会进步的规律，不断把人类文明推向更高水平”[①]。新的文明总是脱胎于旧文明，伴随着突破桎梏、打破封锁的斗争，“这样说来，今日世界的苦恼，说不定就是新文明诞生的阵痛”[②]。1919 年，李大钊在中国共产党建党前夕指出：“现在的时代是解放的时代，现代的文明是解放的文明”[③]，80 年后的 1999 年，江泽民在全国科技大会上指出，“我们在进行社会主义现代化建设的过程中，必须努力继承我们先人创造的优秀文明成果和积极吸收人类全部文明的各种优秀成果，认真学习和借鉴世界各国尤其是西方发达国家的先进科技成果。真正做到把社会主义制度优越性同人类优秀文明成果和先进科技力量结合起来。”[④] 2014 年，习近平总书记在纪念孔子诞辰 2565 周年国际学术研讨会暨国际儒学联合会第五届会员大会开幕会上的讲话中指出，进入新时代，“正确对待不同国家和民族的文明，正确对待传统文化和现实文化”[⑤]，是必须把握好的一个重大课题。经过现代文明百年变迁，中国在看待中华文

① 胡锦涛：“在纪念中国人民抗日战争暨世界反法西斯战争胜利 60 周年大会上的讲话”，《人民日报》，2005 年 9 月 4 日，第 2 版。

② 宇宙：“欧战与世界文明的前途”，《杂志》，1940 年第 6 卷第 5 期。

③ 《李大钊文集》（上），人民出版社 1984 年版，第 621 页。

④ 《江泽民论有中国特色社会主义（专题摘编）》，中央文献出版社 2002 年版，第 246 页。

⑤ 习近平：“在纪念孔子诞辰 2565 周年国际学术研讨会暨国际儒学联合会第五届会员大会开幕会上的讲话”，《人民日报》，2014 年 9 月 25 日。

明与世界文明的关系上越发自信，这是基于社会主义文明代表着人类社会发展的正确方向。

一、马克思主义激活下的中华文明的自卑与自检

第一，旧制度的自我设限阻碍了中华文明迈向社会主义的步履。民国是新旧思想交替的时代，也是中外思潮碰撞的时代，更是动荡且分娩变革的时代。那时世界文明开始灌入中土，欧风美雨入侵中华大地，其中既有西方的工业文明，也有社会主义的先声。面对萌芽的社会主义，1910 年 11 月，民政部发文要求“左右堂官议订严禁社会主义办法”，他们担心，“我国现虽未有社会主义，但世界文明日进，恐将来由泰西输入，社会主义各种学说不免酿为隐患，况社会主义与皇室关系重大，未雨绸缪最为紧要”①，要求通过驻外钦使及留学生监督，对留学生进行监管，对可疑人员，勒令回国。那时的中国，帝制统治思想依然浓烈，袁世凯窃取辛亥革命果实，操纵选举成民国临时大总统。1913 年 10 月 10 日 10 时 10 分，袁世凯在太和殿宣誓就职临时大总统，报载“袁世凯乘八人大轿，前面有金冠蓝服持戟的卫队 240 人前导，后面还有四乘小轿，是文官长梁士诒、次长复寿田、武官长荫昌、次长唐在礼”。不要忘了，就职典礼礼成后，袁世凯还在太和殿的偏殿接见了逊清王室代表溥伦。面对前来观礼的外国友人，袁世凯说：“迩来各国对我政策，皆主和平中正，遇事诸多

① “民政部严禁社会主义”，《申报》，1910 年 11 月 28 日。

赞助，固征世界之文明，尤感友邦之睦谊。”并以大总统声明：“所有前清政府及中华民国临时政府与各外国政府所订条约公约，必应恪守。”[①]“八人大轿”“近乎黄袍加身”“尊崇友邦”，哪里能有社会主义文明的生产空间。

第二，学习借鉴西方的“体”“用”之争。有主张以“中”为“体”，以“西”为“用”。方克立先生主张“马魂”“中体”“西用”，严复认为：“体用者，一物而言之也，有牛之体，则有负重之用，有马之体，则有致远之用，未闻以牛为体，以马为用者也。中、西学之异也，如其种人之面目然，不可强谓似也。故中学有中学之体用，西学有西学之体用，分之则两立，合之则两亡。议者必欲合之而以为一物，且一体而一用之，斯其文义违舛，固已名之不可言矣，乌望言之而可行乎！”[②] 我们有我们自己的优势，向西学习，但文化本根不能丢。1924 年，太戈尔（现译“泰戈尔”）在上海各团体欢迎会讲：

我此番到中国，并非是旅行家的态度为瞻仰风景而来；也并非是一个传教者，带着什么福音；只不过是为求道而来罢了。好像一种进香的人，来将中国的古文化行敬礼，所持的仅是敬爱二字。

不幸我第一处便来上海这地方，使我颇生出不很愉快的感想。因为竟看不出一点点的中华文化的精神。将无价的精神，都渐渐化成贱价的物质的死的现象了。这是非常可为悲痛的！譬如我从上海到杭州去，沿路都是稻田，他是能给我们以生命的。以此为文化的比喻，便是真正的文化是能给我们以生命的，但现在

① 袁世凯：“中华民国大总统莅任宣言书”，《申报》，1910 年 10 月 10 日。
② 振甫：“严复的中西文化观”，《东方杂志》，1937 年第 34 卷第 1 期。

文化的园地里面，损害的野草蔓延过来而坏文化的根芽了。野草越滋蔓，那稻田的危险也愈大。如今中国道德的美术的感情的稻田里，所受野草蔓延的危险也正是一样。

现在的工业主义，物质主义，仿佛一块大石，在碧柔的草上播滚，所向无不压伤。而这种牺牲所得的结果，也只不过如美国人所说的 Efficiency 而已。便是凡事都只求一个“快”，朋友！这样破坏的牺牲，岂是值得的？①

太戈尔表达出对中华文明的敬意，也对中华文明遭遇物质主义侵害表示担忧。张东荪也不无担忧地指出：“中国原来的道德渐渐蜕化了；把意义蒸腾了而只留有形式的空壳；这个蜕化在西洋物质文明输入以前，所以物质文明不是道德的破坏者；理智初开的时候总有流弊，不必十分大惊小怪；由理智开化而生的流弊惟有由理智再开化一层始足以救之。总之，我主张救中国惟有提倡理智。”② 要有中国人“真正的物质文明”，并且是要高于“西洋的物质文明”③，这种物质文明不是单靠外在的物质来满足，还要有理智与内在精神的通达。“物质主义的侵入，我们诚不能抵抗，可是我们如果迷信他，甘愿将活的精神，埋没了去换死的空壳的物质，又那里值得呢？”美国实用主义集大成者杜威的中国学生胡适，基于实用价值对西洋文明有如下判断：“这一系的文明建筑在‘求人生幸福’的基础之上，确然替人类增进了不少的物质上的享受；然而他也确然很能满足人类的精神上的要求。

① 太戈尔：“东方文明的危机”，《东方杂志》，1924 年 21 卷第 10 期。
② 张东荪：“由自利的我到自制的我”，《东方杂志》，1926 年 23 卷第 3 期。
③ 卫中：“卫中博士对于中国文化的观感”，《东方杂志》，1927 年 24 卷第 17 期。

他在理智的方面，用精密的方法，继续不绝地寻求真理，探索自然界无穷的秘密。他在宗教道德的方面推翻了迷信的宗教，建立合理的信仰；打倒了神权，建立人化的宗教；抛弃了那不可知的天堂净土，努力建设‘人的乐国’‘人世的天堂’；丢开了那自称的个人灵魂的超拔，尽量用人的新想象力和新智力去推行那充分社会化了的新宗教与新道德，努力谋人类最大多数的最大幸福。”① 胡适主张科学的文明能训练我们的官能智慧，“一点一滴地去寻求真理，一丝一毫不放过，一铢一两地积起来。这是求真理的惟一法门。”②

第三，自卑的民族心态、自我废弃的文化情结阻挡了中华文明现代化进程。地大物博的中华民族缘何在近代以来积弱深重呢？有人说，“原因虽很复杂，但是国民的劣根性不能铲除，却也很有关系的，最显著的如‘媚外’、如‘势利心’、如‘自利而不知互助’等等。”③ “劣根性之于中国，似结不解之缘，我见其入而不见其出；劣根性之于中国，似蝇之附膻，见其增而不见其减；劣根性之于中国，何若是之密切耶，我闻之：‘物必先自腐而后虫生之’，使中国人而有自振之勇气，则彼将无所施其黔驴之技，无如中国人暮气太深，而劣根性乃得大施猖獗矣，呜呼环观国人，昏昏懂懂，钻入此劣根性之势力范围中，如蝇之投网、蛾之扑火，岂竟不自知耶，抑或知而故犯耶，予忝为国民之一分子，应尽国民之天职，不敢效缄口之金人，误我同胞。”④

---

① 胡适：“我们对于西洋近代文明的态度”，《东方杂志》，1926 年 23 卷第 17 期。

② 胡适：“我们对于西洋近代文明的态度”，《东方杂志》，1926 年 23 卷第 17 期。

③ 如星：“铲除劣根性”，《联益之友》，1931 年第 176 期。

④ 王衡：“中国人之劣根性”，《春花》，1923 年毕业纪念刊第 40~45 页。

有哪些劣根性呢？盲从、过时、挤压、颟顸（马虎）、赌博、吸烟、拍马、吹牛。就颟顸而言，“中国人之眼光细小如豆，中国人之知识浅薄如纸，夫以眼光如豆，智如纸之中国人，而乃与眼如电炬才如盘石之外人相顽抗宜乎？其百战百败也，岂中国人生而如此耶，非也，是盖颟顸之结果耳。”① “中国国民之优根性，勤俭耐劳乃世界所公认者也，然而持此四字之优根性与其他多数之劣根性相衡，轻重仍不能相抵，所以国民程度，不独不能进步，且有江河日下之象。”② 集中表现为依赖性、敷衍性、轻浮性、盲从性，投机、柔顺、无恒、空谈、狡诈、贪婪、残忍、自私、结党、懒惰、不洁、无耻、利用等。③ “受人家鞭打几下，于是喊几声痛，什么收回主权呀！抵制日货呀！提倡国货呀！那时候的熟度正和正午的烈日一般；但是等到夕阳西下，凉风吹来，一刹间把沸点的热度，就降到冰点，开会游行的时候大声呼喊亡国的痛苦，等到会开过了就忘记了！仿佛国就不会亡了。”④ 或是“顾全面子、利己私心、缺乏同情心、空口说白话、五分钟热度”⑤，也或是华族的六种民族性：“奴隶性、愚昧、为我、好伪、怯懦、无动等”⑥。还有人总结出七个致命的劣根性：自私自利、顾全面子、树党立派、没有法子、缺乏纪律、躲避责任

---

① 王衡：“中国人之劣根性”，《春花》，1923 年毕业纪念刊，第 40~45 页。

② 瞿宣颖：“国民劣根性之研究”，《约翰声》，1916 年第 27 卷第 6 期。

③ 参见鲁汉：“中国人之劣根性”，《革命》，1929 年第 86 期，第 165~171 页。

④ 南珍：“中国人的劣根性”，《现代生活》，1923 年第 1 卷第 1 期。

⑤ 俞沛文：“中国人的几点劣根性”，《光华附中半月刊》，1935 年第 3 卷第 3 期，第 55~57 页。

⑥ 李旭：“中华民族劣根性之铲除与新信仰的树立”，《时论（南京）》，1935 年第 10 期，第 21~23 页。

等，“莫觑这区区七个劣根性，在过去它们联合了阻止我们成为一等强国，到现在它们还是联合了耽误我们的最后胜利。”① 将自己的祖宗牌位推倒，骂祖国的文化太久，自己也就容易迷失，这也是我们对待传统文化经常绝对化、极端化的原因，打倒得决然，重新立起来也就很难，皆因对中华优秀传统文化定位不清楚。

第四，海德格尔曾说：“一切本质的和伟大的东西都只有从人有个家并且在一个传统中生了根中产生出来。”② 中华民族生于中华文明传统之中，近代以来中华文明遭遇蒙尘的厄运，正是马克思主义进入中国，才全面激活中华文明，使中华文明在人类历史上再次绽放其璀璨光华。姜佑福认为：“我们似乎可以从‘轴心时代’中华文明与西方文明的‘平等’或‘平行’地位出发，重新思考中西文明的交汇问题。也就是说，我们可以尝试着不再把‘西方现代性’视为一切‘文明’形态都必须经历的一个历史通道，即便是我们也承认中华‘文明’传统需要某种意义上的‘现代化’。”③ 马克思主义的中国化，本质上就是对中华文化“现代化”的重构，新时代中华优秀传统文化的创新性发展与创造性转化，也是中华文明实现时代化、现代化的一次重要历程。

第五，马克思主义为中华民族的伟大复兴注入了思想动能。“中华民族在五千多年的历史发展中创造了举世闻名的灿烂文明，

① 蒋宋美龄：“七个致命的劣根性”，《清明》，1939 年刊号卷。

② 孙周兴选编：《海德格尔选集》（下卷），上海三联书店 1996 年版，第 1305 页。

③ 姜佑福：“文明论与普遍历史的有机统一：中国道路研究的根本视域”，《天津社会科学》，2017 年第 5 期。

曾经长时期走在世界前列。”[1] 但回望近代以来，中华文明没有今天这样的自信。旧文明的崩溃，不管采用什么形态，“其消灭的根本原因不是来自外部而生于内部”[2]，这就是“物先腐而后虫生”的意义。新世界文明的建立需要有新的社会力量、新的社会阶层、新的社会动员能力，对旧制度与旧文明能产生摧枯拉朽式的攻伐之效，为迎接新文明开辟道路。无产阶级是人类新文明产生的必要条件，正如资本主义工商业对封建农奴制的小手工业的替换，从事社会化大生产的无产阶级是资本主义制度的掘墓人，也是资产阶级文明的掘墓人。

二、社会主义文明矫正一切旧文明的劣根性

中国共产党在道路探索与实践中不断推进马克思主义中国化时代化。推进文明升级是马克思主义者的理论自觉，“必然要塑造和引领一种以人民对美好生活的追求为导向的新的文明形态”[3]。“根本改造非正义的人类文明，从来都不是依靠真理和道义力量就可以完成的任务，归根到底取决于世界正义力量的壮大，特别是取决于社会主义国家的崛起。”[4] 1921 年，中国产生了共产党，这是开天辟地的大事件，彻底改变了中国和中国人民

① 胡锦涛：“在纪念中国人民抗日战争暨世界反法西斯战争胜利 60 周年大会上的讲话”，《人民日报》，2005 年 9 月 4 日，第 2 版。

② 宇宙：“欧战与世界文明的前途”，《杂志》，1940 年第 6 卷第 5 期。

③ 苗翠翠：“人类命运共同体：中国方案引领人类文明新形态”，《重庆社会科学》，2019 年第 4 期。

④ 陈曙光：“世界大变局与人类文明的重建”，《哲学研究》，2022 年第 3 期。

的命运，中国人民从此有了主心骨，中国人在精神上的被动也因中国共产党的产生和马克思主义的广泛传播而获得扭转，实现了精神主动，近代以来中国人的历史命运才得以改写。历史已经证明：中国共产党的“出场”并非历史的偶然，而是历史发展的必然。这个必然表现为“三个深刻改变”：“深刻改变了近代以后中华民族发展的方向和进程，深刻改变了中国人民和中华民族的前途和命运，深刻改变了世界发展的趋势和格局。”①“三个改变”的当代结果就是“开创了中国式现代化道路”和“创造了人类文明新形态”。党的二十大报告指出，“创造人类文明新形态”② 是“中国式现代化的本质要求”，这表明“人类文明新形态”概念与中国式现代化的深度自洽，蕴含着党创造文明的先进性、中华文明的延续性、文化交融的世界性，彰显着中国立场、世界眼光、人类视野，不断将“中国之治”、“中国之路”、“中国之智”与“中国之理”内嵌于社会主义性质的文明形态的创造过程之中。

中华文明在新时代的赓续和创新，是基于对旧文明的清算和对人类积极成果的充分吸纳。“中华民族的复兴在占有现代文明成果的同时，还必须能够历史地重建它自己的伟大传统，而这样的传统并不现成地持存于辽远的过去，它只有在一种新文明类型

① 习近平：《在庆祝中国共产党成立 100 周年大会上的讲话》，人民出版社 2021 年版，第 3 页。

② 习近平：《高举中国特色社会主义伟大旗帜 为全面建设社会主义现代化国家而团结奋斗——在中国共产党第二十次全国代表大会上的报告》，人民出版社 2022 年版，第 24 页。

的开启中才可能得到真正的复活与再生。”① “在新的历史方位上，当今中国发展的世界历史意义在于，中国在完成其社会主义现代化任务的同时正在开启出一种新文明类型的可能性。”② 正如日本著名刑法学家、教育家、社会活动家西原春夫所认为的，“中国正在推进社会主义现代化，而且中国的目标是要在社会主义现代化的延长线上建立马克思、恩格斯梦想却未能实现的社会。但实际上，由于在马克思、恩格斯的时代，人类的智慧未能达到相应的高度，所以他们的梦想未能实现。在人类历史上，中国首次获得了实现这一目标的有利条件。”③

中国特色社会主义分别将中国优秀传统文化中关于“人与自然、人与自我相和谐”、“天下观”、“家国情怀”、“日新”精神与马克思主义的“两重有机体”、“国际主义立场”、“自由人联合体”以及“人的自由全面发展”的价值观相结合④。通过这种结合，超越了西方那种以原子式的个人为基础的抽象的自由主义意识形态，既内蕴中国传统文明的精华，也开新出时代精华。正如赵汀阳把“己所不欲，勿施于人”“己欲立而立人，己欲达而达人”总结为相对“帕雷托改进”的“孔子改进”⑤，中华文明的伟大与神奇就在于“从未中断”，不管是内忧还是外患，文明

① 吴晓明：“马克思主义中国化与新文明类型的可能性”，《哲学研究》，2019 年第 7 期。

② 吴晓明：“世界历史与中国道路的百年探索”，《中国社会科学》，2021 年第 6 期。

③ 西原春夫：“中国有能力建设理想社会”，《中国社会科学报》，2021 年 10 月 15 日。

④ 参见蒋志红、黄其洪：“论作为总体性文明的中国特色社会主义的世界意义”，《西南大学学报（社会科学版）》，2020 年第 3 期。

⑤ 杨光斌：“中国式现代化与人类文明新形态”，《教学与研究》，2022 年第 10 期。

的火种依旧代代相传，无法遮蔽其万丈霞光，即便在遭遇各种变种的或隐蔽的颜色革命、普世价值入侵、诋毁中华文明是极权文化、攻击我们是背离共产主义的修正主义、虚无我们的国史党史社会主义发展史，中国特色社会主义依然一枝独秀。尽管西方捏造和鼓吹“中国威胁论”、“试图复苏的朝贡体制是世界动荡的源头”、“中华文明的复苏是世界文明噩梦的开始”、“中国将打破世界和谐”、“东方的战狼好战天性一览无余”，“阻止中华的崛起”是西方民主联盟应当做的“最正确的事”。面对种种非难、攻击、污蔑，社会主义文明以其勃勃生机和实际行动向世界证明文明史发展的内在必然；社会主义文明替代资本主义文明是历史的必然选择；以中华文明所崇尚的“王道”替代西方的“霸道”，以东方文明的“和为贵”“民胞物与”“协和万邦”“以邻为伴”接棒西方的“以邻为壑”，以东方哲学的“内圣”修为超越西方霸权与侵略的“外王”之道，是符合历史发展规律，是缔造和谐和美好世界的基本理念。中国不搞西方那样的无情、野蛮、残暴的“原始积累”，靠中华民族的勤劳和智慧求取中国人自己的美好生活，这是人间最可贵的正义。

三、摆脱物的依赖走向自由是人类的终极目的

中国试图寻找应对世界百年未有之大变局的建制模式与共赢体系，并非是要在世界大变局中植入中国的价值理念，而是要最大限度维护人的权益、尊严，让世界人民过上美好的生活，远离战火、饥荒、杀戮，赋予世界大变局以推进人类文明进步的价值

轴心，引导人类文明向好发展的进程。

第一，文明进程：原始公有制——资本主义私有制——社会主义公有制。马克思主义以生产力与生产关系的辩证关系，科学揭示人类社会发展的一般规律，不同社会制度与所有制结构的演进梯次。中国共产党所开创的人类文明新形态就是这个演进梯次当下达到的最高最新阶段。经典作家认为：资本主义工业文明是“建立在劳动奴役制上的罪恶的文明”①，尽管资本主义替代封建地主阶级所有制推进了历史的进步，但历史的进程远没有终结，更高社会形态的文明已经成真或正在路上。

人类是在改造自然并不断改造社会的进程之中积累物质财富和精神财富的，各个相对独立的族群在生产和再生产中不断累积而形成不同的文明板块。文明作为表征社会进步的基本标志，呈现为螺旋式上升势头，正如对自然的人化能力、影响程度总是随着技术进步而不断升级的，与今天的发达交通、跨洋跨海、科学技术水准和市场经济的影响力相比，处在原始狩猎时代的人们对自然的影响力相对有限。生产工具不断进化升级，文明程度也会随之升级，资本主义的工业文明替代封建文明是历史发展的必然。从人类文明的发展进程看，使自己的文明重塑或升级“成为每个走向现代化的民族的普遍命运”②。从未“中断”的中华5000年文明也要与时俱进地“升级重塑”“吸纳借鉴”“创造性发展”“创新性转化”，才能巩固和维持“惟中国能以其自创之

---

① 《马克思恩格斯选集》（第三卷），人民出版社2012年版，第120页。

② 臧峰宇：“中国式现代化的文明底蕴及其世界历史意义”，《哲学研究》，2023年第1期。

文化绵永其独立之民族生命”①。

中华文明曾长期领先于世界其他文明，特别是在农业文明时代，更是遥遥领先，但缘何中华文明在近代以来的“工业文明”竞争中被西方文明“蒙尘”？为什么中国的现代化被一拖再拖，陷入马克思所说的“东方从属于西方”的尴尬格局呢？表面原因在“吸纳借鉴”不够，自身的“升级重塑”不及时，但根源在于缺少改变“中华民族的历史命运”的醍醐灌顶的指导思想，器物、技术、制度和文化层面的现代化都尝试过，但没有发现要“以中国为中心，以马克思主义为方法，重建中华文明的历史主体性，以实事求是的启蒙精神，提出马克思主义中国化，同时推动中华文化的现代化。”② 这是建基于社会主义公有制的一次文明的历史变革，中国共产党在广袤的国土上建立了社会主义公有制，不断完善以公有制为主体的社会主义经济结构，全面释放劳动主体的积极性，实现人民当家作主的历史性突破，彻底改变了一部分人为另一部分人活着的不公平的社会结构。

第二，生态表现：有限的物质变换——无节制的物质变换——人与自然和谐共生。中华民族能够生生不息，既得益于地大物博的物质供给，也得益于推动民族发展壮大的丰厚文化滋养，还得益于辛勤劳动与奋斗不息的伟大民族精神，而这一切归到最本源的存在基础上，那就是我们始终拥有一个宜居的环境。人类生存与发展的自然法则就是逐水而居，不管是狩猎时代还是农业文明

① 梁漱溟：《中国文化要义》，上海人民出版社 2011 年版，第 8 页。
② 李文堂：“中国共产党百年文化成就”，《中国党政干部论坛》，2021 年第 10 期。

时代，水环境是狩猎文明和农业文明的生命线。在“捕禽兽、逐水草、织绩木皮叶、染草实以为衣”的古代狩猎社会，靠“射生而活”，以茹毛饮血方式生活，其涉猎半径有限、影响空间相对狭小，即便古人有无限的欲求，彼时的技术限制只能让他们望洋兴叹。从这个意义上说，古代社会人与自然之间有限的物质变换，是环境友好型的物质变换。资本主义工业文明极大地激发了人的欲望，技术手段不断升级，上天入地、技术臂膀不断延展，影响自然的广度、深度前所未有，资本主义工业文明的生态破坏与生态掠夺、生态殖民，造成了人与自然的对立，无节制的物质变换造成了人与自然关系的“断裂”。

地大物博是自然环境赋予的，即便是在工业文明时代，水资源短缺既会引发工业文明的衰败，也会造成城市文明的消失。自然赋予人以生命之源、环境之宜、气候之适中，森林茂密、猎物繁多、水量丰沛、田野肥沃的地区都是人类文明发展最基本的组成单元，人类越是能够便利地获得自然环境的给养，就越是有利于生息繁衍、迁徙扩张。中华文明也是与河流文明、水车文明、大坝文明、灌溉文明同步发展的，因水而兴与因缺水而亡是生态文明给我们揭示的两个镜像。奔腾不息的长江是哺育华夏文明的源头，发源于中国青海省巴颜喀拉山脉，流经 11 个省、直辖市、自治区，全长 5464 公里黄河是造就中华民族的摇篮。沧海变桑田、桑田变沧海，有自然原因，也有人为的原因，楼兰地区以前也是水草丰美之地，今日只能在万顷流沙之下以考古的视角去探究史上一度辉煌的楼兰文明，河西走廊、黄土高原的退化，都与人为的毁林开荒、乱砍滥伐不无关系，自然怀有关爱万物的母性，但不等于我们可以肆无忌惮地不加节制地索取，过高估计征服自然、控制自然的能力不仅不被人类原谅，也不被大自然母亲原谅。社会主义必须走生态友好之路，建设生态文明，以生态文明超越资本主义的工业文明。

环境决定我们能否实现高质量发展、子孙后代能否实现可持续生存。信息化与智能化等技术变革有利于生态化的实现，构建新型的环境友好型的工业文明是可行的。社会主义生态文明就是利用社会主义制度优势，全面超越资本主义的工业文明，反思当前人类对自然的破坏以及人与自然之间在物质变换过程中出现的断裂，反思拜物教影响下人们对物质生活的片面追求，通过对我国工业文明的自我调整实现生态化重建，实现对资本主义工业文明的超越与当代转向。那样，到本世纪中叶建成富强民主文明和谐美丽的社会主义现代化强国才具有更可靠的生态基础："到那时，我国物质文明、政治文明、精神文明、社会文明、生态文明将全面提升，实现国家治理体系和治理能力现代化，成为综合国力和国际影响力领先的国家，全体人民共同富裕基本实现，我国人民将享有更加幸福安康的生活，中华民族将以更加昂扬的姿态屹立于世界民族之林。"① 中国共产党开创的人类文明新形态和生态治理体系，强化了变革人与自然关系、推进美丽中国建设和全球生态治理，不断优化人的美好生存空间。

第三，文明表现：自然依赖——物的依赖——自由人联合体。马克思、恩格斯曾指出："全部人类历史的第一个前提无疑

① 《习近平谈治国理政》（第三卷），外文出版社 2020 年版，第 23 页。

是有生命的个人的存在。因此，第一个需要确认的事实就是这些个人的肉体组织以及由此产生的个人对其他自然的关系。”① 对物质的依赖、对自然的依赖是无法超越的，如何保持自然的持续承载能力或改进自然的承载能力，既要解决物的供给的多样性与丰富性，也需要主体的适度节制。

文明内含着人类进化过程中的物质累积、知识积累、文化积淀、技术进步等基本方面，人类既要致力于解决物质的丰富性，以确保生存条件的确定性，也要化解生存的自然困境，以实现马克思主义所渴望的人与自然的和解，修复弥补人与自然之间在物质变换过程中出现的裂缝或断裂，确保优美生态环境对人类实现美好生活的基本支撑力、人与自然环境关系的持久改善；既要追求基本的物质需要，又要摆脱对物的依赖，实现财富的自由与极大丰富，为实现人类的自由而全面发展奠定物质基础，为人类的自由闲暇、自愿自主自由地就业和休养生息提供宽松的环境，克服拜物教的片面性、超越单面化的精神危机，以确保人的追求的多样性与精神的丰富性。文明本质上是正义的历史改进结果，也是正义不断被修正的过程，人类文明新形态必然内含着对全人类的生产方式、分配方式、生存方式的反思与优化，也就必然蕴含着为绝大多数人而不是少数人谋求福利与公平环境的基本诉求，聚焦于实现全人类的生存利益、环境利益、优质生存价值、可持续发展、主体的自由与丰富性。既要扩大获取与占有物质的能力，也要从社会制度上确立兼顾全球最广泛人民群众的制度原

① 《马克思恩格斯文集》（第一卷），人民出版社 2009 年版，第 519 页。

则、正义原则、分配原则、价值原则，以期实现更多的平等、公正、正义与自由。

“人类文明进步历程从来没有平坦的大道可走”[①]，甚至要伴随血雨腥风。正如列宁指出，唯有无产阶级专政和社会主义国家“才能够达到而且已经达到了高度的文明”[②]，社会主义文明既要不断开拓新境界，也要像中华文明那样，既“继承了中华优秀传统文化，也吸收了世界文明有益成果”[③]，“在兼收并蓄中历久弥新”[④]。这种文明不断升级的发展势头正是马克思历史唯物主义的基本判断，人将“摆脱对物的依赖”走向“自由人联合体”。

第四节　中国共产党胸怀天下的文明胸襟

坚持胸怀天下是中国共产党行稳致远的基本历史经验，展现出中国共产党人的伟大气魄、宽广胸襟、历史担当，也是为实现第二个百年奋斗目标的铿锵宣言与庄严承诺。《中共中央关于党的百年奋斗重大成就和历史经验的决议》指出：“大道之行，天下为公。党始终以世界眼光关注人类前途命运，从人类发展大潮流、世界变化大格局、中国发展大历史正确认识和处理同外部世界的关系，坚持开放、不搞封闭，坚持互利共赢、不搞零和博弈，坚持主持公道、伸张正义，站在历史正确的一边，站在人类

① 《习近平谈治国理政》（第二卷），外文出版社 2017 年版，第 487 页。
② 《列宁全集》（第 38 卷），人民出版社 1986 年版，第 203 页。
③ 《习近平谈治国理政》（第一卷），外文出版社 2018 年版，第 169 页。
④ 习近平：“深化文明交流互鉴 共建亚洲命运共同体——在亚洲文明对话大会开幕式上的主旨演讲”，《人民日报》，2019 年 5 月 16 日。

进步的一边。只要我们坚持和平发展道路，既通过维护世界和平发展自己，又通过自身发展维护世界和平，同世界上一切进步力量携手前进，不依附别人，不掠夺别人，永远不称霸，就一定能够不断为人类文明进步贡献智慧和力量，同世界各国人民一道，推动历史车轮向着光明的前途前进。”① 不以天下作为关爱对象的文明，就失去了为世界人民美好生活奋斗的价值支撑，那样的文明就不能称为“人类文明”，人类文明新形态一定是以解决全球最大的“类”主体作为理念内核，才具有“人类”意义上的合法性。

一、坚持胸怀天下是马克思主义的鲜明特征

“铁肩担道义，执戈卫和平。”天下观念蕴含着中华文明以包容、和平等视域构建自身与异域文明的关系，致力于维护全人类共同利益，促成世界更加公平有序的卓越境界与智慧。天下观也是随着人的认知能力不断发展的，在早期的地理空间认知中，受封闭的小农经济与地域流动的局限，先辈们对宇宙时空的地理属性的认知是有局限的，天圆地方是先祖对我们所处位置的直观判断，方或圆都有中心有边缘之别，中国位于方和圆的中心，强化了华夏为“天下”的中心的认识；从政治的地缘特征来看，早期“天下观”有以“华夏”为尊的局限性，“中原”“中土”等代表中华文化发祥地的主

① 《中共中央关于党的百年奋斗重大成就和历史经验的决议》，人民出版社 2021 年版，第 68~69 页。

流概念，东夷、南蛮、西戎、北狄则是“边缘地域”的民族政治概念，体现了“正体”与“蛮夷”、“夷夏”之别的政治序列、尊卑差异。但地理认识和政治秩序的认识依然掩盖不了中华文明之中的“天下”意识，形成中华文明对天地万物和自身存在进行观察和审视的独特“天下”视角与朴素的伦理观，“以天下观天下”，“行道于天下”以“求天下太平”。这种朴素的认知在马克思主义的加持与激活下，更加璀璨夺目，既是对传统天下主义实现“去等级化”的扬弃，又在历史发展的必然性上占据道义的制高点，为人类共享普遍的新文明确立新的时代坐标，开出了开放、和平、包容、兼容并蓄的文明发展药方，为一种文明善待差异、吸纳借鉴其他文明、实现自我超越、或殊途同归提供了方法论。

第一，人类解放：马克思主义的全球视野。胸怀天下者方可成大业，兼顾不同文明平等，才能缔造各民族共享的文明。马克思个人致力于为人类幸福而工作，他说：“如果我们选择了最能为人类而工作的职业，那么，重担就不能把我们压倒，因为这是为大家作出的牺牲；那时我们所享受的就不是可怜的、有限的、自私的乐趣，我们的幸福将属于千百万人，我们的事业将悄然无声地存在下去，但是它会永远发挥作用，而面对我们的骨灰，高尚的人们将洒下热泪。”① 马克思主义所掀起的人类解放运动，也是为最大多数人谋幸福的事业，“过去的一切运动都是少数人的，或者为少数人谋利益的运动。无产阶级的运动是绝大多数人

① 《马克思恩格斯全集》（第一卷），人民出版社 1995 年版，第 460~461 页。

的，为绝大多数人谋利益的独立的运动。”① 无产阶级在资本主义工业文明中，与“体面”的资产阶级相比，也许是寒酸的、野蛮的、流氓无产者，“但无论怎样，历史正在把我们文明社会的这些‘野蛮人’变成人类解放的实践因素。”②

第二，胸怀天下：人类文明新形态的底色。社会主义要创造人人能及、人人可享的文明，创造每个人的自由发展是一切人自由发展的条件，“生产者阶级的解放是不分性别和种族的全人类的解放”③。但空想社会主义实现不了，资本主义社会更是实现不了，正如恩格斯在《〈英国工人阶级状况〉1892 年英国版序言》中所指出的，“1789 年的法国资产者也曾宣称资产阶级的解放就是全人类的解放”④，这只能是“自作多情的空话”⑤。资本主义社会中的资本家，只注重为一己之私利“霸占了新创造出来的各种工业力量”，使“这些理应属于全人类的力量便成为少数富有的资本家的垄断物，成为他们奴役群众的工具”，他们将“财产、物升格为世界的统治者”。⑥ 这是一种“不合理性的和非正义的制度”，“所以也应该像封建制度和一切更早的社会制度一样被抛到垃圾堆里去”⑦。坚持胸怀天下是马克思主义政党的本质属性，始终坚持把为人类谋利益作为崇高理想和追求，既是马克思主义存在的价值，也是马克思主义的基本使命。

---

① 《马克思恩格斯选集》（第一卷），人民出版社 2012 年版，第 411 页。
② 《马克思恩格斯文集》（第十卷），人民出版社 2009 年版，第 14 页。
③ 《马克思恩格斯选集》（第三卷），人民出版社 2012 年版，第 818 页。
④ 《马克思恩格斯全集》（第二十九卷），人民出版社 2020 年版，第 317 页。
⑤ 《马克思恩格斯全集》（第二十九卷），人民出版社 2020 年版，第 317 页。
⑥ 《马克思恩格斯文集》（第一卷），人民出版社 2009 年版，第 105 页。
⑦ 《马克思恩格斯选集》（第三卷），人民出版社 2012 年版，第 778 页。

二、中国共产党胸怀天下的眼光和格局

第一，中国共产党憧憬“大道之行，天下为公”，尊崇天下无外、民胞物与，追求协和万邦、天下大同的美好世界。党的十九大报告在第 12 部分“坚持和平发展道路，推动构建人类命运共同体”中指出：“中国共产党是为中国人民谋幸福的政党，也是为人类进步事业而奋斗的政党。中国共产党始终把为人类作出新的更大的贡献作为自己的使命。”[①] 党的十九届六中全会通过的《中共中央关于党的百年奋斗重大成就和历史经验的决议》把《习近平新时代中国特色社会主义思想学习纲要》提出的“三为三谋”进一步概括为“四为四谋”，明确指出：“一百年来，党既为中国人民谋幸福、为中华民族谋复兴，也为人类谋进步、为世界谋大同，以自强不息的奋斗深刻改变了世界发展的趋势和格局。”[②] 进一步深刻揭示了我们党一百年来始终坚持胸怀天下的真谛。“中国共产党始终以世界眼光关注人类前途命运，揭示人类社会发展趋势和规律，在各种大变局中顺势而为；中国共产党始终以马克思主义的广阔视野来看待人类解放事业，强调胸怀天下是马克思主义国际主义精神和世界历史理论的内在要求；中国共产党始终把自身建设社会主义事业与世界社会主义前途命运紧

① 习近平：《决胜全面建成小康社会　夺取新时代中国特色社会主义伟大胜利——在中国共产党第十九次全国代表大会上的报告》，人民出版社 2017 年版，第 57 页。

② 《中共中央关于党的百年奋斗重大成就和历史经验的决议》，人民出版社 2021 年版，第 64 页。

紧联系在一起，从世界社会主义运动的发展变化中汲取经验教训。”①

第二，中华文明崇尚以“均平”“兼爱”兼顾天下。推己及人、大公无私是中华文明的特有气魄、广博胸襟与崇高格局。中华优秀传统文化崇尚“一阴一阳之谓道”、“仇必和而解”的辩证思维，主张“民为贵，社稷次之，君为轻”的等次摆布；推崇兼收并蓄、革故鼎新、与时俱进的方法论，强调“天道均平”、“兼爱互助”、“不患寡而患不均”（《论语・季氏》）。晏子主张“取财于富有者，以调剂贫乏者”（《晏子春秋・内篇・问上第三》），墨子提出“有力者疾以助人，有财者勉以分人，有道者劝以教人”（《墨子・尚贤下》），就连农民起义也将“无处不均匀，无人不饱暖”的口号写在旗帜上。

谋划中国的问题，一定要把胸怀中华民族伟大复兴的战略全局和世界百年未有之大变局作为基本出发点。池田大作与阿・汤因比的对话中指出：“我所预见的和平统一，一定是以地理和文化主轴为中心，不断结晶扩大起来的。我预感到这个主轴不在美国、欧洲和苏联，而是在东亚。”② 就中国人来说，几千年来，“比世界任何民族都成功地把几亿民众，从政治文化上团结起来。他们显示出在政治、文化上统一的本领，具有无与伦比的成功经

---

① 辛向阳：“深刻把握‘胸怀天下’的历史经验”，《天津社会科学》，2022第1期。

② 池田大作、阿・汤因比：《展望二十一世纪——汤因比与池田大作对话录》，荀春生等译，国际文化出版公司1997年版，第283页。

验。这样的统一正是今天世界的绝对要求。”① “世界统一是避免人类集体自杀之路。在这点上，现在各民族中具有最充分准备的，是两千年来培育了独特思维方法的中华民族。”② 中国始终坚持互利共赢、不搞零和博弈，坚持主持公道、伸张正义，这些认识是5000年中华所积攒起来的文明成就的理性反馈，中国有能力支撑起物质文明的强国，也有能力建设精神文明强国，书写人类文明新篇章。

“坚持胸怀天下”是中华优秀传统文化当代化的必然要求，既有利于中国共产党与世界政党的交流互动，也有利于人类文明新形态在全球被广泛接纳，彰显了中国共产党为世界谋大同的初心使命、推动人类文明进程的历史责任、促进世界和平发展的无私担当。我们不仅要坚持以天下视野观察中国和世界、以天下格局谋划发展，用中国智慧、中国方案、中国力量使中国大踏步赶上时代，还要引领时代，同世界各国人民一道，推动历史车轮向着光明的未来前进。

三、中国共产党胸怀天下的宝贵历史经验

中国共产党人始终以胸怀天下的崇高品格践行着无产阶级的伟大使命、体现着国际主义伟大担当、承载着历史赋予中国人民

① 池田大作、阿·汤因比：《展望二十一世纪——汤因比与池田大作对话录》，荀春生等译，国际文化出版公司1997年版，第283~284页。

② 池田大作、阿·汤因比：《展望二十一世纪——汤因比与池田大作对话录》，荀春生等译，国际文化出版公司1997年版，第284页。

的使命。

第一，中国共产党胸怀天下的伟大实践。1921 年 7 月 23 日，中国共产党在上海贝勒路树德里 3 号（后称望志路 106 号，今兴业路 76 号）召开第一次全国代表大会。8 月 5 日，代表们在嘉兴南湖的游船上讨论通过了《中国共产党纲领》，这是中国共产党第一个马克思主义性质的重要文献，虽然不足千字，但字字千钧。古人讲“半部论语治天下”，今天又何尝不是“千字党纲”治天下呢。纲领提出“无产阶级革命军队推翻资产阶级”，“由劳动阶级重建国家”，“直至消灭阶级差别”，以“达到阶级斗争的目的——消灭阶级”，“废除资本私有制”。这个纲领所激发起来的人民斗志和无产阶级的终身使命责任何其强大，纲领的世界影响还在不断扩大。在联合第三国际的基础上，党的二大宣言中进一步高呼“一齐来和全世界的革命伙伴们并肩前进呀”①。1938 年 10 月，毛泽东在《中国共产党在民族战争中的地位》一文中提出：“中国共产党人必须将爱国主义和国际主义结合起来。”② 1956 年 6 月 11 日，毛泽东在同秘鲁议员团谈话时提出：“中国不仅要自己料理自己，自己过生活，还应该对别的国家和民族进行帮助，对世界有些益处。同别的国家一样，不仅要为自己而且还要对世界做些贡献。”③ 同年 11 月 12 日，他在《纪念孙中山先生》一文中再次描绘了共产党的责任和实现可能，到 21 世纪时，“中国应

---

① 《建党以来重要文献选编（1921—1949）》（第 1 册），中央文献出版社 2011 年版，第 134 页。

② 《毛泽东选集》（第二卷），人民出版社 1991 年版，第 520 页。

③ 《毛泽东文集》（第七卷），人民出版社 1999 年版，第 71 页。

当对于人类有较大的贡献”[①]。马克思主义认为，“无产阶级只有在世界历史意义上才能存在，就像共产主义——它的事业——只有作为‘世界历史性的’存在才有可能实现一样。”[②] 党的十三大报告进一步指出，“我们是爱国主义者，决不容忍中国的民族尊严和民族利益受到任何侵犯。我们是国际主义者，深深懂得中国民族利益的充分实现不能离开全人类的总体利益”[③]。中国是世界的重要组成部分，对14亿多中国人负责也是在履行国际责任，14亿多人口的中国发展起来，“给这个世界带来的是实实在在的好处，相反中国如果是积贫积弱，这才是世界真正的麻烦，这才是真正值得世界担心的事”[④]。2022年6月22日，习近平主席在金砖国家工商论坛开幕式上强调：“我们要坚持以人民之心为心、以天下之利为利，推动全球发展迈向新时代，造福各国人民。”[⑤] “胸怀天下、立己达人”既是立场，也是中国共产党的行动。

第二，中国共产党胸怀天下、共建世界文明的基本经验。①坚定马克思主义文明观、世界观和国际观。既强调要以生产力进步推进文明发展，也强调物质文明和精神文明相协调、人与自然和谐共生、五大文明齐步走、中国平安与世界和平。②以大历史观贯通过去、现在与将来。注重以史为鉴、鉴往知

---

① 《毛泽东文集》(第七卷)，人民出版社1999年版，第157页。

② 《马克思恩格斯文集》(第一卷)，人民出版社2009年版，第539页。

③ 《十二大以来重要文献选编》(上)，人民出版社1986年版，第39页。

④ 习近平：“顺应时代前进潮流 促进世界和平发展——在莫斯科国际关系学院发表重要演讲”，《光明日报》，2013年3月24日。

⑤ 习近平：“习近平在金砖国家工商论坛开幕式上的主旨演讲”，参见：http://jhsjk.people.cn/article/32453694。

来，强调和合共生、彼此联动，“只有回看走过的路、比较别人的路、远眺前行的路，弄清楚我们从哪儿来、往哪儿去，很多问题才能看得深、把得准”①。注重打通历史和现实、理论和实际、国际和国内、发展和安全，既强调文明特色，又追求文明共生、既瞄准自家的事，也关心天下事。③以追求最大公约数与最普遍的“公共性”为使命。唯我独尊的文明早已失去“文明”的本意，“文明”强调“利益公共性”与“价值整体性”，中国共产党天下观反对以排他性、对抗性、集团性的思维来看待其他文明，西方文明依赖“大炮的射程”或者秉承“胜利者不受谴责”的逻辑是反文明、反人类的。④注重文明的开放性与公域性。正如《周易》讲“保合太和”，不同文明之间也需要和谐。“和羹之美，在于合异。”合作才有未来，开放才能保持清醒，文明的未来也来自不封闭、不排外，不以某种文明的私域侵占人类文明的公域。国与国之间是“你中有我，我中有你，你我中有他，他中有你我”，文明与文明之间更是彼此内渗、相互影响、互学互鉴。那种主张存在“核心文明”和“边缘文明”的论调，是站在中国共产党的天下观的对立面的。国与国无论大小、强弱、贫富一律平等，不能以大欺小、强取豪夺、以强凌弱、以富压贫。⑤将世界文明的差异性转变为促进共同发展的共识。文明互鉴才能推动社会进步，“要尊重世界文明多样性，以文明交流超越文明隔阂、文明互鉴超越文明冲突、文明共存超越文明优越。”②不应夸大文明之间的差异、对抗，在不同文明之间和谐是主流，

① 《习近平谈治国理政》（第三卷），外文出版社 2020 年版，第 70 页。

② 《习近平谈治国理政》（第三卷），外文出版社 2020 年版，第 46 页。

对抗是支流，推崇白人至上、执意用自己的文明改造甚至取代其他文明，是文明的骄纵与愚蠢，是人类的灾难。⑥以践行和平发展与合作共赢赢得世界广泛认同。中华文明崇尚并积极践行包容发展、反对分裂对抗，文明的本意在于超越国别界限、超越霸权思维。文明的国别特征越明显，越表征出“部落化”遗迹。今天，全球将近 70 个国家的 12 亿人口面临疫情、粮食、能源、债务危机，没有“胸怀祖国，兼济天下”的胆魄，这个难题就剖解不了，中国共产党既为中国人民谋幸福，也把为全人类作贡献作为重要使命，统筹国内国际两个大局，推动构建人类命运共同体。“历史和现实证明，靠剥削、侵略、干涉和制裁其他国家来发展自己的老路已经走不通了。在全球经济互融互通、休戚与共的今天，人类早已成为一个利益共同体，任何国家和民族都不可能脱离人类整体而独善其身。”[①] 昨天我们“用俄国式的方法去达到改造中国与世界”[②]，今天我们将用中国共产党自己的经验、方式和视野推进世界大发展。

---

① 李斌雄、魏心凝：“中国共产党探索社会主义现代化道路的百年历程和基本经验”，《中南民族大学学报》（人文社会科学版），2021 年第 8 期。

② 中央文献研究室编：《毛泽东书信选集》，中央文献出版社 2003 年版，第 4 页。

第二章

人类文明新形态的内涵与特征

找到文明进步的动机与刺激文明进步的力量是探究人类文明新形态的本质与内涵的基础性工作，应“立足人类文明的本质和趋势对中华文明的地位和走向作出深邃思考”[①]。人类文明新形态蕴含着中华文明的特殊性、人类文明的普遍性、马克思主义文明的超越性。理解文明内涵，需要分析其日常指代和本意所指，从微观层面看，文明可以表征为一个区域、一个国度在长期实践中形成的“共同操守”、“社会素质”、“行为规范”与“交往之礼”，人与人之间“敌意的减少”、“和谐的增多”；从人类社会发展来看，则可以表征为跨越一个时代、一个社会形态的伟大“社会进步”。就文明的进步性而言，正如从“蒙昧、野蛮、宗法、文明”[②] 的逻辑展开那样，文明跃升是从摆脱一个相对黑暗的时代步入新时代的“壮丽的日出”，是扫荡“旧文明的牛圈”、建立“新文明的人民园地”的人类进阶运动。人类文明新形态是

① 包心鉴：“新文明观：面对新全球化的价值选择”，《理论视野》，2017 年第 6 期。

② 法国空想社会主义者傅立叶将人类历史分为四个阶段——“蒙昧、野蛮、宗法、文明”，最后这个“文明”阶段也就是资产阶级社会，恩格斯高度认可这个划分的伟大意义。参见《马克思恩格斯选集》（第三卷），人民出版社 2012 年版，第 647 页。

指中国共产党在立足于历史唯物主义与人类道义的制高点，遵循人类社会更替演进的历史逻辑，不断开创与引领历史发展潮流，瞄准全方位实现人的自由与全面发展所建立的代表世界上最广泛人民群众利益，继承中华文明与世界文明的精华并超越西方现代化与既有文明成就，开创人类现代化新道路，塑造全人类最普遍的共同价值，不断拓宽人类文明发展大道，搭建不同文明交融互鉴的广阔平台，以实现人类最大公约数的新型文明样态。

第一节　人类文明新形态的本质内涵

将中国梦照进现实需要开创一种全新的人类文明，站在人类现代文明的高度谋划中国梦的实现路径是中国共产党的中心使命。推进文明进步的关键既在于政党，也在于制度与道路的选择。中国共产党的领导实现了道路、制度、文明的统一，中国道路意味着文明进阶的基本历程，契合文明发展规律，中国共产党领导下的中国人民能以最富有创造性的责任感推进文明社会变革，开创人类文明新形态。

一、党的领导：人类文明新形态的本质规定

第一，国家失去领导力量的文明必遭蒙尘厄运。近代以来，国家蒙辱、人民蒙难、文明蒙尘，风雨飘摇没落的中华民族遭受了前所未有的劫难。众多苦难表明，经济基础决定文化上层建筑，离开生产力的发展，“无论藏书楼中有多少传世的经典宝鉴，

传统文化中有多少令世人受用无穷的智慧，儒学中的正心诚意、修齐治平的道德修养和治国理政观念如何熠熠生辉，都不可能避免中华民族被瓜分豆剖的命运”[①]。面对亡国灭种的倾巢之危，自立自强、救亡图存的革命先驱和人民期待着“举旗为风偃为雨，洒扫九庙无尘埃”。

第二，民族复兴需要物质和文明双重力量。突围中华民族困境，既需要经济基础的物质力量，也需要上层建筑的精神力量。中国共产党顺应历史发展，既解放了生产力，也解放了生产关系，赶走“所谓文明的‘豺狼’”，建立了人民政权。文明的演进离不开革命的理论和革命的政党，在强盗文明的奴役下，没有革命的马克思主义的指导，仅靠儒家铺就的修齐治平、内圣外王、返本开新之路是走不通的，推进历史进程和文明发展需要“武器的批判”，在顺应历史潮流的革命风暴中，“不管各种‘文明’豺狼现在切齿痛恨的伟大的中华民国的命运如何，世界上的任何力量也不能恢复亚洲的旧的农奴制度”[②]，不能阻止新文明的进步，不能阻止无产阶级前进的步伐。再多的不合时宜的哭丧妇，她们哭立宪会议、哭资产阶级纪律、哭资本主义秩序、哭文明地主、哭帝国主义[③]，都将注定被碾压在历史的车轮之下，埋在历史的车辙中，掩在文明的迭代中。中国共产党发动人民为自身解放、民族独立、创造属于自己的未来而斗争，他们不愿意成为帝国主义国际政治的客体，不愿“只是为了给资本主义文化和

① 陈先达：《归根到底是因为马克思主义行》，人民出版社 2021 年版，第 39 页。
② 《列宁全集》（第二十三卷），人民出版社 2017 年版，第 3 页。
③ 《列宁全集》（第三十四卷），人民出版社 2017 年版，第 185 页。

文明当肥料”[①]，而是要做把握民族命运的主体，做自己的主人。

第三，中国共产党领导人民缔造了世界全新文明。中国共产党创造的人类文明新形态，内蕴着中国特色社会主义制度优势、马克思主义中国化的最新理论成果、社会主义先进新文化方向、社会主义核心价值观与价值体系等基本内涵。“无产阶级用事实表明，它是而且只有它才是现代文明的支柱，它的劳动创造了财富和豪华，它的劳动是我们全部‘文化’的基石。”[②] 中国共产党创造了以马克思主义为指导，顺应时代发展需要不断实现中华文明创造性转化与创新性发展的文明，在革命、建设、改革开放和新时代四个阶段，依据社会主要矛盾的发展变化，走“一条推倒既有社会秩序、等级、法统、道统的‘犯上作乱’、革命造反之路”[③]，不断扩展丰富文明的内涵，特别是在新时代创立了人类文明新形态，这是对人类文明发展规律的深刻把握，实现了马克思主义与中国实际、中华优秀传统文化、新时代的社会主要矛盾的综合统一、融合创造，既强化了历史唯物主义基本立场，也展现了中华文明的当代价值，既贯彻着文明创造者渴望与世界共享文明成果的价值目标导向，也昭示着人类文明发展的未来走向。

二、爱民富民：以人民为中心的文明

习近平总书记强调：“历史充分证明，江山就是人民，人民就是江山，人心向背关系党的生死存亡。赢得人民信任，得到人

① 《列宁全集》（第三十七卷），人民出版社 2017 年版，第 327 页。
② 《列宁全集》（第九卷），人民出版社 2017 年版，第 204 页。
③ 陈先达：《归根到底是因为马克思主义行》，人民出版社 2021 年版，第 40 页。

民支持，党就能够克服任何困难，就能够无往而不胜。”① 人类文明新形态“确立起立足世界看待个人、立足整体安顿个人的价值观，从而把人的全面发展与社会的全面进步结合起来，从根本上克服了封闭在狭隘自我内部的个人主义价值观，超越了资本主义社会人与人之间的关系，从而确立起中国式现代化的文化理想。”②

第一，人的主体性张扬与人的现代化的统一。文明的本质追求是人的全面解放，承载全体人民的主体性的广泛展开，记录书写人民的自由与美好生活。人是书写文明的主体，史学家只是人民书写文明的记录者。没有人，社会文明就少了编剧者和表演者；没有人的活动及其成果，社会文明就少了赖以发展的素材。把劳动从资本压迫下解放出来，是人类文明进步最基本的诉求，政以顺民、政以养民、政以裕民，进步的文明必然体现为政治为民的合目的性和人民不断实现自由的合规律性的统一。

第二，以实现人的现代化为归宿。“中国共产党始终代表最广大人民根本利益，与人民休戚与共、生死相依，没有任何自己特殊的利益，从来不代表任何利益集团、任何权势团体、任何特权阶层的利益。”③ 中国式现代化在认识和实践上的每一次突破、每一次前进，无不来自人民的实践，无不汲取人民的智慧，依靠

① 习近平：《在党史学习教育动员大会上的讲话》，人民出版社 2021 年版，第 15 页。

② 张志强：“大变局与新文明”，《中国社会科学报》之《学术中国·2022 专刊》，2022 年 8 月 29 日，第 5 版。

③ 《中共中央关于党的百年奋斗重大成就和历史经验的决议》，人民出版社 2021 年版，第 66 页。

人民、扎根人民，既要最大限度实现文明创造，也要最大限度实现文明共享，不断巩固脱贫成效、增效共同富裕、防止两极分化，确保资本有序增值、最大限度摆脱异化、减少对物的依赖。

第三，中国共产党创造了以人民为中心的人类文明新形态。人类文明新形态将以人民为中心落实于当下，并贯彻到可见的未来。对外扩张的资本主义文明，"实际上是在殖民地实行奴隶制度，使当地人遭受闻所未闻的侮辱和压迫，用提倡酗酒、传播梅毒来向当地人'传播文明'"①，在他们财富增加、文明有成的风光之下，是工人群众的穷困、痛苦的加剧。尽管人类文明新形态还不是完全超越国界、超越无阶级界限的文明形式，但在世界化进程中，人类文明新形态是以主张共赢而非剥削来获得广泛认可的。

三、天无私覆：平等与共享的文明

第一，中华文明自古就倡导"天无私覆"的文明共享理念。老子讲"水利万物而不争"，《吕氏春秋·去私》云"天无私覆也，地无私载也，日月无私烛也，四时无私行也。行其德而万物得遂长焉"。天地日月四时公平公正地各施其恩惠，确保万物获得共同的普照滋养，大同理想在中华文明中有深厚的群众基础。

第二，人类文明新形态就是"去私"的典范。如何从自然的"无私覆"过渡到维护社会的"最大公约数"呢？现代化的生产

① 《列宁全集》（第十六卷），人民出版社 2017 年版，第 80 页。

方式、交往方式、国际分工打破了文明的封闭性，文明越是具有世界历史意义的现实性，就越要有责任担当的利他性。人类文明新形态不是部落式的封闭样态，而是地球村落化、时空压缩化、高度合作化与全球产业化所推动的文明形式，超越了民族、国别而表征为人类社会共同奋进的文明进程。

第三，人类文明新形态以实现人人平等共享为本质追求。反之，资本主义制度文明同“启蒙学者的华美诺言比起来，由理性的胜利建立起来的社会制度和政治制度竟是一幅令人极度失望的讽刺画”①。人类文明新形态反对靠工人的劳动来养活富翁和显贵，反对繁重的劳动仅能换取微薄的工资，反对劳动者却无法享受自己的劳动果实，反对以一部分的牛马生活来维持少数人的奢侈和豪华，以不断实现人的自由全面发展为价值追求，倡导“全面建成小康社会，一个也不能少；共同富裕路上，一个也不能掉队”②。围绕着社会主要矛盾，着力解决发展不平衡不充分问题，最大限度促成共同富裕不断取得实质性效果。

四、全面进步：多向度协调发展的文明

第一，开创五大文明协调发展新局面。中国共产党致力于提高全社会文明程度，以五大文明协调发展深化人类文明新形态的基本内涵。党中央强调建成富强、民主、文明、和谐、美丽的社会主义现代化国家，需要五大文明全面提升，协调发展，创造了

① 《马克思恩格斯选集》（第三卷），人民出版社 2012 年版，第 644 页。

② 《习近平谈治国理政》（第三卷），外文出版社 2020 年版，第 66 页。

“五位一体”的整体文明观。习近平总书记在《在庆祝中国共产党成立100周年大会上的讲话》中指出：“我们坚持和发展中国特色社会主义，推动物质文明、政治文明、精神文明、社会文明、生态文明协调发展，创造了中国式现代化新道路，创造了人类文明新形态。”① 物质贫困与精神贫乏都不是社会主义，“物质富足、精神富有是社会主义现代化的根本要求”，“促进物的全面丰富和人的全面发展”② 是我们始终不渝的追求，厚植现代化的物质基础与大力发展社会主义先进文化必须同向发力，协同推进人民富裕、国家强盛、中国美丽，系统和谐超越分裂对抗。

第二，开创开放式的“人类文明新形态”体系。物质文明、政治文明、精神文明、社会文明与生态文明彼此相互联系、相互制约、相互促进，凸显开放式、体系化、互助性的文明本质。“当高楼大厦在我国大地上遍地林立时，中华民族精神的大厦也应该巍然耸立。”③ 当政治优势擎起制度文明的大厦时，民生为要的理念与社会风尚也必须同步推进，而这些大厦的繁华、繁荣都离不开生态所赋予的勃勃生机，必须不断夯实物质文明的基础地位，强化政治文明的治理保证，突出精神文明的价值引导，涵养生态文明是自然载体，并对未来文明的升级、文明视野的拓展、深度融入世界文明保留充足开放的空间。

---

① 习近平：《在庆祝中国共产党成立100周年大会上的讲话》，人民出版社2021年版，第13~14页。

② 习近平：《高举中国特色社会主义伟大旗帜 为全面建设社会主义现代化国家而团结奋斗——在中国共产党第二十次全国代表大会上的报告》，人民出版社2022年版，第23页。

③ 习近平：《在文艺工作座谈会上的讲话》，人民出版社2015年版，第6页。

五、价值同构：内蕴全人类共同价值的文明

第一，以“文明的共存”取代“文明的冲突”。摒弃“文明冲突”旧本质，升华“文明共存”新内涵。全球有200多个国家和地区、80多亿人口，科学技术的变革使得人们的生活方式、交往方式和思维方式都超越了旧时代内部世界与外部世界分割的界限，随着各国与全球的深度交融，文明冲突将会加剧全球性灾难，而文明共存则是时代和世界人民渴望看到的结果，人类文明新形态展现出价值塑造与价值引领的文明本质。

第二，人类文明新形态倡导、推动、弘扬全人类共同价值。价值引领充分表现为人类文明新形态倡导、推动、弘扬全人类共同价值。中国始终是和平方案的倡导者、世界和平的建设者、全球发展的贡献者、国际秩序的维护者，在主观上和客观现实上都愿同国际社会一道，为促进世界和平稳定与繁荣发展做出新的更大贡献，在坚持多边主义、反对霸权强权、反对强权政治、捍卫以联合国为核心的国际体系等方面扮演着世界和平的维护者，建设新型国际关系的推动者，推进落实全球发展的倡议者，和平、发展、公平、正义、民主、自由的全人类共同价值的弘扬者。

第二节　人类文明新形态的特征

从历史唯物主义和辩证唯物主义立场才能看清人类文明新形态的特征，不能像怀特海那样将文明界定为意识到“宇宙的广袤

和复杂”，强调追求个体性、思想与行动自由、宽容而非强制、小规模经济生产、国际间尊重差异且互相欣赏、注重开发人的潜力、培养人的智慧。[①] 这是西方价值系统对“文明”特征的解释。

一、表征新时代历史方位与文明进步方向

第一，人类文明新形态是历史发展进步的必然产物。就文明的历史性而言，文明是经过历史的滤镜、一代又一代人民的选择、大浪淘洗之后留存下来的跨越时空的精华；就文明的时代性而言，文明是顺应时代发展、人民需求的变化，经过群体性、个体性智慧不断创新创造而日益丰富的时代精华。唯有当我们明了文明的来处、传承性和超越性，才能理性洞见人类文明的发展脉络、内在张力和逻辑进路；也唯有当我们立足时代发展，以最具有真理性的马克思主义方法论客观审视、批判继承、吸纳异域文明，既善于理性地清理文明遗产，又敢于破除文明的陋习、剔除文明的糟粕、克服思想解放的大敌，才能造就人类文明新形态。

第二，打破文明的封闭，倡导开放的“人类文明共同体”。只有在开放的人类文明新形态中，才有可能结成“人类文明共同体”。在人类文明不断迭代并深度交融的时代，将西方文明简单归结为“海盗模式”，将东方文明简化为“礼制模式”，都不能精准揭示新时代文明的本质内涵，“每一个单个人的解放的程度

① 马翠明：“怀特海的文明观及其局限”，《中国社会科学报》，2017年11月30日。

是与历史完全转变为世界历史的程度一致的”①。文明的进步程度也与其融入世界历史进程的程度紧密相关，文明的进步总是在交流借鉴中不断推陈出新、向前发展的，“不同文化之间的交流过去已经多次证明是人类文明发展的里程碑，希腊学习埃及，罗马借鉴希腊，阿拉伯参照罗马帝国，中世纪的欧洲又模仿阿拉伯，而文艺复兴时期的欧洲则仿效拜占庭帝国”②。甚至有学者提出“人类文明共同体”，主张“在世界范围内构建一个平等发展、价值共享、风险共担、超国界的、和谐自由的、兼容并包的文明层面的公序良俗的联合体，并使其发挥精神认同和行为参照的作用”③。

第三，破除文明的垄断。中国缔造了超越资产阶级“文明垄断”与“文明帝国”心态的文明新样态。资产阶级为了获得更加自由的、更不受限制的所有权，将“文明带往世界上遥远的地方”，事实上，“你们把文明带到世界的各个角落，以便赢得新的地域来扩张你们卑鄙的贪欲，你们使各民族建立起兄弟般的关系——但这是盗贼的兄弟情谊；你们减少了战争次数，以便在和平时期赚更多的钱，以便使各个人之间的敌视、可耻的竞争战争达到登峰造极的地步！”④ 这就是资本主义文明自身无解的困境，脱困的使命落到了世界无产阶级的肩上。中国共产党站在新的时代方位，回答新的世界之问，遵循人类历史演进规

① 《马克思恩格斯选集》（第一卷），人民出版社 2012 年版，第 169 页。

② 罗素：《中国问题》，秦悦译，学林出版社 1996 年版，第 146 页。

③ 张兆涵、刘涵：“将人类文明共同体思想融入思政教育的理论准备”，《现代交际》，2020 年第 1 期。

④ 《马克思恩格斯文集》（第一卷），人民出版社 2009 年版，第 62 页。

律，以胸怀天下的责任担当促进人类文明进步的历史自觉，瞄准人的自由而全面发展的未来，创造了人类文明新形态。

第四，要区别历史唯物主义的文明生成论与语言学意义上的文明概念。特别是后现代主义以语言的主观性向语言的稳定性与知识的客观性发起挑战，他们以心灰意冷的失败者、历史迷失者身份，“不分马克思主义或自由派人本主义，共产主义或资本主义，或是自由解放的一切期望，全都予以斥责”[①]。语言哲学的转向，本质上是对历史唯物主义基本立场的背离。

二、彰显中国式现代化道路与制度优势

第一，中国式现代化道路开创了走向人类文明新形态的新路径。与现有资本主义国家进入发达国家的总人口10亿左右相比，我国的现代化是14亿多人口、规模巨大的现代化；与资本主义追求少数人的利益相比，我国是致力于实现全体人民共同富裕的现代化；与资本主义追求简单的量与利润的增加相比，我国更加重视物质文明和精神文明相协调的现代化；与无节制的破坏本国环境或转移污染的西方国家相比，我们努力实现人与自然和谐共生的现代化；与西方国家推崇的霸权主义、国强必霸的强权政治相比，我国是始终致力于走和平发展道路的现代化。

第二，人类文明新形态代表着当下中国制度优势的发展方向。这种现代化开创了制度与文明的最佳组合，中国特色社会主

① 乔伊斯·阿普尔比、林恩·亨特、玛格丽特·雅各布：《历史的真相》，刘北成、薛绚译，人民出版社2011年版，第178页。

义制度文明是中国共产党带领人民历经百年奋进而得出的最基本的结论，是实践证明了的科学制度体系，也是巩固领导核心、确保人民至上最有效的文明实现途径：坚持中国共产党的集中统一领导、坚持人民当家作主、坚持全面依法治国、坚持集中力量办大事、坚持各民族一律平等、坚持共同的理想信念价值理念与道德观念、坚持以人民为中心的发展思想、坚持聚天下英才而用之、坚持党指挥枪、坚持“一国两制”、坚持独立自主和对外开放相统一。

三、合规律性螺旋式上升的文明形态

第一，超越“类本质”的文明虚幻。站在人民需求立场上的马克思与热衷于关注超验主体、“未知国度”的“太空遨游”“高度抽象”“剥离人性”式的思辨哲学不同，“只求真正领悟在街头巷尾遇到的日常事物”①，强调“文明是实践的事情，是社会的素质”②，不存在游离于实践的“类本质”的超验文明，一切文明都是生活史的展开，超越费尔巴哈所主张的没有爱就不能构成人类的“类本质”，走向“阶级本质”才能更好地揭示文明的实质。“创造人类文明新形态”不是一次赋值就恒久不变的，文明有其自身发展、演进、扩容的逻辑。党的二十大报告提出，在新时代十年党和国家事业发展所取得的根本性成就中，“不断

① 《马克思恩格斯全集》（第一卷），人民出版社 1995 年版，第 736 页。
② 《马克思恩格斯全集》（第三卷），人民出版社 2002 年版，第 536 页。

丰富和发展人类文明新形态"[①] 是科学完整的战略部署的重要组成部分，也意味着不断丰富人类文明新形态的内涵、赋值新机理、增补新内容依然是未来党和国家事业发展的中心任务。

第二，文明的进阶也需要斗争。依赖于抽象的"爱的呓语"无法促成文明进步，先进文明的世界地位不是自然形成的，也需要通过斗争来争取。大变局不是定局，而是开局，也不是文明定型的正局，必须从制度优势、实践业绩与文明引领上展现出战绩，用事实和必然性去证明"社会主义当下对资本主义的超越"。同时，也必须清醒地意识到，伴随着内部的治理能力建设、外部的中美博弈、美国的战略性"脱钩"，在"东升西降""社强资衰"的大趋势中依然存在着文明的进步变量与阻力的较量。

我们要利用西方国家经济低迷、政治体制弊端丛生、社会主流价值观发生分化的文明裂痕，巩固社会主义制度优势、人类文明新形态的文明优势、中国特色社会主义的价值优势，不断巩固"文明优越"地位，让西方的文明无法覆盖和遮蔽霞光万丈的人类文明新形态。1912 年 11 月 8 日，列宁在《真理报》撰文指出："先进文明的欧洲对中国的新生不感兴趣。4 亿落后的亚洲人争得了自由，开始积极参加政治生活了。地球上 1/4 的人口可以说已经从沉睡中醒来，走向光明，投身运动，奋起斗争了。"[②] 1913

① 习近平：《高举中国特色社会主义伟大旗帜 为全面建设社会主义现代化国家而团结奋斗——在中国共产党第二十次全国代表大会上的报告》，人民出版社 2022 年版，第 7 页。

② 《列宁全集》（第二十二卷），人民出版社 2017 年版，第 208 页。

年，列宁再次指出：“中国革命在欧洲资产阶级中间所引起的不是对自由和民主事业的热忱（只有无产阶级才能有这种感情，牟取暴利的骑士是不会有这种感情的），而是掠夺中国、开始瓜分中国、攫取中国领土的野心。”① 面对西方的坚船利炮，如何捍卫中华民族的利益，如何走向中华文明的自我救赎？这个事关生死的终极问题呈现在所有中国人面前，在辛亥革命与中华民国的探索中，先驱们做过很多尝试，但都没能带领中华民族摆脱被宰制的厄运，而中国共产党的成立、中华人民共和国的成立，使中国人民获得了精神上的主动，中华文明也极大增强了走向现代化的历史主动。实践表明，中国的巨大胜利既来自于站在历史正确的一边，也来自中国共产党带领中国人民争得了自身解放的权利。先进文明不是等来的，而是奋斗出来的，坚持发扬斗争精神，“依靠顽强斗争打开事业发展新天地”②。习近平总书记指出，谱写新时代中国特色社会主义更加绚丽的华章，“务必敢于斗争、善于斗争”③。

第三，人类文明新形态展现了人的存在样态与价值的丰富性。人类文明新形态的创立既确证了马克思主义的历史观，也促成了人类文明的升级，厚植人类存在价值的丰富性。马克思主义认为，人的活动不应该仅仅是维持自身生存的手段，那样只会把

① 《列宁全集》（第二十三卷），人民出版社 2017 年版，第 29 页。

② 习近平：《高举中国特色社会主义伟大旗帜 为全面建设社会主义现代化国家而团结奋斗——在中国共产党第二十次全国代表大会上的报告》，人民出版社 2022 年版，第 27 页。

③ 习近平：《高举中国特色社会主义伟大旗帜 为全面建设社会主义现代化国家而团结奋斗——在中国共产党第二十次全国代表大会上的报告》，人民出版社 2022 年版，第 1 页。

人自身降低为动物式的生存，人类文明新形态全面展示了人的丰富性，凸显了物质丰富性、价值丰富性、生存意义的丰富性与自我价值实现的丰富性，更彰显了协作与联系的丰富性、组织体系超越个体存在的丰富性、精神对肉体超越的丰富性、人生丰盈对超越资本钳制的丰富性。

第三章

人类文明新形态的历史唯物主义基础

中国共产党领导人民为实现中华民族伟大复兴而不懈奋斗的百年进程，是最生动、最波澜壮阔、涉及人口最广的历史实践，从建党到开创中国特色社会主义新时代，人类文明新形态植根贯通于百年奋进的历史。这也表明，人类文明新形态的开创是生产力和生产关系相适应的结果，是经济基础和上层建筑相协调的成就，是整个社会全面发展、全面进步的新样态，是人与自然和谐共生的新文明，是社会主义文明与古老中华文明当代化的新融创，也是能够回答中国之问、时代之问、世界之问的最新历史唯物主义的答案。历史运动的本质和时代发展的方向隐藏在历史深处，在纷繁复杂的表象之下厘清人类社会发展更替的规律，掌握人类文明史的发展脉络，深入把握不同社会形态的文明本质，是马克思的两大发现之一。习近平总书记在《在庆祝中国共产党成立 100 周年大会上的讲话》、十九届六中全会通过的《中共中央关于党的百年奋斗重大成就和历史经验的决议》两处都谈及“人类文明新形态”这个重要概念，正确理解这个概念是正确摆放中华文明和其他文明的关系、正确处理中国和世界的关系的重要基点，是党和人民事业发展的重大理论和现实问题。正如毛泽东所言，“唯物史观是吾党哲学的根据”①。英国经济学家、诺贝尔经济学奖获得者约翰·希克斯也认为：“大多数想要弄清历史一般过程的人，都会使用马克思的历史唯物主义分析方法，或者这种分析方法的某种修订形式。因为除了历史唯物主义，你找不到其他的分析方法。”②

第一节　以大历史观看待人类文明新形态

每一种旧的文明形态在其文明力量释放完毕之前，在现有的生产关系中还有容纳空间时，决不会退出历史舞台，而在旧文明的胎胞不具备孕育新文明的条件时，另一种新的文明形态决不会诞生，这就是历史的辩证法，“即旧文明力量的历史退场和新文明力量的历史进场同样不可避免”③。中国共产党的成立就是对旧文明涤荡的开始，从此，中国进入了马克思所指明的时代，我们依然处在马克思主义所指明的历史时代，必须从历史的丰富性理解文明变迁的深刻性，中国的百年历程验证了唯物主义的真理性，把握未来人类社会发展与文明更替，从大历史观看“人类文明新形态”的实践逻辑，马克思主义是思想与行动的始点，“两个结合”是“人类文明新形态”主要时代表征，坚持社会主义是创建“人类文明新形态”的现实逻辑与人间正道，社会主义核

① 《毛泽东书信选集》，中央文献出版社 2003 年版，第 11 页。

② 参见《马克思主义哲学是帮助我们看清世界的一双“慧眼”》，http://www.71.cn/2018/0611/1003883_4.shtml。

③ 张艳涛、吴波：“文明辩证法视域下的人类文明新形态生成逻辑”，《中国浦东干部学院学报》，2022 年第 4 期。

心价值观与全人类共同价值是创建“人类文明新形态”的中华文明根基与世界价值根基，必须以这一真理注塑我们的史学灵魂与文明内核，构建起人类文明新形态的钢筋铁骨与思想穹顶。

一、文明形态更替的历史逻辑与演进路径

第一，大道至简的文明更替规律。规律的深刻性体现于理论的说服力和对本真把握的深邃性，也体现为其对现实世界的锻造性、历史绵延的非证伪性，社会形态学说不是马克思关于人类社会发展规律的臆造，而是从社会形态依次演进的机理中提炼出来的深刻哲理、社会学理和历史道理。马克思主义的文明观解开了人类文明更替的奥秘，文明不是随心所欲地创造出来的，而是“在直接碰到的、既定的、从过去承继下来的条件下创造”①。人类文明更替的逻辑也就是历史唯物主义逻辑，我们对时代潮流洞察的深刻与肤浅的分水岭就在于是坚持历史唯物主义还是历史唯心主义，判断一种文明是顺应历史还是违背历史发展也必须从历史唯物主义出发。人类社会从大的形态上依次经历了原始社会、奴隶制社会、封建社会、资本主义社会和社会主义社会（共产主义社会）五种社会形态，这是马克思主义所揭示的普遍的世界历史发展脉络与更迭图景。尽管存在这样或那样的质疑，马克思本人也谦虚地认为，得出一般的社会更替理论是对他的过誉，但把生产关系的独特性从纷繁复杂的社会表相之中抽取出来，以生产

① 《马克思恩格斯选集》（第一卷），人民出版社 2012 年版，第 669 页。

关系作为衡量社会发展水平的主轴，以生产方式的演进规律排列社会发展顺序，是直观把握人类社会演进的基本逻辑进程的最好方法，也是打破历史神秘论、历史偶性论、历史无规律论的理论筑基工程。

第二，从过去走过的路能看到未来，比较别人的路能指导征程，这是历史唯物主义时空辩证法与唯物辩证法的普遍联系原理告诉我们的基本线索。人类文明新形态遵循马克思主义的社会形态理论，在继承马克思主义历史观精髓的基础上，对社会主义文明和资本主义文明将长期共存于同一时空境况的有效回应，是对现实人类社会不同文明之间极限竞争、恶性竞争的矫正。那种认为不同文明在一定的历史发展阶段和一定的历史条件下不能共存、必然是一方吃掉另一方，或者只能走向共同毁灭的形而上学观念必须摒弃，人类可以有基于相同文明理念的全人类共同价值。正如马克思在《关于费尔巴哈的提纲》中提出："旧唯物主义的立脚点是市民社会，新唯物主义的立脚点则是人类社会或社会的人类。"① 人类文明新形态是立足于人类共同追求的基础上得出的最具有共性的文明诉求。我们要在世界风云变幻中把握历史真相，运用历史唯物主义分析中国特色社会主义与人类文明新形态的关系，理解党的最新指导思想与中华文化和中国精神的关系，洞悉作为中华文化和中国精神的时代精华的当代中国马克思主义、21世纪马克思主义，又是如何从马克思主义与中华优秀传统文化的结合中创造人类文明新形态的。

---

① 《马克思恩格斯选集》（第一卷），人民出版社2012年版，第136页。

二、社会主要矛盾转化赋值文明形态新内涵

第一，社会基本矛盾规定着文明发展的走向。从社会形态来看，制度文明最具有根本性，社会形态文明最具统摄性，物质文明最有基础性。制度文明的更迭演进是建基于生产力与生产关系的变革，其他形式的文明都是社会形态文明的派生形式，体现为根和叶的关系。文明的质量体现其制度根基的深与浅、代表对象与服务对象的多与少、自身传统中的糟粕甄别扬弃能力的大和小。文明演进历史不是自然史，人化的自然才会展示出人参与和改造的痕迹，形成与天然的自然不同的人的自然史。历史的丰富性来自人的活动、交往的丰富性，历史把人当手段，人又借历史展现自己在广阔的时空中的价值、存在论意义与独特的历史担当，故而“历史不过是追求着自己目的的人的活动而已”[①]，这种丰富性集中体现为生产方式的变革和生产关系中人的主体性。在公有制生产关系产生之前的各种社会形态中的人的历史的主体性总是被遮蔽、掩盖、单向度化，在私有制模式中，历史的参与者“只是一部替一直主宰着历史的少数贵族做工的机器”[②]，从野蛮向文明的真正转变，必定是以生产关系的变革与人的主体性的充分彰显为条件的。

第二，新时代的社会主要矛盾转化扩展了人类文明生长空间。在人类历史发展的大周期内，依据基本矛盾的发展变化掌握

① 《马克思恩格斯文集》（第一卷），人民出版社 2009 年版，第 295 页。

② 《马克思恩格斯选集》（第一卷），人民出版社 2012 年版，第 89 页。

社会形态运动规律，是历史唯物主义的根本法则，在社会主义初级阶段的小周期内正确把握我国不同发展阶段、不同历史方位社会主要矛盾及其运动变化，是执政党从历史唯物主义出发制定路线、方针、政策的根本依据，社会基本矛盾分析法是中国共产党在革命、建设、改革和新时代修正错误、行稳致远的关键方法论。人类文明新形态是社会主要矛盾运动到新的历史方位展现出来的文明图景，"中国特色社会主义进入新时代，我国社会主要矛盾已经转化为人民日益增长的美好生活需要和不平衡不充分的发展之间的矛盾"①，这个关系到党和人民事业全局的新判断，为人类文明新形态的创建奠定了重要的思想基础，随着财富的积累，"人民对美好生活的需要日益广泛，不仅对物质文化生活提出了更高要求，对民主、自由、法治、公平、正义、安全、环境等方面的需要也更加强烈"②。作为人类文明新形态主要构成的物质文明、政治文明、精神文明、社会文明与生态文明的观念深入人心，奠定了人类文明新形态的基本框架。

三、以人类文明新形态牵引大变局向优而变

第一，文明跃升是最丰富、最持久、最稳定的人类实践。历史过程绝不是由自然规律决定的，文明的演变机理也不是来自于"绝对精神"，而是由人的内在丰富性在对象化活动中形成的

① 《习近平谈治国理政》（第三卷），外文出版社 2020 年版，第 9 页。

② 刘须宽："'量''质''时''雅''界'人民期盼的美好生活，要从这五个字上下功夫"，《人民论坛》，2018 年第 11 期。

“对象性的本质力量的主体性”决定的，也就是说，人与人、人与物的关系的丰富程度，是由生产力和生产关系的辩证运动的过程决定的。世界百年未有之大变局与中华民族伟大复兴的战略全局，本质上是生产关系如何顺应生产力发展的变局，这是21世纪马克思主义思考问题的基本历史前提，也是我们党沿着历史唯物主义所指明的道路前进的时空坐标。习近平总书记告诫我们，认识和把握我国社会发展的阶段性特征，要“从历史和现实、理论和实践、国内和国际等的结合上进行思考，从我国社会发展的历史方位上来思考，从党和国家事业发展大局出发进行思考，得出正确结论”①。一方面，我们要始终遵循历史和文明发展的真正基础，就是普罗大众的“吃、喝、住、穿”以及由此表现出来的人人平等的社会关系，另一方面，作为无产阶级政党，立足正确的历史观，不仅是顺应历史发展，还应该在变局中驾驭发展，获得历史主动权，这也是马克思主义政党诞生之日就天然具有的历史责任。因为“人道的警钟响了！自由的曙光现了！”② 习近平总书记借用毛泽东的话表达了同样的气象：“时机到了！世界的大潮卷得更急了！洞庭湖的闸门动了，且开了！浩浩荡荡的新思潮业已奔腾澎湃于湘江两岸了！”③

第二，百年未有之大变局必须以人类文明新形态的方式演进才是人类的共同福音。透过历史的云烟回望近代文明蒙尘的岁月，“历史好像是首先要麻醉这个国家的人民，然后才能把他们

① 《习近平谈治国理政》（第二卷），外文出版社2017年版，第61页。

② 《李大钊全集》（第2卷），人民出版社2013年版，第367页。

③ 习近平：《在纪念毛泽东同志诞辰120周年座谈会上的讲话》，人民出版社2013年版，第3页。

从世代相传的愚昧状态中唤醒似的。”① 我们应该以西方主导世界发展的近400年的历史与科学社会主义的500年发展史的纵深来审视我们面临的新时代，人类文明新形态是统筹世界百年未有之大变局和中华民族伟大复兴战略全局的思想精髓，也是导引百年未有之大变局向好发展的最大良性变量，中华民族的伟大复兴是促成不稳定的大变局走向和谐世界的重要平衡力量。人类文明处在新的十字路口，人类对于回答好“世界怎么了？我们要到哪里去”的时代之问责无旁贷。一家独大的霸权文明成不了世界的轴心文明、大海航开启的殖民扩张路径已经日薄西山、妄想一统天下的西方文明的优势正在逐步丧失。人类文明新形态是规塑变局、引导变局、修正变局、遏制恶性变量、强化益性增量，获得全球最大共识、凝聚最大公约数的有效表达。西方人也开始反思，他们断言的“20世纪将以社会主义的失败和资本主义的胜利而告终”的结局不仅没有出现，反而是社会主义中国成为引领21世纪世界向好发展的最大动力源，而资本主义却有着随着“多米诺骨牌效应”而倒下的巨大风险，“东升西降”“资弱社强”已经成为不可逆转的历史进步趋势，世界范围内两种社会制度的博弈，社会主义文明与资本主义文明的较量正在朝着有利于社会主义的方向发展，经济全球化的曲折与美国企图二次支配世界的“再全球化”的妄想需要用人类文明新形态来矫正，霸权主义和强权政治可能会葬送人类文明的风险必须早日控制。

① 《马克思恩格斯文集》（第二卷），人民出版社2009年版，第608页。

第二节　人类文明新形态对历史唯物主义的原创性贡献

《关于若干历史问题的决议》《关于建国以来党的若干历史问题的决议》《中共中央关于党的百年奋斗重大成就和历史经验的决议》这三个历史决议（简称“三个《决议》”），本质上都是以历史唯物主义立场评价历史事件与历史中的人物，以革命者的立场和视野界定以往革命的性质，品评历史事件的短长，确立讴歌与挞伐的标准，冲决历史唯心主义的罗网，掀翻帝王宰制的合理性，破解朝代更替的“周期律”，为帝国主义、军阀、贪官污吏与土豪劣绅掘出墓穴，三个《决议》是人类文明发展不同阶段的注脚。三个《决议》也告诉我们一个道理：没有马克思主义唯物史观的犀利与深邃，就分辨不清光怪陆离的现象、眼花缭乱的政治纷争的本质。历史唯物主义指给我们的唯一路径就是要“经过许多阶段才把陈旧的形态送进坟墓”①，在世界历史的终极形态中开创不断升级的社会生产关系，上演文明的喜剧。

一、从百年历史经验中得出文明飞跃的历史性结论

自 1921 年中国共产党的成立，这一开天辟地的大事变就在“躁动的母腹之中”孕育着一个人类文明新形态的婴儿。苏联共

① 《马克思恩格斯选集》（第一卷），人民出版社 2012 年版，第 6 页。

产党执政74年，解体时苏联人口总量不到3亿，中国共产党已经执政74年，即将创造人类历史上共产党执政的新纪录，而我们是在14亿多人口的国家长期执政，我们必须用“与时间次序相一致的历史”① 来思考百年历程，中国共产党百年来所赋予历史的深刻性超越一切其他阶级，中国共产党自身的锻造史就是验证、光大、充实历史唯物主义的经典教科书，是对历史唯物主义的巨大贡献。

第一，革命救国、建设兴国、改革强国、新时代创新文明大国，这是百年中国共产党应对不同时期的主要矛盾而逐步壮大的时间轴线。曾经的中华文明耀眼于世界、近代文明蒙尘、百年文明开新、新时代形态再塑，这是中华文明复兴的逻辑；伟大事业需要一代代人持续奋斗，这是中华民族复兴的奋起路径。时间属于奋进者、空间属于开拓者、历史属于人民，由此迸发出世界上最丰富的人民主体性的磅礴伟力，缔造出中国共产党领导下的中国特色社会主义的百年潮、中国梦、千年计的文明演进模式，开创一个文明的新时代，演绎一段文明的新叙事，给出一个文明的新选择。

第二，以锻造共产党来夯实新文明的历史唯物主义底色。党的自我锻造是一个宏大的工程，中国共产党作为“人民勤务员”，不断塑造着人民的历史主体性，没有别的政党能与其比肩，中国共产党以理论强党为基础、以思想强党为抓手、以组织强党为统领、以纪律强党为边界、以作风强党为规约，秉承刀刃向内不断

① 《马克思恩格斯文集》（第一卷），人民出版社2009年版，第602页。

革除官场旧弊、打破老爷恶习、抹掉帝王观念，构筑起打江山为人民、坐江山也为人民的“江山就是人民、人民就是江山”的历史唯物主义最雄厚的根基，使党在革命性锻造中更加坚强。作为拥有9500多万名党员、领导着14亿多人口的大国、最具全球影响力的世界第一大执政党，没有私利，只代表人民，这是怎样的人间盛况，这是多么高尚的政治品格，这是怎样的文明锤炼效果。共产党人理解的历史规律就是顺应人民求解放、渴望被解放的历史进步需要推动人民觉醒，党发动和统领人民并依靠人民推进解放事业，解放所获得的全部成果归人民共享，这个闭环就是历史规律的呈现过程，中国共产党仅仅把自己作为人民谋利益的手段，“从来不代表任何利益集团、任何权势团体、任何特权阶层的利益”①，这也就决定了中国共产党创造的一切文明成果都归人民平等共享。

第三，中国共产党创造了人类文明新形态。星星之火何以成燎原之势？为何共产党能在苍茫的大海中遥望到航船的桅杆？这是基于对历史必然性的深刻把握，在高山之顶必能拨云见日，即便是在1930年中国革命的低潮期，毛泽东依然能预见“在全国布满了干柴烈火”，只等待一把火点燃革命，归根结底是因为我们站在历史正确的一边和历史必然性预示的未来征程上。从1956年创造了中国社会主义制度文明的形态，这是近500年世界社会主义发展史的一个重要里程碑，也是“十月革命”及其后的苏联社会主义实践基础上形成的人类文明形态新领域的“质”的变

① 习近平：《在庆祝中国共产党成立100周年大会上的讲话》，人民出版社2021年版，第12页。

化。百年风霜雨雪、寒来暑往，中国共产党以攻坚克难、以无数的牺牲在重大历史转折关头，镌刻出人类历史上绝无仅有的文明进化刻度，为人类文明新形态逐步积攒、汇聚文明阶段性质变的基因，从“两个文明”到“三个文明”再到“五大文明”的新布局，历经74年，使社会主义从制度变成文明，使社会主义文明的积累跃升为人类文明新形态。党的百年奋斗历程将历史发展规律和趋势与历史活动主体的主动性、革命性和创造性有机统一起来，极大影响并修正了人类文明发展的历史进程，使我们看清楚：没有无产阶级的历史主动，就没有百年辉煌的成就；没有文明发展的“量”的积累，就没有文明的“质”的提升。在人类思想史上，从来还没有像马克思主义那样对人类文明产生如此广泛而深刻的影响，从来没有像中国共产党这样对创造人类文明新形态如此用心，使得中华文明在新时代的隐性本质有机会表征为人类文明的新形态。

二、“两个结合”夯实了人类文明新形态的理论基础

秉承高度自信是优秀文明的显著特征，既善于借鉴吸纳，又能谨慎地自我审视、自我批评，展示出高级文明的自觉与包容。中国共产党人以马克思主义的历史观、文明观深入发掘中华优秀传统思想的精髓，探索中华民族绵延不绝的内在精神要义，为中华民族走向复兴注入强劲不竭的力量。

第一，“两个结合”确立了人类文明新形态的世界观和方法论基础。开创文明既需要依托马克思主义基本原理，也基于中国

独特的实践环境、博大精深的中华优秀传统文化，中国共产党、马克思主义、中华优秀传统文化是形成人类文明新形态的核心要件，中国优秀传统文化“好”，中国共产党“能”，归根结底因为马克思主义“行”，从而让我们拥有了认识世界、改造世界的强大思想武器。在当下推动中华优秀传统文化实现创造性转化、创新性发展，把马克思主义基本原理与中国具体实际、中华优秀传统文化相结合，形成了“中华文化与中国精神的时代精华”，是对马克思主义中国化、时代化的最新理论成果的价值的高度凝练，也只有作为吸收古今中外“时代精华”的伟大思想，才能创造人类文明新形态。单纯依靠中国传统文化，中华民族无法赶上时代、引领时代；有了历史唯物主义的正确方法论，才能离析清楚优秀传统文化中以人民为本的特性，重新摆正人民在文化与文明中的历史地位，将经过甄别的儒家文明和矫正赋值的观念系统、价值系统、伦理系统重新种植在人民的大地上，坚守理论的人民性，“沉到历史唯物主义最深处”[①]，凝练成“中华文化与中国精神的时代精华”，“使中华民族最基本的文化基因与当代文化相适应、与现代社会相协调，把跨越时空、超越国界、富有永恒魅力、具有当代价值的文化精神弘扬起来”[②]，从而形成了人类文明新形态。

第二，以中华文明为根不断学习借鉴人类优秀文明成果，在推进“双创”中创造人类文明新形态。与很多人对中华优秀传统

---

① 刘须宽：“百年共产党的强党规律研究”，《广西社会科学》，2021 年第 1 期。

② 习近平：《在哲学社会科学工作座谈会上的讲话》，人民出版社 2016 年版，第 17 页。

文化妄自菲薄不同，英国思想家罗素曾说："中国人摸索出的生活方式已沿袭数千年，若能够被全世界采纳，地球上肯定会比现在有更多的欢乐祥和。"[①] 疑祖、忘祖往往是一个文明消亡、民族走向漂泊无根的始点，封闭往往是主体创造力萎缩的症候，开放文明既强调其文明原发的根性，也重视吸纳借鉴、兼容并蓄。强调文明的根性与博采众长是中华文明能够走向现代化的重要依托，也是中华优秀传统文化在新时代不断实现创造性转化与创新性发展的基石。正如列宁告诉我们的，"只有用人类创造的全部知识财富来丰富自己的头脑，才能成为共产主义者"[②]。近代以来中华文明演进的实践史也警示我们："凡是人类创造的积极的精神财富，凡是人类文明发展的新成果，凡属世界各民族创造的优秀艺术表现形式，我们都要积极地了解、介绍、学习、借鉴。"[③] 中国共产党打造精神高地的时候，从来都是以中华文明底蕴为支撑，以马克思主义方法论为架构，不断拓展中华文明的历史厚度、世界信度、对外影响力度。通过文明自信的内应力强化中华文明新样态不断外化，为世界提供具有鲜明中国特色的发展道路和人类文明新形态。

三、中国共产党以中国式现代化开创了人类文明新形态

人类文明新形态既是历史唯物主义的结论，也是对历史唯物主义的重大原创性贡献。马克思和恩格斯给出了社会形态演变的

① 伯兰特·罗素：《中国问题》，田瑞雪译，学林出版社 1996 年版，第 7 页。
② 《列宁选集》（第四卷），人民出版社 1972 年版，第 348 页。
③ 《十三大以来重要文献选编》（中），人民出版社 1991 年版，第 861 页。

一般模式，但他们对亚细亚文明发展模式的特殊性给予的研究尚不充分，对欧洲资本主义的批判给予更多的笔墨，对欧洲之外的社会形态的分析与研究只是提供了一般视角，需要我们填补这一文明成果的空缺。

第一，中国共产党拓宽了现代化路径，修正了人类文明演进模式，为新兴经济体和第三世界国家走向现代化提供了制度与文明的双重新参照。伟大成就累积政党自信，文明成效强化文明自信，没有中国共产党的领导，就不会有中国式现代化道路，就无法创造人类文明新形态。中国共产党领导人民成功走出中国式现代化道路，不管是从方法论层面还是从理性高度，人类文明新形态都是对历史唯物主义的重大原创性贡献，在人类社会形态更替的亚阶段，不断实现由局部向全域、由低度向高度引发社会形态更替与制度变迁，当代思想家有责任根据国情、党情与世情，依据具体的历史方位、社会基本矛盾的变化，做出新的历史唯物主义的回答。拓展了发展中国家走向现代化的途径，实质就是拓宽了历史唯物主义在更广范围被普遍接受，“给世界上那些既希望加快发展又希望保持自身独立性的国家和民族提供了全新选择”①，本质上就是拓宽了人类文明新形态的发展空间。中国式现代化道路彻底打破了只有遵循资本主义现代化模式才能实现现代化的神话，人类文明新形态也正在打破只有跟随西方文明之路、抛弃其他文明才是正确的人类文明发展路径的神话。每个国家选择什么道路，既要考虑一般原理，也要兼顾独特性，“独特

① 《习近平谈治国理政》（第三卷），外文出版社 2020 年版，第 8 页。

的文化传统、独特的历史命运、独特的基本国情，注定了我们必然要走适合自己特点的发展道路”①。中国给世界提供方案时从不要求别国强制移植、复制我们的制度模式。相反，我们建议，各个民族国家应该根据自己的文化传统、基本国情，有选择地借鉴学习中国制度、道路、模式与文明路径。

第二，社会主义初级阶段的人类文明新形态是含有共产主义基本要素的人类文明新形态。美国记者埃德加·斯诺在《红星照耀中国》一书中以宗教般的情结称赞共产党人身上体现了一种“天命的力量”，践行历史唯物主义的共产党人只认定人民就是“天”，毛泽东同志曾经斩钉截铁地说：“上帝是谁？他就是人民！”这就是追求人人平等、人人共享的现代化。“中国式现代化”就是中国特色社会主义的现代化，是超越资本逻辑、秉承人民至上的现代化，是超越西方现代化国家10亿人口总数的人口规模巨大的现代化，是不让一个人掉队的全体人民共同富裕的现代化，是解决绝对贫困和精神贫困、实现物质文明和精神文明相协调发展的现代化，是超越过度掠夺型、挖坟掘墓型、得不偿失型的人与自然和谐共生的现代化，是超越“国强必霸”、“以邻为壑”、走和平发展道路的现代化，从人口规模、世界影响力、所有制结构、文明程度等多维向度上彻底改写现代化的世界版图、壮大了历史唯物主义的新地基，不断为人类文明发展做出新的更大贡献。

第三，中国现代化道路是人类文明新形态的正确打开方式。

① 《习近平谈治国理政》，外文出版社2014年版，第156页。

马克思主义哲学揭示，在量变中蕴含和孕育着质变，在质变中不断积累和开启新的量变，中国共产党开创的“人类文明新形态”是中国在现代化道路上集成物质文明、政治文明、精神文明、社会文明与生态文明而开创的新的文明样态，总体上具有社会主义“初级阶段”的文明属性，这是在中国特色社会主义的伟大实践中通过量的积累而不断成熟和凸显出来的。就开创人类文明新形态的“开创”二字而言，新生的东西往往不可能是全要素的成熟系统，“人类文明新形态”只是写就了“开篇”，依然有很多续章需要一代又一代后继者努力书写。与现代资产阶级文明形态相比，“人类文明新形态”在“生产关系上”实现了质变，与马克思和恩格斯所设想的未来社会的文明形态相比，具有生产关系上的很多“同质性”，但在生产力发展水平上还是有巨大的“量”的差距。正如综合“五种文明”的人类文明新形态对以前“物质文明和精神文明”的超越一样，就居于人类历史发展大进程的一个小时代而言，这种人类文明新形态与社会主义初级阶段相比，至少是开启了向“社会主义中级阶段”进发的可能性、推进的现实性。邓小平认为社会主义初级阶段要经历“几代人、十几代人，甚至几十代人坚持不懈地奋斗”[①] 才能实现，习近平总书记与时俱进地提出，“只要我们掌握了马克思主义基本原理，就能够深刻认识到实现共产主义是由一个一个阶段性目标逐步达成的漫长历史过程，需要若干代人接续奋斗、艰苦奋斗、不懈奋斗”[②]，“若干代”的新提法既蕴含着可预期性，也体现着事实上

① 《邓小平文选》（第三卷），人民出版社 1993 年版，第 379~380 页。

② 习近平：“学习马克思主义基本理论是共产党人的必修课”，《求是》，2019 年第 22 期。

的历史跃进与巨大进步，更彰显出中国共产党人引导文明发展的文明自信和对历史唯物主义规律运用的能力自信。

第三节 人类文明新形态对既有文明的本质性超越

“马克思主义传入中国后，科学社会主义的主张受到中国人民热烈欢迎，并最终扎根中国大地、开花结果，决不是偶然的，而是同我国传承了几千年的优秀历史文化和广大人民日用而不觉的价值观念融通的。”[①] 人类文明新形态是以人类作为思考未来的主体，为“世界谋大同”是其遵循历史唯物主义而追求的基本实践诉求。马克思说：“整个历史也无非是人类本性的不断改变而已”[②]，从茹毛饮血、刀耕火种到机械化、电子化、网络化、智能化，野蛮向文明的转化是不断创新的结果，也是人性向好向善改进的里程碑。在所有制关系经历的历史性更替中，文明也在不断超越，正如“共产主义是同至今的全部历史发展相矛盾的”[③]，人类文明新形态乃至社会主义高级阶段的人类文明新形态势必是对既有文明的不断超越。人类文明新形态必将超越西方现代性文明，激活世界史的东方基因，改变“东方从属于西方”的发展模式，将马克思主义作为人类文明新形态的最基本构成，进一步扩大历史唯物主义的世界辐射力。

---

① 《习近平谈治国理政》（第三卷），外文出版社 2020 年版，第 120 页。
② 《马克思恩格斯选集》（第一卷），人民出版社 2012 年版，第 252 页。
③ 《马克思恩格斯选集》（第一卷），人民出版社 2012 年版，第 420 页。

一、社会主义文明的救赎：矫正“东方从属于西方”的文明倒挂

第一，曾经的东方文明因其辉煌而引领世界文明发展。黑格尔惊叹中国5000年文明的“前后相连、排列有序、有据可查”，“世界上没有任何国家拥有这样一部连续翔实的古老历史，这个帝国始终保持自立，始终像它以往那样存在着”①。中华民族的文明整体性从来没有从外部被摧毁过，外来文明的冲击最终都以被同化而收场。在“东风西渐”中，古丝绸之路上的车辙输送着东方智慧对欧洲的文艺复兴和启蒙运动的滋养。但对古老中国的封闭、停滞，黑格尔话锋一转，带着西方中心主义的自大，以历史唯心主义的教师爷姿态，评判东方精神主体没有觉醒，还不是独立的人格，依旧沉沦在实体中，中国人的意志不具有客观性，而表现为“自然的特性或主观的任性”，“中国没有历史”，“东方的思想必须排除在哲学史以外”，“在这里尚找不到哲学知识”②，一个思想家对5000年文明的评判，表面上用了一些无伤大雅的词汇，但这些词汇拼接到一起就是“野蛮、未开化、不懂善恶”，总感觉他是在说一个“古老的部落”。然而，就是这个被西方思想家看低的文明，正在牵引世界文明的走向。这就不得不归咎于这种文明的伟大与马克思主义真理的伟大。

第二，闭关锁国、文明自负、生产力低下导致国家蒙辱、人

---

① 黑格尔：《黑格尔全集》（第27卷），商务印书馆2017年版，第114页。

② 黑格尔：《哲学史讲演录》（第1卷），贺麟、王太庆译，商务印书馆2009年版，第105~106页。

民蒙难、文明蒙尘。“近代以后，创造了灿烂文明的中华民族遭遇到文明难以赓续的深重危机，呈现在世界面前的是一派衰败凋零的景象。”[①] 中国是带着任由八国联军在我们的家园上疯狂烧杀掠夺的屈辱进入20世纪的，是顶着“一穷二白”“民生凋敝”“东亚病夫”的坏头衔颠沛流离于衰败不堪的破碎山河之中的。中国共产党自觉运用辩证唯物主义和历史唯物主义的思想武器，极力改变人民的命运，让中国人挺起自信、自立、自强的脊梁，极大增强做中国人的志气、骨气、底气。这一百年，“有危难之际的绝处逢生，有挫折之后的毅然奋起，有失误之后的拨乱反正，有磨难面前的百折不挠，既充满艰险又充满神奇，既历尽苦难又辉煌迭出”[②]。由于生产力低下，我们被动陷入“资产阶级按照自己的面貌为自己创造”的世界体系里，西方文明依托于技术和资本的力量不断“同构其他国家”，“同化其他文明”，“使未开化和半开化的国家从属于文明的国家，使农民的民族从属于资产阶级的民族，使东方从属于西方”[③]，对于不能同化的则打击之、诋毁之、蔑视之、丑化之。

第三，百年掘进实现社会主义文明形态的新升华。从柏拉图的理想国，到康帕内拉的“太阳城”，使“乌托邦”变成现实的是马克思主义。从巴黎公社到“十月革命”，特别是中国特色社会主义的伟大实践，正是在运用唯物史观指导中国革命进程中，

① 《中共中央关于党的百年奋斗重大成就和历史经验的决议》，人民出版社2021年版，第62~63页。

② 《习近平新时代中国特色社会主义思想学习纲要》，学习出版社、人民出版社2019年版，第184页。

③ 《马克思恩格斯选集》（第一卷），人民出版社2012年版，第405页。

在实践与理论双向互动中，中国共产党不断地推进马克思主义唯物史观的中国化，创造了21世纪当代中国马克思主义唯物史观，创造了人类文明新形态，矫正了“东方从属于西方”的文明倒挂，为全世界被压迫民族和国家争取独立、解放和社会现代化发展提供了中国理论、中国方案和中国模板。社会主义文明的崛起证明了一点：西方资本主义文明和资产阶级学者拥有对东方文明的解释权、定义权、定位权，是对社会主义文明、东方文明的蔑视、文明的霸权，对历史唯物主义的背反。社会主义文明同样可以发问：屠杀印第安人难道就是彰显文明、消灭野蛮？西方的文化扩张、文明至上、全世界随意的价值榨取真能代表进步文明？如果找不到新的替代文明，按照西方的文明剧本演下去，人类注定没有未来，必须创造社会主义的人类文明新形态，重新焕发中华文明在新时代的光辉色彩，给世界以新的选择。

二、超越现代性：从虚假共同体进入真实共同体

第一，从世界视野去思考世界未来的文明才能代表未来。曾经凌辱世界大多数国家的帝国主义所创建的西方文明是真实可靠的文明吗？“曾经支配世界的英国和正在支配世界的美国从来都只有国家理念，从来都只考虑了自己的国家利益。”① 他们从如何剥削、到哪里去剥削的视野“思考世界”，故而很难“从世界的需要去思考世界”。他们以文化归类来标定文明，“文明是最大

① 赵汀阳：《天下体系：世界制度哲学导论》，中国人民大学出版社2011年版，第2页。

的‘我们’，在其中我们在文化上感到安适，因为它使我们区别于所有在它之外的‘各种他们’”[①]，“我们”与“他们”谁是真文明，谁是伪装的文明？需要进行批判性研究。批判旧世界是为了更好建构新世界，世界没有永恒超越的普世价值，但人类有责任根据时代发展的需要建构全人类共同价值，在世界范围内尊重世界人民的主体性，获得最广泛的共识，形成最大公约数。“一国独霸”不是传播文明，而是宰制阉割其他文明，主权国家平等协商、利益共享、责任共担以形成“多方共治”，是进步人士和进步国家的共同呼声。谁能引领人类趋向良性发展、谁能听从世界人民的意志控制未来走向，谁的文明就是世界需要的文明。当前，西方文明面对人类很多困境已经束手无策，正如伊格尔顿所指出的：“马克思正是在现实逻辑失灵、步入自相矛盾的死胡同的情况下，找到了一个理想化未来的轮廓。未来的真正景象就是现实的破产。”[②]

第二，既要突出处于历史必然性方位上的文明的优越性，又要强调文化形态上的文明的平等性。研究人类文明新形态必须区分社会形态更替中的文明与文化交往形态中的文明的区别。就社会形态而言，从超越封建文明审视资本主义文明，在被教育权利的普及、平等地位的提升、物质的丰富性、秩序文明的高扬、科技思维的发展、技术迭代对物理劳动的解放等方面，西方文明有其历史的进步性、合理性，但如果与社会主义文明相比较，依然

① 塞缪尔·亨廷顿：《文明的冲突与世界秩序的重建》，周琪等译，新华出版社1999年版，第26~27页。

② 特里·伊格尔顿：《马克思为什么是对的》，李杨等译，重庆出版集团、重庆出版社2017年版，第61页。

强调资本主义文明优越论，那是对文明演进秩序的背反，也是一种文化张狂造成的文明霸权。但就文化形态而言，“各种人类文明在价值上是平等的，都各有千秋，也各有不足。世界上不存在十全十美的文明，也不存在一无是处的文明”①。迎接自大文明的结局往往是自毁，失去活力和借鉴自觉的文明必然走向衰败。苏格拉底和孔子虽然无法对话，但他们所代表的理性洞见却可以留存于人类文明的历史长河中。

第三，人类文明新形态搭建起多文明平等交流的新平台。世界上没有离开文明特性而独存的文明共性，一味地强调文明共性必然会掩埋文明的个性。人类文明新形态是聚焦人类文明最大共性又保存中华文明独特性的文明，积攒优势文明共性的人类文明新形态有利于实现中西文明的平等对话，为西方认知中国道路与中华文明提供契机。2013 年 9 月 7 日，习近平主席在纳扎尔巴耶夫大学演讲时指出，贯通亚欧大陆的古老丝绸之路的 2000 多年的东西方交往历史证明，“团结互信、平等互利、包容互鉴、合作共赢，不同种族、不同信仰、不同文化背景的国家可以共享和平、共同发展”②。“丝绸之路是一张将欧亚大陆诸文明编织在一起的文明之网”③，也是促成不同文明在“一带一路”倡议中继续实现相互碰撞、交融、借鉴、互学与移植的重要通道。特别是中国共产党提出的人类命运共同体理念，是破除文化壁垒、文明差异，化解现代性危机最具说服力和实践可能的概念。中华文明

① 《习近平谈治国理政》，外文出版社 2014 年版，第 259 页。

② 《习近平谈治国理政》，外文出版社 2014 年版，第 288 页。

③ 张志强：“沟通欧亚文明根脉 探索命运与共的人类文明新形态”，《甘肃政协》，2021 年第 5 期。

蕴涵解决人类普遍性难题的重要基因，契合人类对共同利益的关注，将中华文明不断世界化，提炼出基于全人类共同价值的人类文明新形态，借助世界历史开启被蒙尘的文明殿堂，不断释放中国在文明层面的世界影响力、价值塑造力、文化亲和力。正是基于马克思主义的激活和历史唯物主义对历史主体的充分肯定，才使得中华优秀传统文化中所蕴含的破解西方现代化困境的理念变成可能的现实形态，也才使得中华 5000 年文明对化解人类总体性危机的可能性拥有走向实践性建构的现实性。如此看来，中国式现代化新道路超越西方现代化道路不是人为原因，而是历史唯物主义的必然和世界人民的主动选择，人类文明新形态终将成为人类走向新文明的必由之路。伴随着中华文明的持续滋养，借鉴吸纳人类文明成果，顺应着最广泛的世界主体要求，作为有意识、有节制地融合其他文明的长处中华文明，“其结果可能为人类文明提供一个全新的文化起点”①，有可能造就人类文明新形态从“形态”意义逐步成长为普遍接受的实体意义的“人类新文明”。

三、命运共同体：中国与世界的共同归宿

人类“从何处来”已经是一个既成事实，但“对于‘往何处去’这个问题却很模糊。不仅在各种改革家中普遍出现混乱，而且他们每一个人都不得不承认自己对未来应该怎样没有确切的

① 汤因比：《历史研究》，刘北成译，上海人民出版社 2000 年版，第 394 页。

看法。”①马克思时代的有限世界化对于回答这个问题还没有那么迫切，在今天的世界全球化、信息化、一体化、村落化浪潮中，人类“往哪里去”“建设怎样的世界”“如何建设世界”却是不能回避也回避不了的问题，中国共产党提出以“人类命运共同体”化解世界危机的倡议。

第一，人类文明新形态与历史唯物主义双向生成，互增深刻性。新时代中国广泛深刻的社会变革是历史唯物主义理论创新创造的丰厚土壤，反过来，历史唯物主义又进一步影响中国共产党和中国人民的政治站位、政治决策、政治决断与政治评估。在历史唯物主义与新时代中国的相互形塑过程中，实现了历史唯物主义“‘融’入现代中国的自我建构，‘内在于’现代中国”，“历史唯物主义”与“新时代中国”之间“持续发生着‘相互建构’与‘双向生成’”②。而贯彻着历史唯物主义的人类文明新形态理念，在中国与世界的交互碰撞中、在思考人类向何处去的共同问题中，自然要把“中国人民向何处去”的中国人民的主体性选择扩展为“世界向何处去”的世界人民的主体性抉择。在当前阶段，“命运共同体”以其体现为最充分的世界性诉求而成为“人类文明新形态”理念的重要内容。“人类文明新形态”是当代中国马克思主义与新时代世界现代性建构的结合体，是将历史唯物主义导入化解全球性困境的解题路径之中，而成为超越西方文明、破解当代世界困境的思想典范。

① 《马克思恩格斯文集》（第十卷），人民出版社2009年版，第7页。

② 郗戈：“历史唯物主义中国化与中国现代性建构”，《江海学刊》，2012年第1期。

第二，历史唯物主义必将因代表世界上最广泛的主体性而成为真正的“世界观”。人类命运共同体是一种理性的倡导，因其契合世界人民的愿望和要求，在这里实现了马克思历史唯物主义的理论逻辑和现代人类文明发展的历史逻辑的自洽，既唤醒人类要超越资本主义文明，又主张因中西文明暂时共存的客观性而搁置阶级的对立性，最大限度维护全球共同利益。但我们必须保持足够的理论清醒，构建“人类命运共同体”远不是来一场“思想革命”“文明互鉴”的倡议就能实现的，热衷于“丛林法则”的西方文明未必愿意接纳这一倡议。正如基辛格以外交辞令分析的那样：“几乎是某种自然定律，每一世纪似乎总会出现一个有实力、有意志且有知识与道德动力，试图根据其本身的价值观来塑造整个国际体系的国家。”[①] 基辛格无法洞见历史唯物主义的必然性，其他西方学者也会将“人类命运共同体”的倡议视为中国谋求“世界霸权”的主张，看不清人类文明发展到了一个新的十字路口，走向人类文明新形态是历史唯物主义的正确结论，不是基辛格所理解的带着霸权原罪的大国崛起，他无法弄清楚“知识与道德力量”本质上体现为“文明的改进”，是对西方“单向度文明”的否弃、对“单边主义”的矫正、对没有未来的经济增长的敲打，西方文明即便是带着文艺复兴的光环而来，自认为“播下的是龙种”，却无法改变“收获跳蚤”的命运。

第三，“命运共同体”的世界共识是超越“虚假共同体”进入“真实共同体”的起点。不断扩大人类文明新形态塑造、壮大

① 亨利·基辛格：《大外交》，顾淑馨等译，海南出版社 1998 年版，第 2 页。

的思想基础，这个基础的累积往往不是借助于“批判的武器”，可能依然需要用“武器的批判”“物质的力量”来摧毁重建，未来，实现人人自由的联合体更是如此。1884年，恩格斯所设想的未来的联合体，将资本主义的商业资本对追求经济目的务实而虚伪的清醒“同古代联合体对共同的社会福利的关心结合起来，并以此来达到自己的目的”①。尊重商业资本的清醒本身就体现为历史唯物主义承认资本主义在当前存在的合理性，对公共社会福利的关心则表明人类对走向共同富裕的渴望。一味地强调资本属性，其结果就是资本的升值和人的贬值的内在冲突加剧，垄断资本和被奴役国家的矛盾升级，靠资本凝聚起来的“少数人的利益共同体”恰恰是造成产业工人精神与物质双重贫困的“虚假的共同体”，世界主体的解放需要跨越世界资本的陷阱，通过对象丰富性来凸显“人的丰富性”是对存在价值的否定和势弃，而要减少“对象性的丰富性”，就必须摒弃资本主义生产方式，化解世界范围内“生产力发展不平衡不充分”的难题，解除非人的资本力量对人的控制和奴役，逐步敞开释放被资本遮蔽的人的主体性。

人类文明新形态充分彰显了人的丰富性，是摆脱绝对贫困走向共同富裕的物质文明、民主自由法治的政治文明、人文富足斗志昂扬的精神文明、安全交往民生无忧的社会文明、山水一体人与自然和谐的生态文明的辩证统一、协调发展，体现着中华文明、中国特色社会主义与历史前进方向的统一，体现着世界文明

① 《马克思恩格斯全集》（第二十八卷），人民出版社2018年版，第208页。

发展的普遍性与中华文明的特殊性的统一、现代化道路的普遍性和中国式现代化道路的特殊性的统一、现代化发展对进步文明需求的普遍性与中国式现代化发展对先进文明创造的特殊性的统一。从发展的视野来看，人类命运共同体离马克思所理解的“真实共同体”还很远，我们必须永远牢记：“只有在共同体中，个人才能获得全面发展其才能的手段”①，“一个人的发展取决于和他直接或间接进行交往的其他一切人的发展”②，这是最终走向每个人的自由全面发展的基础。

---

① 《马克思恩格斯选集》（第一卷），人民出版社 2012 年版，第 119 页。
② 《马克思恩格斯全集》（第三卷），人民出版社 1960 年版，第 515 页。

第四章

人类文明新形态的理论生成逻辑

文明的升级不是打游戏那么简单，想要开创性文明，就不得不“从一次成就走向另一次新的斗争，从解决一个问题走向提出另一个新问题”[①]。这体现的正是文明辩证的否定之否定规律。文明总要脱胎于某种传统，传统“并不是一尊不动的石像，而是生命洋溢的，有如一道洪流，离开它的源头愈远，它就膨胀得愈大”[②]，抛弃和吸纳、加工和改造是文明创造的基础性工程，能使历史文化中那些“僵死的事实”释放出“生命洋溢的洪流”，能让遗迹、遗址、陈列馆与博物馆的文物活起来，将死的机械的文明样本变成富有生命力的能动的“鲜活的自我言说”，是促成文明生产的重要手段。依据历史唯物主义视野与木桶原理，“五大文明”[③] 的全面协调发展所造就的人类文明新形态克服了西方

---

① 汤因比：《历史研究（上）》，曹未风等译，上海人民出版社 1997 年版，第 236 页。

② 黑格尔：《哲学史讲演录》（第 1 卷），北京大学哲学系外国哲学史教研室译，生活·读书·新知三联书店 1956 年版，第 8 页。

③ 马建堂、赵昌文：“党领导人民创造了人类文明新形态”，《人民日报》，2022 年 2 月 9 日，第 7 版；韩庆祥、陈远章：“学习把握新时代中国特色社会主义的大逻辑”，《人民日报》，2018 年 5 月 24 日，第 7 版；郑必坚：“大变动 新觉醒——从 90 年波澜壮阔的历史大变动看中国共产党的马克思主义新觉醒”，《人民日报》，2011 年 6 月 20 日，第 13 版。

资本主义文明的诸多短板，是一种崭新的整体文明、最大限度满足人民需要的文明、关注人类前途命运的文明。这种文明的产生与马克思主义中国化、中国化马克思主义的世界化和中国优秀传统文化的时代化紧密相关，也与资本主义根本矛盾的恶化、资本主义文明劣根性的凸显紧密相关。自马克思主义激活了古老中华文明，中华5000年文明在百年发展历程中通过中国共产党创造、集萃、创新、传播，实现了从蒙尘到复兴的转变，人类文明形态的更替展现出全新的图景，也导引着未来世界文明演进的基本路径，必将照亮人类壮阔前行的伟大新征程。

第一节 “两个结合”：开创人类文明新形态的理论基点

“就理论逻辑而言，马克思主义经典作家关于人类文明发展的思想是人类文明新形态形成的深厚理论基础；就文化逻辑而言，光辉灿烂的中华优秀传统文化和国外先进文化成果构成了人类文明新形态内蕴的丰富文化资源。”① “两个结合”重要论断指明了马克思主义在新时代继续实现马克思主义中国化的基本路径。“两个结合”的提出，是在新时代的伟大实践语境中、大变局的变易不定中、中西文明博弈的升级中修正和发展“一个结合”的需要，也是展示道路自信、凸显制度自信、强化理论自信、丰富文化自信内涵的需要，是进一步具化结合逻辑、细化结

① 寇清杰、肖影慧：“论人类文明新形态生成的五重逻辑”，《理论学刊》，2022年第4期。

合内容、展示结合成果、丰富结合方法的理论升级，具有里程碑意义。

一、真理之种在人民的园地中开繁花、结硕果

如果说“马克思主义基本原理与中国具体实际相结合”更多聚焦于国家独立、民族解放、推进革命、摆脱困难、全面建设，那么，“马克思主义基本原理与中国优秀传统文化相结合”则更多体现为文化的历史惯性、文明的传统根性、思想的绵延性、文化的自塑性、文明的自觉性。第一个结合所指的“中国具体实际”其实已经包含着“具体的文化实际”，但随着文化研究的深入、文明回溯的深化、话语范式的创新，将“抽象的文化”概括为“具体实际”的一部分已经不能适应马克思主义中国化、马克思主义与中华文明相结合的实际需要。特别是随着中国优秀传统文化价值的逐步凸显和文明张力的扩大，需要细化“第二个结合”，展示中华文明的包容性、共存性、开放性。具体原因如下：①在人类主要文明形式中，中华文明是唯一未曾中断的文明。马克思认为，野蛮文明去征服先进文明，最终的结果往往是：“野蛮的征服者总是会被那些他们所征服的民族的较高文明所征服，这是一条永恒的历史规律。”① 从5000年连续而未中断的特性，可以得出中华文明具有无限优越性，有生成、创造人类文明新形态的潜质；②随着世界多极化、经济全球化、文化多样化、社会

① 《马克思恩格斯全集》（第九卷），人民出版社1961年版，第247页。

信息化的加速演进，中国参与全球化的深度和广度前所未有，需要中国从人类文明的视野关注全球治理，承担全球责任，思考全球命运；③需要从文明高度理性回答人类何去何从的世界性难题；④经过马克思主义方法论改造的中华优秀传统文化已经具有与西方对话的学理基础，有了反哺西方文明的可能性。正如马克思主义进入中国的同时带来了德国古典哲学、空想社会主义与古典政治经济学，使"'中国哲学'传统在'形而上学'方面有了'创新'的可能"①，这符合马克思主义的正反合辩证发展逻辑，使别的文明汲取中华文明的营养有了新的可能。随着广泛影响世界发展的西方文明陷入困境，丛林法则拖累世界、零和博弈加剧囚徒困境，政治极端化、思维民粹化、美国优先化、霸权合理化、个别国家将国内法国际化、随便践踏国际法和经常僭越联合国组织等反文明特征集聚凸显，世界陷入局部动荡、民族国家遭受"颜色革命"，甚至有的本土文化模式遭遇连根拔起，制造出很多在自己家园上的肉体和精神的双重流浪者，人类需要思考世界怎么了，未来怎么办？中华文明范式前瞻性地储备着这些世界性难题的答案。

二、"两个结合"的最新理论成果

习近平新时代中国特色社会主义思想，是把马克思主义基本原理同中国具体实际相结合、同中华优秀传统文化相结合的重大

① 叶秀山：《哲学的希望》，江苏人民出版社2019年版，第310页。

时代性理论成果。习近平总书记在庆祝中国共产党成立 100 周年大会上指出，“坚持把马克思主义基本原理同中国具体实际相结合、同中华优秀传统文化相结合，用马克思主义观察时代、把握时代、引领时代，继续发展当代中国马克思主义、21 世纪马克思主义!”① 为什么习近平总书记要这样强调？为什么马克思主义的真理之花开在西方，却能在中国古老大地上结出累累果实？一方面，中国传统的价值体系、文明内核和马克思主义基本理论有着内在契合、精神汇通；另一方面也得益于为救亡图存寻找出路的中国共产党的创始人，他们面对民不聊生、国破山河碎的旧中国，强烈渴望在信仰真理中寻找出路。被动麻木的中国人民急切需要精神上主动刺激，渴望一次酣畅淋漓的觉醒以提振深陷沉沦的国民，谋求民族独立、人民解放的中国人民需要主心骨、领航人、定盘星和灵魂的清醒剂。正如李大钊那样，愿以忠义之民为国死，虽断头流血而万死不辞，信真理而不信其他，“佛说天堂，而天堂无路；耶说天国，而天国无门”②，光复中华要“以真理之权威，张言论之权威”，强调“余信宇宙间有唯一无二之真理”，“人生最高之理想，在求达于真理”③。正是这种精神信念，支撑着最初建党的革命者坚信“我不负此中国，中国即不负此河山”。他们把马克思主义迎进中国，从此开启了马克思主义中国化的伟大历程。毛泽东在 1938 年明确提出“马克思主义中国化”的重大命题，并掷地有声地给出这样的结论：“中国共产

① 习近平：《在庆祝中国共产党成立 100 周年大会的讲话》，人民出版社 2021 年版，第 13 页。

② 《李大钊全集》（第 2 卷），人民出版社 2013 年版，第 150 页。

③ 《李大钊全集》（第 2 卷），人民出版社 2013 年版，第 148 页。

党的二十年，就是马克思列宁主义的普遍真理和中国革命的具体实践日益结合的二十年。”① “马克思列宁主义的普遍真理一经和中国革命的具体实践相结合，就使中国革命的面目为之一新。”② 胡锦涛同志在纪念改革开放30周年大会讲话中指出：“30年的历史经验归结到一点，就是把马克思主义基本原理同中国具体实际相结合，走自己的路，建设中国特色社会主义。”③ 党的百年奋斗伟业，是坚持马克思主义基本原理与中国具体实际相结合最深刻的注解。

三、通向真理的坦途

“马克思主义并没有结束真理，而是开辟了通向真理的道路。”④ “中华优秀传统文化与马克思主义的融通互筑为人类文明新形态的开创提供了深厚的理论根基。”⑤ 以习近平同志为代表的中国共产党人，从新的实际出发，系统回答了“新时代坚持和发展什么样的中国特色社会主义、怎样坚持和发展中国特色社会主义，建设什么样的社会主义现代化强国、怎样建设社会主义现代化强国，建设什么样的长期执政的马克思主义政党、怎样建设

① 《毛泽东年谱（1893~1949）（修订本）》（中卷），中央文献出版社2013年版，第299页。

② 《毛泽东选集》（第三卷），人民出版社1991年版，第796页。

③ 《胡锦涛文选》（第三卷），人民出版社2016年版，第170页。

④ 习近平：《在庆祝中国共产党成立95周年大会上的讲话》，人民出版社2016年版，第9页。

⑤ 麻磊、张士海：“人类文明新形态：生成逻辑、核心要义与价值意蕴”，《西安交通大学学报》（社会科学版），2022年第6期。

长期执政的马克思主义政党等重大时代课题。”① 这一伟大思想，既是马克思主义基本原理和中国具体实践相结合的新的飞跃，也是马克思主义基本原理与中华文明相结合的新飞跃，标注了21世纪马克思主义的新高度，深化了对中国特色社会主义建设规律的新认识，开创了中国式现代化道路，开创了人类文明新形态。

第二节　“双创”：中华文明融入人类文明新形态的时代支点

马克思主义是我们推翻旧世界、建立新世界的思想武器，中华文明是我们的根和魂，以马克思主义激活中华优秀传统文化，实现中华优秀传统文化在新时代的创造性发展与创新性转化，不断激活文明进步的源头活水，增添人类文明发展动力，提供解决世界难题的中国智慧。

一、中华文明当代化的使命

中华传统文化的转型要求与人类文明形态的更新求索碰撞于新时代场域。在伟大的中国共产党的领导下，历经百年掘进，国家蒙辱、人民蒙难、文明蒙尘的民族劫难已经一去不复返了，中华民族任人宰割、饱受欺凌的时代一去不复返了，历史性地解决

① 《中共中央关于党的百年奋斗重大成就和历史经验的决议》，人民出版社2021年版，第25~26页。

了绝对贫困问题，人民忍饥挨饿的苦难岁月一去不复返了，中华民族伟大复兴进入了不可逆转的历史进程。中国的成功不是靠运气，而是博大精深的中华文明在新时代的力量释放。2021 年 3 月 22 日，习近平总书记在福建考察朱熹园时语重心长地指出："如果没有中华五千年文明，哪里有什么中国特色？如果不是中国特色，哪有我们今天这么成功的中国特色社会主义道路？"① 除中华文明之外，世界没有别的文明能骄傲地以"5000 年"自居，这是中国人的骨气和底气，是我们坚持中国道路、弘扬中国精神、凝聚中国力量的勇气和底蕴。正是依仗薪火相传的精神血脉、生生不息的中华文明，我们才创造了中国式现代化道路，这也是马克思主义真理所激活的无限力量使然。马克思、恩格斯的文明思想是建立于批判资产阶级文明制度基础上的"划时代的理论体系"，充满思辨的文明辩证法是对西方中心主义的文化立场与西方狭隘视界的文明观发出的最密集、最猛烈的思想炮火与理论批判的典范。马克思主义认为，西方的现代文明是带着原罪而来的，马克思谴责资本主义的掠夺者说，他们迫使被侵占国土的"个人和整个民族遭受流血和淫秽、穷困与屈辱"②，"除破坏以外很难说还有别的什么内容"③，贪婪的资本家"只有用被杀者的头颅做酒杯才能喝下甜美的酒浆"④，他们把所谓的"文明带到世界的各个角落，以便赢得新的地域来扩张"⑤ 他们的卑鄙的

---

① 参见宣言："中国没有辜负社会主义"，《人民日报》，2021 年 6 月 8 日，第 1 版。
② 《马克思恩格斯选集》（第一卷），人民出版社 1995 年版，第 771 页。
③ 《马克思恩格斯选集》（第一卷），人民出版社 2012 年版，第 857 页。
④ 《马克思恩格斯选集》（第一卷），人民出版社 2012 年版，第 863 页。
⑤ 《马克思恩格斯文集》（第一卷），人民出版社 2009 年版，第 62 页。

贪欲。对待中国旧王朝、皇权政治、传统治理，也必须用马克思主义的辩证思维来甄别良莠。

二、“双创”的文明建构承载

“双创”就是要以马克思主义的方法论激活中华文明发展的历史主脉，延展中华优秀传统文化的辐射宽度，强化中华文明的价值厚度与文明自信的历史信度，以辩证唯物主义视野加大对中华优秀传统文化的挖掘和阐发力度。新时代马克思主义中国化、时代化的最新理论成果是实现中华优秀传统文化在新时代创新性发展、创造性转化的典范。习近平总书记反复警醒我们，歪路和邪路都不能走，“世界社会主义实践的曲折历程告诉我们，马克思主义政党一旦放弃马克思主义信仰、社会主义和共产主义信念，就会土崩瓦解。”① 我们必须坚持古为今用、以古鉴今，坚持有鉴别的对待、有扬弃的继承，不断推动中华文明创造性转化、创新性发展，“使中华民族最基本的文化基因与当代文化相适应、与现代社会相协调，把跨越时空、超越国界、富有永恒魅力、具有当代价值的文化精神弘扬起来”②。既要坚持代代守护、呵护有加，又要不断与时俱进、创新创造，既要坚守文化的根性，又不能厚古薄今、以古非今；既要创新文明的呈现，创造文明的新样态，“以古人之规矩，开自己之生面”，又不能舍本逐

---

① 习近平：“在全国党校工作会议上的讲话”，《求是》，2016年第9期。

② 习近平：《在哲学社会科学工作座谈会上的讲话》，人民出版社2016年版，第17页。

末，以西方文明为尊、苛求责备古人、贬低中华文明。从党的十八大报告提出“建设优秀传统文化传承体系，弘扬中华优秀传统文化”[①]，到2014年3月28日习近平主席在联合国教科文组织总部的演讲；从2014年9月24日在孔子诞辰2565周年国际学术研讨会的讲话，到2016年5月17日在哲学社会科学工作座谈会上的畅谈；从2017年党的十九大报告，到2021年5月给《文史哲》编辑部全体编辑人员回信，习近平总书记反复强调，“推动中华优秀传统文化创造性转化、创新性发展”[②]，“努力实现传统文化的创造性转化、创新性发展，使之与现实文化相融相通，共同服务以文化人的时代任务”[③]。可以说，没有“双创”，就没有马克思主义和中华优秀传统文化在新发展阶段的相互激发、相互补充、深度契合，没有“双创”，就无法使中华文明在新时代支点上再次“时代化”“世界化”。“化”就是融入时代和自我优化的过程，以时代视野和党的创新理论不断对中华文明进行祛除糟粕、去粗取精、去伪存真的优化净化，确保中华优秀传统文化既能开创人类文明新形态，又能在人类文明新形态中保存其独特的文化形式、文化内容和话语风范。

① 《胡锦涛文选》（第三卷），人民出版社2016年版，第639页。

② 《习近平谈治国理政》（第三卷），外文出版社2020年版，第18页；习近平：《决胜全面建成小康社会　夺取新时代中国特色社会主义伟大胜利——在中国共产党第十九次全国代表大会上的报告》，人民出版社2017年版，第23页；习近平：《在纪念马克思诞辰200周年大会上的讲话》，人民出版社2018年版，第20页；习近平：《在庆祝改革开放40周年大会上的讲话》，人民出版社2018年版，第30页。

③ 习近平：《在纪念孔子诞辰2565周年国际学术研讨会暨国际儒学联合会第五届会员大会开幕会上的讲话》，人民出版社2014年版，第11页。

第三节 “两种形态”：人类文明新形态的理论本质

人类文明新形态是站在人类历史更替的进程中，符合辩证唯物主义发展规律、处于社会主义文明阶段的文明形态，是以文明更替视野对全球发展的高屋建瓴的擘画，已经蕴含着共产主义的关键元素。

一、社会主义性质的文明形态

中国特色社会主义性质的人类文明新形态与一般“文化形态”的文明有着本质区别。从社会形态意义上扬弃“你输我赢、赢者通吃”的低级博弈层面的资产阶级文明，具有历史的必然性和价值的正当性，拓展了发展中国家走向现代化的途径。符合历史必然性和遵循人民利益高于一切的文明形式，其时空的贯通性、生命的延续性就越高，其对内对外影响的张力、自我纠偏的矫正能力、兼容并蓄的学习能力、文化续航能力就越强。同时我们也要搞清楚，“人类文明新形态”与“世界文明多样化”中的文化形态意义上的“文明”表述不同。多样化文明中的文明形态没有高低之分，每个文明都是一个民族的集体记忆。特别要注意区分国家领导人在两种意义上使用文明概念的区别，社会形态范畴的人类文明新形态最为本质，具有澄明、解蔽、启蒙和变革的伟大意义，与文明交往、文明互鉴、多元文明等概念关涉的文化形态的文明不能混淆。

二、文明演进的内在逻辑机理

作为社会形态意义上的“人类文明新形态”，内含着文明更替与跃升的历史逻辑、理论逻辑和实践逻辑。尽管西方学者也对自己的文明做出诸多反思、对中华文明做出积极的评价，但那些大多是文化形态而非社会形态上的。比如，英国历史学家汤因比曾预测：中国可能“有意识地、有节制地融合”汲取其他文明的长处，“其结果可能为人类文明提供一个全新的文化起点”[①]。他还指出：避免人类自杀之路，在这一点上现在各民族中具有最充分准备的，是两千年来培育了独特思维方法的中华民族。英国思想家罗素在1922年考察完中国后提出：“如果中国能免受外国的戕害，那么，从现在起，这一复兴的精神可以发展出一种较世界上任何一种文化都更加优秀的文化。”[②] 他进一步指出：“如果中国的改革者在国力足以自卫时，放弃征服异族，用全副精力投入于科学和艺术，开创一种比现在更好的经济制度，那么，中国对世界可谓是尽了最恰当的义务，并且在这样一个令人失望的时代里，给人类一个全新的希望。”[③] 罗素揭示了可能性，但没有解开文明发展更替的必然性，能够敲开所谓西方文明大门的，一定是在人类社会更替形态上的社会主义性质的文明。

① 汤因比：《历史研究》，刘北成译，上海人民出版社2000年版，第394页。
② 罗素：《中国问题》，学林出版社1996年版，第197页。
③ 罗素：《中国问题》，学林出版社1996年版，第198页。

三、划定两种形态的文明界限

我们在“文化形态”上使用文明，应尽量区别于“人类文明新形态”的表述，需要理论界有意识地在“人类文明新形态”与“文明”、中华文明、文明互鉴等概念之间划清界限。但是也要注意，人类文明新形态是新时代这个小时代的文明发展，还不是马克思所说的“大时代”意义上的文明替换，尽管它彰显出先进文明的核心要素，社会主义文明必然会替代资本主义文明，在遵从于“两个必然”的时候，一看要看清“两个绝不会”的限制条件。人类文明新形态不可能是超社会性、超时代性的，依然是时代的产物，服从于人类文明演进的大周期，是大周期中较高形态的人类文明形式。这也有助于我们理解，在当前时代，人类文明新形态蕴含着社会形态的本质，但在外延方面可以更多表现为文化、价值、交往形态上的意义，也就能更好地理解当代中国马克思主义的主张，在坚持各种文明平等相待的基本立场上，以非对抗思维、辩证统一原理，创造性地提出来自不同历史文化传统、实行不同社会制度、处于不同发展水平的国家和地区，可以在平等对话的平台上、在彼此信任的基础上、在命运与共的理念上，就生存和发展等根本问题达成“同舟共济、守望相助、荣辱与共”的共同价值认识，平等开展文明交流。中华文明反对走大国霸权冲突的老路，而是选择走向多元文明国家和平共赢的新路。

第四节 “两个未来的统一”：人类文明新形态的辩证发展路径

“中国特色社会主义具有马克思主义哲学视域中的人类文明形态特质，是一种基于共产主义文明属性下的整体意义上的社会形态，其生成、发展和未来趋向都具有合规律性与合目的性相统一的特征。”① 人类文明新形态致力于为中国人民谋幸福、为中华民族谋复兴，也为人类谋进步、为世界谋大同，既开启第二个百年征程的复兴续章，也极大可能开创人类走向美好未来的新局面。《中共中央关于党的百年奋斗重大成就和历史经验的决议》指出：“党把握新时代外交工作大局，紧扣服务民族复兴、促进人类进步这条主线”②，把中国的未来与世界的未来统一起来进行整体考量，新文明被接纳的程度往往也是与新文明所能承担的责任与化解的时代难题的多少相一致的。

一、将中华文明的核心理念编织到人类文明新形态的经纬纲目之中

将大一统治理精髓融入新时代国家治理体系和治理能力现代化，形成“事在四方，要在中央”“总揽全局、协调各方”的人类文明治理新模式；将“仁义礼智信、温良恭俭让、忠孝廉耻勇”

① 张鹏：“马克思主义哲学视域中的人类文明新形态内在逻辑探析”，《中共山西省委党校学报》，2022 年第 5 期。

② 《中共中央关于党的百年奋斗重大成就和历史经验的决议》，人民出版社 2021 年版，第 60 页。

融入社会主义核心价值观、全人类共同价值，确立精神文明建设新坐标——坚持马克思主义在意识形态领域指导地位的根本制度；将古代“民为贵、社稷次之、君为轻”的朴素民本思想，发展为“江山就是人民、人民就是江山”的新文明下的历史唯物主义的“公仆观”“政德观”；将“革故鼎新、顺天而为、天道生生”的变易观，融入新文明下的“兼收并蓄、博采众长、创新创造”的改革观、变革观；将“法不阿贵，绳不挠曲”的公正追求，嵌入法治文明与全过程人民民主实践之中；将“顺应自然、天人合一”的生态思想融入新时代生态文明理念之中；将“尚贤用能、选贤任能、揭榜挂帅”的人才选拔机制，改造为新文明下的“五湖四海、任人唯贤、全球招贤”的聚才用才观、科技创新观；将慎独自律的廉政精华转化为新时代全面从严治党、深化自我革命、跳出历史周期律的“第二个方案”；将“民胞物与”“协和万邦”的大同理想融入代表人类文明进步方向的人类命运共同体理念之中；将“安而不忘危，存而不忘亡，治而不忘乱”的忧患意识，转化为敢于斗争、勇于胜利的“治未病”的风险管控与国家整体安全观；将中国传统人治思想中具有偶然性的“青天意识”，升华为“不代任何利益集团、任何权势团体、任何特权阶层利益”的中国共产党的基本党性原则和政党政治文明要求，等等。

二、人类文明新形态是解决世界向何处去的重要方案

命运与共的各国如何维持和平与发展？目前西方文明提供的解决方案不仅没有解决问题，反而加剧了世界的动荡、民族的冲

突，欺凌事件与霸权主义的增多。人类的上空阴云密布，世界有识之士期望从中华文明中找到解决方案，从新时代的思想精华中寻找解题、破题的良策。文明因交流而多彩，文明因互鉴而丰富。人类文明的百花园应该姹紫嫣红，“苏格拉底和孔子是人类的两张面具，面具之下是同一张人类理性的面孔”。文明交往要把握好实践性、互动性、开放性、多样性与迁徙性特征，洞悉文明之间交往的主要影响要素：主体和客体、交通和科技、民族和国家、地缘和环境、宗教和文化、语言与文字、利益和正义，重点是要以人与人的关系为中心处理好冲突与和平、有序与无序、外化和内化、现代与传统、全球与本土、人类和自然等关系。[①] 任何一种文明，不管它曾经如何辉煌，如果故步自封、封闭排外、不思进取，必然会陷入僵化、失去活力、走向衰败。当代中国马克思主义、21 世纪的马克思主义，矫正了人类文明的发展轴线，促成多元文明形成合力，创造了人类文明新形态。

三、中华文明蕴含着解决人类普遍性难题的一般法则

“中华优秀传统文化蕴含着解答西方现代化道路总问题也是人类总体性危机的基本提示，是中国式现代化新道路扬弃和超越西方现代化道路的重要逻辑之一。”[②] 人类文明新形态是人类文明发展大道上的新成就、新高度，她既继承了人类文明发展史上

① 参见彭树智：“论人类的文明交往”，《史学理论研究》，2001 年第 1 期，第 5～18 页。

② 沈湘平：“学术中国观点集萃”，《中国社会科学报》，2021 年 10 月 15 日，第 4 版。

的优秀成果，也在历史必然性上框定了人类文明发展进步的方向。在特殊时空形成的中华文明，作为人类文明新形态的核心基因，蕴含着应对人类共性问题的一般性思考，中国共产党通过“双创”与“两个结合”，不断改造“中华文明”，逐步剔除不合时宜的“特殊性”，使之以“时代精华”的形式广泛内聚人类文明的普遍性。中华文明现代化、世界化的过程就是不断舍弃那些不能与时俱进的“特殊性”，兼容更多具有普遍性的共同价值，不断抹去文明的尘埃，秉承“适己而忘人者，人之所弃；克己而立人者，众之所戴”的原则，发扬中华文明的崇高气象，公布中华民族生生不息的密码，彰显中国在文明层面的世界影响力、谦和而不霸道的文明塑造力，让世界人民用客观理性的态度甄别扬弃。中国共产党对文明进路的选择标准与对待老祖宗留下的宝贵遗产的态度是一致的，强调以文明探源工程不断挖掘中华五千年文明中的精华，以考古实证延展历史的轴线，拓展中华文明的辐射广度，自证中华文明蕴含最广泛的民族共同体意识、天下一家的世界情怀，既坚定不移走中国特色社会主义道路，又不断释放人类文明新形态造福世界人民的广泛价值。

四、文明发展螺旋式上升逻辑的必然结果

按照马克思主义从麦粒到麦苗再到麦穗的否定之否定的普遍逻辑，人类文明新形态既是理性而审慎选择的结果，也是文明发展规律的充分彰显，中外文明发展概莫能外。中华民族从蒙辱到强起来的接续飞跃，历史的车轮滚滚向前，文明的迭代如同奔流

不息的江河湖海，人类文明新形态必然要以文明和谐论替代“文明冲突论”、以文明发展论终结“文明终结论”、以文明平等论取代“文明优越论”。中华文明始终保持文化自觉与文化开放的姿态，亲近、学习、借鉴、接纳世界的各种积极文明基因。实践证明，任何傲慢的文明都是自我否弃的开始、加速灭亡的前奏。就人类文明形态更替演进的意义而言，我们远没有达到理想的文明社会的终点，但在两种制度共时空的前提下，不同文明走向携手也是历史发展的现实需要。人类文明新形态对建设持久和平、普遍安全、共同繁荣、开放包容、清洁美丽的世界给出了智慧方案、操作手册、实践样本，在波澜壮阔的世界文明图谱中，中国共产党人是激荡人心的世界文明新华章的书写者，命运与共的文明新乐章的谱就者，现行国际体系的参与者、建设者和贡献者，也是人类命运共同体的倡导者、推进者和领航者。

第五章

“两个时代精华”赋能人类文明新形态

马克思认为“任何真正的哲学都是自己时代的精神上的精华。”[①]“世界文明历史揭示了一个规律：任何一种文明都要与时偕行，不断吸纳时代精华。”[②] 时代精神具有哲学方法论意义来自于三个条件：①这种精神能抽象出可以跨域时空、超越国别、具有永恒魅力一般方法论原则，但抽象的、一般的哲学只有在与现实世界的亲密接触中才能成为引领时代的精神精华，脱离物质生活的生产和再生产的僵化思想不可能成为时代精华。②成为指导这个时代的人民普遍接受的思想方法、实践原则，并造就历史性成就。③在国际社会中被其他新兴经济体和广大发展中国家乃至发达国家视为学习的典范、借鉴的模式、参照的样本。党的二十大报告指出：“把马克思主义思想精髓同中华优秀传统文化精华贯通起来、同人民日用而不觉的共同价值观念融通起来，不断富有科学理论的中国特色，不断夯实马克思主义中国化时代化的历史基础和群众基础，让马克思主义在中国牢牢扎根。”[③] 将“马

① 《马克思恩格斯全集》（第一卷），人民出版社 1995 年版，第 220 页。

② 《习近平谈治国理政》（第三卷），外文出版社 2020 年版，第 470 页。

③ 习近平：《高举中国特色社会主义伟大旗帜 为全面建设社会主义现代化国家而团结奋斗——在中国共产党第二十次全国代表大会上的报告》，人民出版社 2022 年版，第 18 页。

克思主义思想精髓”与“中华优秀传统文化精华”相贯通，对中华文明进行创造性转化与创新性发展，形成了中华文化与中国精神的时代精华，塑造着当代中国人的世界观、历史观、文明观、价值观、执政观、治理观与知行观，是马克思主义中国化、时代化的重大理论使命。《中共中央关于党的百年奋斗重大成就和历史经验的决议》指出：“习近平新时代中国特色社会主义思想是当代中国马克思主义、21 世纪马克思主义，是中华文化和中国精神的时代精华，实现了马克思主义中国化新的飞跃。”[①]如何理解“两个时代精华”这一判断的本质内涵、理论特征与世界意义，是一个重大的时代课题。

第一节　新时代中华文化和中国精神的时代精华的能指与所指

面对世界之变、时代之变、历史之变，新时代党的创新理论展现出准确识变、科学应变、主动求变的典范效应。立足百年未有之大变局、锚定中华民族伟大复兴、聚焦新的时代课题、兑现对人民的庄严承诺、致力于构建世界的持久和平，“双创”的最新形态、理论的创造力、“时代”的思想版图已经充分证明：习近平新时代中国特色社会主义思想是中华文化与中国精神的时代精华。“世界文明历史揭示了一个规律：任何一种文明都要与时

① 《中共中央关于党的百年奋斗重大成就和历史经验的决议》，人民出版社 2021 年版，第 26 页。

偕行，不断吸纳时代精华。”[①] 一种文明的生命力的持久绽放，既要仰仗已有的文化积淀，也需要与时俱进的思想变革和思维变革，强大的理论原创力。兼具思想深刻性、透彻哲理性的新时代党的创新理论既是吸纳时代精华的最新成果，也是中华文化与中国精神在新时代的伟大实践中形成的思想精华，内含着丰富的化解当下中国与世界难题的深刻哲学、学理和道理。以习近平为代表的中国共产党人，在大时代的熔炉中对中华文化与中国精神再次“淬炼”，将中华文化和中国精神融入新时代的伟大实践，萃取其属于时代的精华，党的创新理论在新时代的独特时空中不断推动中华文化、中国精神的与时俱进，与独特时代的铿锵共振，持续吸纳历史精髓，凝练出新时代哲学精华和全国人民共同拥有的思想精华。

一、凝结马克思主义世界观和方法论的深刻哲理

第一，“精华”是引领塑造伟大文明新形态的核心理念。只有从人类文明新形态的高度，才能正确理解习近平总书记为什么说“当代中国的伟大社会变革，不是简单延续我国历史文化的母版，不是简单套用马克思主义经典作家设想的模板。”[②] 因为精华往往是通过哲学思维提炼和改造而成，马克思主义中国化、时代化的最新成果，既继承了中华5000年文明的根性，紧紧抓住

① 习近平：“深化文明交流互鉴　共建亚洲命运共同体——在亚洲文明对话大会开幕式上的主旨演讲”，《人民日报》，2019年5月16日。

② 《习近平谈治国理政》（第二卷），外文出版社2017年版，第344页。

5000年文明未曾断裂的基本基因，秉承了中华优秀传统文化“顶天立地”“与天地参”“正道直行”“大道至简”的道德理想与格物致知，又能够将人与人、人与集体、人与自然、国与国的关系放置在辩证思维中发扬光大，跨越无节制的“征服自然、改造天地”困境，合理安顿“天地人”的关系，不是以“欲望”“需求”的满足为思考出发点，而是以正确处理“舍与得”“战与和”“内与外”为基本诉求，是马克思主义中国化的新版，马克思主义基本原理与中华优秀传统文化相结合的创版，西方的等级文明与零和博弈误区的矫正版。“两个精华”与“两个确立”本质上是一致的、相互促进的，“两个精华”进一步确证“两个确立”对开创人类文明新形态的思想导航价值与政治建构逻辑，“两个确立”则进一步激发“两个精华”发挥时其代价值与未来影响力的重要手段。

第二，以马克思主义世界观、方法论萃取时代精华。马克思主义世界观、方法论是共产党人观察问题、解决问题的“尚方宝剑”、“望远镜”与“显微镜”。马克思主义中国化、时代化的最新成就找到了中华优秀传统文化同马克思主义内在契合点、激活爆发点、创新需求点、转化立足点，不断推进知识更新、学理创新与践履翻新，既为中国人民接受并信仰马克思主义提供了深厚文化基础，又为马克思主义与中华优秀文化的深度融合指明了方法论路径，正如“马克思的思想理论源于那个时代又超越了那个时代，既是那个时代精神的精华又是整个人类精神的精华”①。

① 习近平：《在纪念马克思诞辰200周年大会上的讲话》，人民出版社2018年版，第7页。

习近平新时代中国特色社会主义思想是中华文化与中国精神的时代精华这个重大判断，是基于这一思想对中华文明的深度发掘、对传统治理观念的深度转化，“从孔夫子到孙中山，我们都注意汲取其中积极的养分”①，这一伟大思想成为中华文化和中国精神的“代言人”，不仅表征出时代意义、理论意义，也表现为超越时代性的方法论价值。当然，中华文化与中国精神的时代精华也在不断充实和发展，马克思主义中国化、时代化的不断推进，也必将造就中华文化与中国精神的时代精华不断增项、升级。党的二十大报告指出，习近平新时代中国特色社会主义思想蕴含着“六个必须坚持”的世界观和方法论：必须坚持人民至上、必须坚持自信自立、必须坚持守正创新、必须坚持问题导向、必须坚持系统观念、必须坚持胸怀天下。“六个必须坚持”是新征程上不断谱写马克思主义中国化、时代化新篇章的世界观与方法论的基本遵循，充分体现了共产党执政规律、社会主义建设规律、人类社会发展规律、人类文明演进规律。

第三，党的最新创新理论是中华文化、中国精神得以熔铸新时代中国的主要载体。新时代中国共产党的政治家、理论家将中华文化和中国精神基因浓缩到新的语言系统、范式表达、概念体系、世界语言之中，“升华为哲学核心理念的思维方式与价值观念”②，也就是将中华文化基因催化、集萃、融创于当下。这一伟大思想秉承不忘本来、吸收外来、面向未来的视野，坚持古为

① 习近平：《在纪念孔子诞辰 2565 周年国际学术研讨会暨国际儒学联合会第五届会员大会开幕会上的讲话》，人民出版社 2014 年版，第 13 页。

② 于丹：“坚定文化自信 发掘文化基因”，《人民日报》2018 年 5 月 31 日。

今用、洋为中用，注重融通整合各种资源，“既向内看、深入研究关系国计民生的重大课题，又向外看、积极探索关系人类前途命运的重大问题；既向前看、准确判断中国特色社会主义发展趋势，又向后看、善于继承和弘扬中华优秀传统文化精华。”① 在百年历程中，还没有哪一个领导人把传统文化放到今天这样的高度，也没有哪一个领导人像习近平这样，将传统治理资源广泛运用于治国理政的实际事务中。

二、“两个精华”是当代中国的精神内核

习近平新时代中国特色社会思想是中华文明和中国精神的时代精华，在此为行文方便，将“中华文化的时代精华”与“中国精神的时代精华”简称为“两个精华”。

第一，时代精华：中华民族复兴的哲学智慧与思想领航。《辞海》将“精华”定义为“事物最精粹的部分”，亦作“菁华”。从功用意义上讲，“精”为支撑生命、构成人体的基础条件，“水谷之精”内聚于五脏六腑则为“脏腑之精”，“精华”具有承载生命的本体论意义；从价值论意义上讲，“物之精”的外化表征为生命体的精神状态，俗称为“精气神”，凝聚于时代的思想精华，则代表着主体意识、主流信仰、旗帜方向、价值共识、世界潮流最精粹的灵魂与思想部分，高度凝练的精华具有永不褪色的价值属性。马克思主义中国化、时代化的最新成果，是

① 习近平：《在哲学社会科学工作座谈会上的讲话》，人民出版社2016年版，第16页。

我们党的灵魂和旗帜，是我们一切行动的根本遵循，是“当代中国”的马克思主义、“二十一世纪”的马克思主义，前者体现中国化，后者体现时代化，前者体现文化涵养的历史厚重与博大，后者体现中国人历久弥新的志气、底气、骨气与胸怀天下的勇气，充盈着浓郁的中国风、深厚的华夏情、浩然的中华魂。实践充分证明，历史和人民选择马克思主义是完全正确的，中国共产党把马克思主义写在自己的旗帜上是完全正确的，坚持把马克思主义基本原理同中国具体实际相结合、同中华优秀传统文化相结合，不断推进马克思主义中国化、时代化是完全正确的，历史和人民选择习近平同志领航掌舵，确立习近平同志党中央的核心、全党的核心地位，确立习近平新时代中国特色社会主义思想的指导地位是完全正确的。

第二，耸立起中华文明和中国精神的大厦。守护文明之源、赓续精神之魂，是当代中国马克思主义的使命，也是“中华文化与中国精神”的不断凝练、净化、提纯与自塑的过程。没有新时代的“双创”与“两个结合”，就无法生成“中华文化与中国精神的时代精华”的结论。“两个精华”是马克思主义基本原理与新时代的伟大实践、与中华文明“双创”结果进一步结合的新成就，这一思想贯穿着中华文明的仁爱光辉、思辨底蕴、博大道义、大同理想，展示着中国精神的风骨与气派、勤劳与质朴、顽强与坚韧、气质和禀赋，体现着中华民族刚健有为、积极进取、不屈服于命运的进取姿态，以及中国共产党愿为苍生计、为天下安的质朴雄心。党的十八大以来，习近平总书记站在时代前列、洞察时代风云、聚焦时代主题、表达时代先声、引领时代潮流，以领袖的胆色、哲人的智慧、思想家的站位、理论家的勇气、战略家的眼界、外交家的气魄，提出一系列原创性战略思想和创新理念。以习近平为主要创立者的习近平新时代中国特色社会主义思想，以习近平同志为核心的党中央的领航掌舵，是党和国家事业取得历史性成就、发生历史性变革的根本所在，是推动文化建设取得重大历史性成就的关键所在。

第三，发挥时代精华在武装全党、教育人民、指导实践中的作用。中华文化与中国精神在新时代的精要荟萃、洗练提纯为时代精华，发挥着信仰教化、思想导引、党性塑造、精神支撑、价值贯穿、育人铸魂、品格养成、立德树人与民心凝聚的作用，是新时代中国精神最鲜亮的标识，是擘画中国新蓝图的动力源泉，也是开启第二个百年征程的思想之源。伟大精神在波澜壮阔的历史中铸就，中华文化与中国精神在继往开来中丰富发展，也要不断吸吮走向未来的新滋养。习近平本人及其伟大思想成就集中呈现了砥柱中流、把关定向的定海神针气质；运筹帷幄、顾全大局的方法论精髓；我将无我、不负人民的崇高责任；勇当先锋、敢打头阵的闯将意识；主动担当、拼搏奉献的开拓精神；坚韧不拔、顽强拼搏的“三牛”精神；负重前行、攻坚克难的奋进姿态；敢于斗争、敢于胜利的革命精神；民为邦本、本固邦宁的人民情怀；生命至上、大爱无疆的仁爱精神；同舟共济、守望相助的道义担当。

第四，时代精华是精神谱系化的神经中枢。《中共中央关于党的百年奋斗重大成就和历史经验的决议》指出：“我国意识形态领域形势发生全局性、根本性转变，全党全国各族人民文化自信明显增强，全社会凝聚力和向心力极大提升，为新时代开创党和国家事业新局面提供了坚强思想保证和强大精神力量。”① 习近平总书记也指出：“一个民族之所以伟大，根本就在于在任何困难和风险面前都从来不放弃、不退缩、不止步，百折不挠为自己的前途命运而奋斗。”② 党的百年奋斗锻造了走在时代前列的中国共产党，形成了以伟大建党精神为源头的精神谱系，这些精神谱系集中彰显了中华民族和中国人民长期以来形成的伟大创造精神、伟大奋斗精神、伟大团结精神、伟大梦想精神，激励着我们拿出“为有牺牲多壮志，敢教日月换新天”精气神，让中华文明之花在新时代结出更多的中国精神之果。

三、揭示人类文明进路的历史机理

第一，精华的浓缩机理。如果说，马克思主义基本原理与中国具体实际在 20 世纪的结合，是体现为对“共产党为什么能”的话语权、说服力、可行度的强化，那么，马克思主义基本原理在新时代与中华优秀传统文化的结合，则进一步将中华 5000 年文明蕴含着人类未来路径的基本设想具体化、实践化。这一思想是党的十八大以来社会主义新的伟大实践的理论结晶，是开启第二个百年新征程的政治宣言，是廓清历史迷雾、矫正航向的指南针和应对新时代的重大时代课题的理论砥柱。这一思想扎根于中华文化的深厚沃土，汲取中华 5000 年文明的无尽滋养，又不断

① 《中共中央关于党的百年奋斗重大成就和历史经验的决议》，人民出版社 2021 年版，第 46 页。

② 习近平：“在全国抗击新冠疫情表彰大会上的讲话”，《求是》，2020 年第 20 期。

返本开新、与时俱进、继往开来，将中华文明的雄厚哲学智慧、天下情怀、做人之本、待人之道、人文美学、道德伦理、典章大义、经史之妙、子集之魂，创造性地转化为新时代的思想集萃，创新性发展为新时代的理论精华。将中华文明生生不息的进取精神、敢为人先的创新精神、梦想成真的奋斗精神、精诚团结的报国精神、舍小我为大我的家国情怀，激活在新时代的伟大建设洪流中，播撒于伟大变革的创新创造中，勃发于华夏九州的每片热土上。这一思想将“文明中的中国”“勤劳中的中国”“理论中的中国”“思想中的中国”“有担当的中国”鲜亮地呈现于世界舞台，将中国立场、中国智慧、中国价值、中国气派、中国风格、中国主张、中国精神、中国理念平等地分享给世界各国人民。

第二，精华的时代轨迹。“精华”之意意味着一旦失去它，事物的本质就会被虚化，一个人、一个国家、一个时代失去“精华”，就无法表征这个人的独有属性、一个国家的独特内涵、一个时代的独特禀赋。马克思主义中国化、时代化的最新成果是中华优秀传统文化的集大成者，也是人类文明进程中的重要财富，指明了中国的出路，也为回答世界之问提供了中国方案。以习近平同志为代表的中国共产党人是中华宝贵精神财富最全面、最积极、最优秀的继承者和发扬者，习近平新时代中国特色社会主义思想最为集中而深刻地彰显了中华文化与中国精神独特的文明传统与民族风范，继承并超越了大一统的中央治理路径格局，开创了坚持党的领导、维护党中央权威的治国新理念；继承并超越维护社会主流价值、积极的社会风气理念，开创了坚持马克思主义在意识形态领域指导地位的根本制度；继承并超越了尊重天道、以民为本的朴素信仰，提出以人民为中心的“人民就是江山、江山就是人民”的历史唯物主义的崭新判断；继承并超越了革故鼎新、天道生生的变易观，开创出“改革不停顿、开放不止步”的全面深化改革观；继承并超越了“法不阿贵，绳不挠曲”、“德主刑辅”的公正追求，开创出全面依法治国的社会主义法治新局面；继承并超越了“修齐治平”的成长路径与等级纲常的教化伦理，开创出社会主义核心价值观与核心价值体系；继承并超越了天人合一、“人法地，地法天，天法道，道法自然”的生态思想，开创出人与自然和谐共生的习近平生态文明思想；继承并超越了尚贤用能、选贤任能、举贤不避亲的用人哲学，开创了以五湖四海原则聚天下英才而用之的人才观；继承并超越了“吏不畏我严，而畏我廉；民不敬我能，而敬我公”的吏治精华，开创了推进全面从严治党管党新境界；继承并超越了“天下兴亡、匹夫有责”的家国情怀，拓展了凝心聚力、兴国强党的新时代爱国主义精神广度；继承并超越了“民胞物与”“天下为公”的大同理想，以胸怀天下的格局开创了构建人类命运共同体的新理念；继承并超越了传统治理观，开创了国家治理体系和治理能力现代化新范式；继承并超越了“安不忘危、存不忘亡”的忧患意识，吹响了敢于斗争、勇于胜利的新号角；继承并超越了古代“慎独”智慧、自律修身的思想，积极推进党“以正视问题的勇气和刀刃向内的自觉推进党的自我革命”，将自我锻造、自我革命升级为党建战略部署，确保党不变质、不变色、不变味，绝不成为任何利益集团、任何权势团体、任何特权阶层的利益的代表。

四、内蕴制衡霸权、引导世界向优而变的全球善治

马克思主义中国化、时代化最新理论以其强大的制度支撑力、文明引领力、秩序平衡力、政治塑造力、历史穿透力与文化感染力，不断引导中国与世界向好发展。中华文化是历史的，也是当代的，中国精神是中华民族的，也是世界的。中华民族在5000多年的发展过程中，从制度、文化、历史与社会等方面集中展示出来的精神气质，也是人类精神的组成部分。毛泽东曾说过，人是要有点精神的。通常我们认为哲学是时代精华，正如每一种文明都扎根于自己的生存土壤，时代的精华一定是属于那个时代，黑格尔认为哲学是“被把握在思想中的它的时代”，“妄想一种哲学可以超出它那个时代，这与妄想个人可以跳出他的时代，跳出罗陀斯岛，是同样愚蠢的”①。党的创新理论的最新成果是时代的产物，也是中华文化和中国精神当代化的产物，这一思想成果将中华文化的精髓通过创造性转化和创新性发展融入当代中国文化和当代中国精神。当代中国的马克思主义是中华文化和中国精神的时代精华，21世纪的马克思主义是中华文化和中国精神的时代精华。

① 黑格尔：《法哲学原理》，范扬、张企泰译，商务印书馆1982年版，第12页。

五、表征中华文化与中国精神的大一统气象

中华文化、中国精神始终具有超越凌驾、统摄一切宗教信仰的大一统气象，从不为任何宗教所左右。有隐晦澄明、大象无形、大音希声、大道至简之美，极具包容涵化之能事，至大至刚，“尽精微，致广大”，从来都保持着不屈服于任何宗教信仰、不被任何宗教信仰所同化的独特性，保持着对天下民众的最广泛的开放性与接纳性，也不代表任何教众信徒的特殊利益，永远保持中华优秀主流文化的前进方向。中国精神追求的是现实的社会良性发展，只安顿肉体之内的人心、关心当下情境的在场者、聚焦此岸世界的丰富性，“六合之外存而不论”，这是中国精神区别于其他精神的标志，可以简单理解为“中国气象”，在很多政教合一的国家，所谓国别意义上的精神往往就是宗教精神，正如德国的马克斯·韦伯所揭示的，资本主义精神与新教伦理关系紧密。中国精神独有的天下情怀、勤劳勇敢、质朴纯真，都来自于对现实的关注、对现世的追求、对当下美好的兑现，不把幸福寄托于来世，在现世中做到最好，对得起自己、对得起家人、对得起族众、对得起祠堂，就是无憾的人生，“生”未体悟通透，“死”就乏善可陈，故有“未知生，焉知死”“未能事人，焉能事鬼”之说，强调先把当下该做的事情做好，尽人事知天命，敬鬼神而远之。新时代党的指导思想使“中国精神”中的天下情怀变成了天下格局、人类命运与共的当代价值追求；将勤劳勇敢融入实现中华民族伟大复兴的新时代的赛道，将个人的梦

想融入中国梦，不做懒惰的旁观者，要做深耕的参与者；将质朴纯真展现于追求有节制的、适合的、高雅的、朴素的美好生活。

第二节　时代精华夯实全新人类文明的理论地基

马克思主义中国化、时代化最新成就，贯通5000多年的中华文明史、180多年的中国近代史、100多年的建党史、70多年的新中国史、40多年的改革开放史，吸纳借鉴人类思想的优秀成果，以特有的中华气韵、铮铮的精神风骨、复兴伟业的宏大构想、浩大的格局情怀、续写真理的理论创新，凝聚为滋养时代的思想精华，清晰展示出这一思想作为中华文化和中国精神的时代精华的历史贯通性、文化继承性、文明创造性与政治丰富性。

一、展现了新思想的历史自信与历史贯通性

其一，善用历史规律，掌握历史主动。“心有所信，方能行远。”历史是最好的教科书，历史的价值在于让我们总结历史经验、汲取历史教训、看清发展趋势、得出历史结论、规划未来走向。习近平总书记强调：“在新的赶考之路上，我们能否继续交出优异答卷，关键在于有没有坚定的历史自信。”① 历史自信的

① “中共中央政治局召开专题民主生活会强调：弘扬伟大建党精神坚持党的百年奋斗历史经验　增加历史自信增进团结统一增强斗争精神”，《人民日报》，2021年12月29日。

最大底气来自为中国人民谋幸福、为中华民族谋复兴、为人类谋进步、为世界谋大同。回望百年征程，从民族沉沦的谷底起飞，逐步实现救国、立国、兴国、强国的沧桑巨变，我们找到了历史表象下固有的、本质的、稳定的联系，展示出前所未有的必将开创惊天动地新伟业的历史自信。

其二，“向后看”的历史发掘能力的自信与“向前看”的对未来命运的自信相统一。不管是奔远方、觅诗行，还是叹乡愁、还原乡，我们唯有“知所从来”，方能“思所将往”，历史贯通过去与未来，既要深挖历史也要续写未来。开掘中华文化和中国精神的精华是一个动态发展的过程，还有很多精华依然沉睡在博大的传统文化、经史子集、历史遗迹之中，在“广袤富饶的平原，碧波荡漾的水乡，辽阔壮美的草原，浩瀚无垠的沙漠，奔腾不息的江海，巍峨挺拔的山脉”[①] 还隐藏着更多文化、文明有待进一步发掘。正如习近平总书记在谈及考古学时要求“继续探索未知、揭示本源”，“我国古代历史还有许多未知领域，考古工作任重道远。比如，夏代史研究还存在大量空白，因缺乏足够的文字记载，通过考古发现来证实为信史就显得特别重要”，“‘三皇五帝’等史前人物，是神话传说还是确有其人？也需要考古工作去揭开谜底。”[②] 一件器物可以活化一个历史场景，一次发掘可以增强一分文明信度，古代遗存发掘过程就是未知文明的解封过程，历史文化遗产静态地述说着过去，但能动态地影响着当下和

① 《习近平谈治国理政》（第三卷），外文出版社 2020 年版，第 466 页。

② 习近平：“建设中国特色中国风格中国气派的考古学　更好认识源远流长博大精深的中华文明”，《求是》，2020 年第 23 期。

未来。秦始皇陵兵马俑、马王堆汉墓、河姆渡遗址展现出的古代文明也仅仅是冰山一角，中华文明起源考察、中国早期发展深度研究、历史古迹的考古发掘还会挖掘出更多的文明精华，历史的轴线在文明考察中会向历史更深处回溯，延展历史的发展脉络，拓宽历史的信度，强化文明的张力。

二、体现了新思想的文化自信与文化继承性

其一，具化出新时代中华文明独特的精神标识。不管中华民族经历过怎样刻骨铭心的历史惨痛，也不管中华传统思想文化经历了怎样剧烈变革的阵痛，中华文化作为中华儿女思想宝库的地位总体上没有变化，国人自信地认为中华文化兴起的高潮一定会到来。在新中国诞生前夕，毛泽东同志充满自信地预见：“我们将以一个具有高度文化的民族出现于世界。”① 中国特色社会主义文化自信，源于中国特色社会主义伟大实践，源于马克思主义的激活与科学指引，源于生生不息的文化滋养和独特的文化根脉。“在5000多年文明发展中孕育的中华优秀传统文化，在党和人民伟大斗争中孕育的革命文化和社会主义先进文化，积淀着中华民族最深层的精神追求，代表着中华民族独特的精神标识。”② 将中华民族5000多年奋斗积累的文化养分融汇于新时代的伟大实践，给予中华民族无比强大的文化自信与前进定力，赋予中华民族以强大的生命力和凝聚力。新的时代条件下，习近平强调：

① 《毛泽东文集》（第五卷），人民出版社1996年版，第345页。
② 《习近平谈治国理政》（第二卷），外文出版社2017年版，第36页。

“中华民族创造了源远流长的中华文化，中华民族也一定能够创造出中华文化新的辉煌。”①

其二，第一次在世界历史的意义上确立起中华文化自信。先秦诸子百家、两汉经学、魏晋南北朝玄学、隋唐儒释道、宋明理学的文化盛世都还不是世界史意义上的，而近代以来的文明蒙尘又进一步加剧了中国人的文化自卑，部分人奉西方文化为圭臬，将中西“文化差异视为文化差距”，错误地将“文化特质与形式方面”的“差异”看作“文化的先进与落后”的“差距”②。没有中国共产党的百年奋进，就不可能重新确立起中华文化自信，无法让藏书楼中诸多传世的经典宝鉴、经史子集重新焕发勃勃生机，让中华儿女成为世界上最有资格、最有理由自信的中华文脉的传人，文化自信激励着中华儿女“对于优秀传统的礼敬、直面世界的从容、开创未来的坚毅”③ 的精神底气与走在时代前列的坚定文化信念，让我们精神抖擞地走向未来。

其三，新时代进一步夯实了文化自信的中国特色社会主义伟大实践的基础。没有习近平总书记的一系列原创性贡献、对优秀传统文化的系统性发掘、对考古文化的重视、对中国哲学社会科学话语体系的建构、对马克思主义的信仰与信念，而只是一味地跟在西方的概念后面亦步亦趋，就不可能塑造中国文化的国民性、中华文明的独特性、中国精神的国别性。西方文明的国际化是通过经济霸权来为其扫清障碍的，优秀中华文化的国际化也将

① 《习近平谈治国理政》（第一卷），外文出版社 2014 版年，第 156 页。

② 刘同舫：“在增进文化认同中坚定文化自信”，《人民日报》，2018 年 4 月 25 日。

③ 沈壮海：《论文化自信》，湖北人民出版社 2019 年版，第 3 页。

伴随着中国经济实力的强大而不断增强其影响力，逐步提升中华文明在世界范围内的精神影响力、文明认可度和共识塑造力。

三、彰显了新思想的文明自信与文明创造性

我国拥有百万年的人类史、一万年的文化史、5000多年的文明史、180多年的近代史、100多年的建党史、70多年的中华人民共和国史、40多年的改革开放史、56个民族14亿多人口在960多万平方公里土地上的勤劳奋斗的当代史，这一厚重博大的背景决定了中华文明起源、形成、发展的非凡图景，通过探源中华文明演进路径，离析文明发展的内在机制，为中华民族共同体意识提供内在支撑，为文明自信铺成丰厚的实证史料，进一步夯实在世界文化激荡中站稳脚跟的根基。习近平总书记在主持“中共中央政治局第三十九次集体学习”时指出，中华文明是中国文化创新的宝藏，“要深入了解中华文明五千多年发展史”[①]。

其一，提振了中华文明现代化信心。马克思主义基本原理同中国具体实际、同中华优秀传统文化相结合的产物，将5000多年中华文化沉淀的精髓熔铸在新时代的血液里，将生生不息的中国精神镶嵌于当代中国的伟大实践中，褪去其年轮的沧桑印记，活化其与时俱进的创造力，让中华文化开新于文明赓续的历史新时空，将古老智慧融入21世纪的新语境，使中国精神绽放于新时代波澜壮阔的新征程，优化为易于传颂的话语表达，凝聚成中

① “习近平在中共中央政治局第三十九次集体学习时强调：把中国文明历史研究引向深入推动增强历史自觉坚定文化自信”，《人民日报》，2022年5月29日，第1版。

华文化和中国精神的时代精华，这是以习近平同志为主要代表的中国共产党人科学运用马克思主义、激活中华文化的产物，也是饱尝中华文化和中国精神滋养的新时代伟大的政治家和思想家顺应时代发展，对传统精神再造的思想结晶，表征为党的创新理论的最新成就，总是立足于人民和时代的需要，顺应人类文明发展进程，尊重人类文明发展规律，破解世界发展困境，对中华文化精华进行时代性转化，对中国精神进行时代性创新表达。

其二，终结了“文明终结论”。世界在日新月异地发展变化，改造客观世界和主观世界没有终点，当下文明的范式更不能穷尽未来变化，文明如生命有机体一样，新陈代谢一旦停止，必将走向衰落。个别人无法走出“西方中心论”者的封闭逻辑、霸道文明体系，将起始于欧洲的文明进程视为“终结式”、不可超越的“唯一成功和正确的文明发展逻辑”，不接受西方文明之外的文明，或者以敌视态度看待非西方文明，目的就是将西方文化普世化，世界文明西方化，这是文明宰制，本质上是不自信的表现。2000年，时任中国俄罗斯友好协会主席的季塔连科就指出：“中国改革的经验无情地驳斥和推翻了西方一些政治家和学者关于‘世界应以欧洲为中心，只有欧洲的发展模式最具发展前途’的错误说法。中国的经验为世界文明指出了一条新的希望之路，使世界许多发展中国家的人民看到了希望。”① 习近平也指出，“我国的实践向世界说明了一个道理：治理一个国家，推动一个国家实现现代化，并不只有西方制度模式这一条道，各国完全可以走出自己

① 季塔连科：“世界友人致电致函本报：世纪之交看中国”，《光明日报》，2001年1月1日。

的道路来。可以说，我们用事实宣告了'历史终结论'的破产，宣告了各国最终都要以西方制度模式为归宿的单线式历史观的破产。"① 只有破除人种和文明优越论、走出文明冲突论，善于发现别的文明的美好，才能最大限度发挥文明造福人类、安邦济世的价值。

四、呈现了政党自信与政治丰富性

其一，优秀传统文化、革命文化与社会主义先进文化的统一。优秀传统文化是长历史周期积攒形成的智慧成果，革命文化是五四运动以来在正义战争过程中形成的理论成果、正义理念、价值追求、精神品格，也是顽强不屈、坚韧不拔的中国精神在革命时代的反应，社会主义先进文化则是代表时代进步潮流与科技发展方向的民族的、科学的、大众的社会主义文化，中国共产党将这三种文化统一于社会主义实践，它们都是中华儿女在长期奋斗中的精神活动、理性思维与文化创造，共同构成了中华文化的主体，体现着历史性、革命性与时代性的统一，传统文化基因、革命文化创造与新时代主流文化的贯通，将中华优秀传统文化、革命文化和社会主义先进文化统一在一起的就是中华民族团结一心、自强不息、奋斗不止的民族精神，也是中国共产党开创人类文明新形态的阶级意志、政治底气与政治自信的范式表达。

① 《习近平关于社会主义政治建设论述摘编》，中央文献出版社 2017 年版，第 7 页。

其二，中华文化和中国精神的时代精华在马克思主义中国化、时代化的最新成果中实现完美统一。习近平总书记对中华优秀传统文化进行全面系统全新阐发的过程，就是中华文化和中国精神在新时代的洗礼下去粗取精、凝练塑形为时代精华的过程。时代精神不会自我呈现，它需要在一个历史节点、时代方位上，经过马克思主义“化”中国和中国“化”马克思主义的双向互动过程。中华五千年文明渲染中国特色，马克思主义造就成功的中国特色社会主义道路，“中华优秀传统文化是中华民族的突出优势，是我们在世界文化激荡中站稳脚跟的根基”①。习近平新时代中国特色社会主义思想是马克思主义与中华文化和中国精神相互结合的结果，马克思主义中国化与优秀传统文化的创新性转化、中国传统精神的当代化，共同推动了新时代党的创新理论的孕育、发展和成熟。中国共产党人必须做中国优秀传统文化的忠实继承者和弘扬者，做马克思主义最坚决的信仰者、拥护者和捍卫者。

其三，通过变革性实践，取得突破性进展，形成原创性思想，创新标志性成果。新时代中国共产党的最新指导思想以系统性和整体性研究、继承、弘扬中华优秀传统文化，以马克思主义方法论和世界观对接中华优秀传统文化，对中华优秀传统文化的优势进行系统性探究、整体把握、革命性修正、集中性呈现。党的十八大以来，习近平总书记和党中央立足新时代的伟大实践，对优秀传统文化进行研机析理，经过广泛甄选、辩证提纯、异质继承、结构重塑、创新发展，使得中华文化以跨越时空的方式交

① 《中共中央关于党的百年奋斗重大成就和历史经验的决议》，人民出版社 2021 年版，第 46 页。

汇于新时代，使中国精神以新时代伟大建党精神的样态标识出新精华，统摄于习近平新时代中国特色社会主义思想这一重大标志性成果之中。

五、体现了主要创立者的人格魅力的独特性与思想的深邃性

党的十九届六中全会通过的《中共中央关于党的百年奋斗重大成就和历史经验的决议》指出：“党确立习近平同志党中央的核心、全党的核心地位，确立习近平新时代中国特色社会主义思想的指导地位。”[①]“两个确立”对新时代党和国家事业发展、对推进中华民族伟大复兴历史进程具有决定性意义，是时代的正确选择、历史的必然选择、人民的郑重选择。中国特色社会主义的制度优势之一，就是能通过长期培养、急难险重任务的锤炼、全党最优秀政治家的密切配合，选出最适合的党和国家的最高领导人。习近平总书记在新时代所开创的变革性实践中，使党和国家事业在很多方面取得突破性进展，形成了一系列重大的原创性思想，其中最重要的就是以习近平同志为主要创立者所创立的习近平新时代中国特色社会主义思想，这是新时代中国共产党指导思想上的重大标志性成就。习近平同志以其独特的人格魅力赢得了人民的衷心爱戴、以马克思主义政治家的宏伟格局赢得了广泛的国际尊重、以无产阶级的远见卓识带领中国人民迈入新时代、以贯古通今的雄韬伟略塑造了全党的空前团结、以为世界谋大同的

---

① 《中共中央关于党的百年奋斗重大成就和历史经验的决议》，人民出版社 2021 年版，第 26 页。

全球视野展现了中国风格与中国气派，充分展现了大党大国领袖领航掌舵的旗帜号召力、运筹帷幄的政治智慧、纵横捭阖的全局驾驭、指挥若定的战略定力、我将无我的使命担当、江山就是人民的为民情怀、稳健厚重的领导艺术、开明睿智的工作作风、勇毅担当的奉献先锋、自信笃定的领袖风范、亲民爱民惠民的朴素情怀，赢得全党全军全国各族人民的高度信赖。习近平新时代中国特色社会主义思想的独特真理光芒点燃了人民信仰园地中不灭的精神之光，成功实现了马克思主义中国化新的飞跃，是我们兴党强国的根本遵循、登高望远的思想阶梯、马克思主义时代化大众化的最新成就，其强大的真理力量、实践力量与精神力量，更加坚定了中国共产党和中国人民的“四个自信”，极大增强了中国共产党和中国人民应对重大挑战、抵御重大风险、克服重大阻力、解决重大矛盾的能力，极大激发了全党面向未来的历史主动、敢于胜利的政治勇气和踔厉奋发的责任意识，彰显了科学理论对伟大实践的引领作用和指南效果。“两个确立”为进行伟大斗争、建设伟大工程、推进伟大事业、实现伟大梦想厚植政治保障、提供伟力支撑、形成铸魂效应、展示聚力之功，为实现中华民族伟大复兴、夺取新征程新胜利铸牢根本保证。

第三节　“两个时代精华”铸型世界文明新形态

一种理论的生命力既源于深厚的文化积淀与思想传承，更来自于其思想灵魂深刻契合时代需求、感召时代创新，其价值诉求高度回应伟大事业、伟大实践，其体系建构赋予优秀传统以现代化的学术新范式，其理论化的创新表达扩容了时代精神的博大空间。习近平新时代中国特色社会主义思想聚焦新时代实践遇到的新问题、改革发展稳定存在的深层次问题、人民群众急难愁盼问题、国际变局中的重大问题、党的建设面临的突出问题，给出了解决这些问题的“金钥匙”。正如党的二十大报告所指出的：“新时代十年的伟大变革，在党史、新中国史、改革开放史、社会主义发展史、中华民族发展史上具有里程碑意义。”① 这个定位来自习近平新时代中国特色社会主义思想针对国际国内问题不断提出真正解决问题的新理念新思路新办法，推动党和国家事业取得历史性成就、发生历史性变革，在许多领域实现系统性重塑和整体性重构。中华民族凝聚力和中华文化影响力不断增强，国家文化软实力和中华文明传播力不断提升，中国国际影响力、感召力、塑造力显著提升，可信、可爱、可敬的中国形象更加鲜明。

一、时代精华牵引高尚生活

党的二十大报告强调：把马克思主义思想精髓“同人民群众日用而不觉的共同价值观念融通起来”②，使之成为日常理性的自觉表达和生活的自觉行为。中华民族依靠汲取中华优秀传统文

① 习近平：《高举中国特色社会主义伟大旗帜 为全面建设社会主义现代化国家而团结奋斗——在中国共产党第二十次全国代表大会上的报告》，人民出版社2022年版，第15页。

② 习近平：《高举中国特色社会主义伟大旗帜 为全面建设社会主义现代化国家而团结奋斗——在中国共产党第二十次全国代表大会上的报告》，人民出版社2022年版，第18页。

化的思想精华、道德精髓的滋养，走着一条不同于其他国家和民族的文明发展道路，坚守中华文化立场，传承中国精神基因，不断根据时代需要构建以爱国主义为核心的民族精神和以改革创新为核心的时代精神。习近平新时代中国特色社会主义思想是马克思主义对中华文化的深度激活与广泛改造的最新结晶，其本身高度凝缩着新时代哲学的基本特质，这一伟大思想以辩证的方法论和历史唯物主义实践论不断改造中华优秀传统文化，以当代马克思主义哲学视野甄别、梳理、扬弃中华文化，根据新时代的需要不断返本开新，坚持守正创新、固本培元的统一，既确保中华文化的根性、维护中国精神的发展脉络，又善于与时俱进，不断将中华文化中适用于当代中国国家治理、社会治理、道德实践的内容，植入新时代国家治理体系和治理能力现代化之中，强化了中华文化的生命力和时代性，巩固了中国精神的原生性和继承性。马克思主义激活中华文明的方法论证明，以马克思主义真理和道义的制高点去引导各种文明现代化是可行的，各国可以将马克思主义基本原理同本国的基本国情、时代特征、文化文明的具体实际相结合，服从于历史必然性，始终将人民作为政治生活的中心，一定能找到适合他们文明的现代化之路。每个民族在特定的时代都能找到代表人民利益的思想精华，思想的结晶程度决定着指导人民的实际效度。全党全军全国各族人民自愿捍卫“两个确立”，既是人民所愿，也是大势所趋，就是这一时代精华价值最充分的证明，也是坚持和加强党的全面领导、推进党的建设新的伟大工程的题中应有之义。世界上那些渴望进步、不断寻求自己现代化道路的国家，需要确立属于人民的领导核心与始终代表人民利益的领导党，继承、借鉴、吸纳、优化属于本民族的时代精华，开创属于自己民族和人民的新时代。

二、时代精华内蕴马克思主义世界观和方法论

以历史唯物主义看“时代精华”，这个“精华”一定是遵循时代发展潮流和人民利益至上的基本价值原则，导引人类社会思想建设的革命性、集体新、科学性与世界性发展趋势。自私的理论是构不成时代精华的，时代精华的形成就是一个不断“去私”利公的锻造过程，传播时代精华就是人民利益至上的确证过程。马克思主义激活中华文明，“激活”是对特权意识的舍弃过程，也是广泛的无产阶级意识觉醒和成为完整阶级的过程。正因为马克思主义阶级分析法的引进，才剔除了传统文化中的帝制病灶，开新人民政权、实现身份平等、扩大无产阶级利益、维护人民至上。传统文化中的民本思想如果不经过无产阶级革命的改造，也仅仅是特权阶层对穷人的施舍，它不认为人民群众获得财富是他们应有的权利和权益，统治者在施舍被统治者的时候，他们不会觉得奴役被统治者是不正义的。在中华文明的历史长河中，对中华文化的精粹持续锻造、反复淘洗，组成一个相对独立的精神空间、学理领域、文化气象，并在朝代更替、岁月累进中不断自我净化，剔除其旧时代印迹和相对狭小的民族特征，逐步表征出超越时空、具有永恒魅力的哲理、道理与学理，用新时代的中国哲学社会科学范式，将中华文化与中国精神重新理论化、谱系化、体系化，逐步构建起

具有中国特色、中国风格、中国气派的学科体系、学术体系、话语体系。简单说就是要坚持“六个原则”：必须坚持人民至上、必须坚持自信自立、必须坚持守正创新、必须坚持问题导向、必须坚持系统观念、必须坚持胸怀天下。①

三、深刻回答世界之变、时代之变、历史之变

以文明探源延展历史的轴线、拓宽历史的信度来回答中华民族从哪里来的历史之问；以中国式现代化道路创造人民的幸福生活来回答人民之问。中国共产党创造了人类文明新形态，回答了“世界怎么了，我们要到哪里去”的世界之问。中华文明具有强大生命力、创造力、凝聚力、影响力不是自封的，5000 多年赓续不断是历史和人民的选择。中国共产党在百年历程中，带领中国人民书写了中华民族几千年历史上最恢宏的史诗，当我们党把 14 亿多中国人民带入现代化国家行列时，中国现代化的方案对解决世界性难题就更有发言权。马克思主义的历史观、公仆观、全过程人民民主观、全球观、治理观，中国共产党的自我革命理论、人民至上理论、安民富民乐民之举，五大文明协调发展理念，中国的反贫困学、脱贫经济学，中国的共同富裕、处理政府与市场关系的理论、处理党和资本关系的理论，等等，都是中国解决世界性难题的重要智慧结晶。

① 习近平：《高举中国特色社会主义伟大旗帜 为全面建设社会主义现代化国家而团结奋斗——在中国共产党第二十次全国代表大会上的报告》，人民出版社 2022 年版，第 19~21 页。

四、中国风格、时代思想、世界理论

发展繁荣中华文化是中华民族伟大复兴的基本要件，生生不息、浴火重生的中华民族根基在于始终挺立着中华文化的脊梁。中华儿女共同的“精神基因”形成了中华文明的“根系”，中华民族的“精神命脉”承载着中华民族“最深厚的”精神追求。马克思主义的中国化、时代化，始终怀有对世界上唯一没有中断过的古老文明强烈的历史敬意、对精彩纷呈博大精深的中华文化的热烈汲取、对契合时代需要萃取思想精华的强烈的责任担当、对增强中华文化影响力的宏大使命的衷心践履，始终强调要“把跨越时空、超越国度、富有永恒魅力、具有当代价值的文化精神弘扬起来”[①]。中国共产党将中华文化和中国精神集萃精要地呈现于当代中国、当代世界，展现了中国现代化道路对人类文明多样性的新探索，深刻揭示了西方现代化路径本质上是资本逐利的副产品，西方文明本质上是匍匐在资本脚下的文明，中国式现代化则标注了人类现代化新水准。中国“不输入”别国模式，也“不输出”中国模式，而是主张每个国家自主探索符合本国国情的现代化道路的努力都应该得到尊重，如果世界其他文明、国家、民族愿意了解借鉴中国的经验和做法，中国也愿意客观介绍，各国也可以自愿地把马克思主义基本原理、中国式现代化理念同他们国家的文化文明相结合，自行选择自己国家的出路，同时最大限度地保持民族独立性、政治自决性。

---

① 《习近平谈治国理政》，外文出版社 2014 年版，第 106 页。

第六章

中国式现代化是全新的人类文明形态

实现现代化是世界各国人民的共同追求，西方现代化的“灯塔”渐趋黯淡，人类需要寻求现代化新出路，资本主义工业文明不断集聚反人类的灾难性特征，全球眺望全新的人类文明形态的“新曙光”。习近平总书记指出，“中国式现代化，深深植根于中华优秀传统文化，体现科学社会主义的先进本质，借鉴吸收一切人类优秀文明成果，代表人类文明进步的发展方向，展现了不同于西方现代化模式的新图景，是一种全新的人类文明形态”①。古老东方文明的智慧正在照鉴未来，马克思主义激活后的中华文明的思想精华凸显着超越“物的现代化”的“人的现代化”的基本出路，从历史发展的必然结果看，中国式现代化就是全新的人类文明形态，中国式现代化开辟了世界现代化的新道路与人类文明新形态。中国式现代化是中华民族伟大复兴外在实践的载体，人类文明新形态是中华民族伟大复兴的内在张力，二者是全面推进中华民族伟大复兴事业的“两翼”，本质上体现了科学社会主义的先进本质，借鉴吸收一切人类优秀文明成果，代表人类

① “习近平在学习贯彻党的二十大精神研讨班开班式上发表重要讲话强调 正确理解和大力推进中国式现代化”，《人民日报》，2023年2月8日。

文明进步的发展方向。

第一节　中国式现代化蕴含全新人类文明的基本基因

中国式现代化理论的概括提出和深入阐述是党的二十大的一项重大理论创新，是科学社会主义的最新重大成果。党的二十大报告指出，中国式现代化的本质要求之一是创造人类文明新形态，这也意味着中国式现代化要造就一种人类从未有过的文明形态，必须深入研究阐发中国式现代化与全新的人类文明形态的基本基因。

一、和平型现代化的文明基因

中国式现代化以和平发展道路赋能人类文明新形态，以“和平”基因支撑现代化逻辑。党的二十大报告指出：“中国式现代化是走和平发展道路的现代化。我国不走一些国家通过战争、殖民、掠夺等方式实现现代化的老路，那种损人利己、充满血腥罪恶的老路给广大发展中国家人民带来深重苦难。”[①] 西方中心主义的文明形态是一种存在战争基因的文明，没有战争，资本就无法生存，就无法赢得超额垄断利润。这种战争型文明形态给人类

① 习近平：《高举中国特色社会主义伟大旗帜 为全面建设社会主义现代化国家而团结奋斗——在中国共产党第二十次全国代表大会上的报告》，人民出版社 2022 年版，第 23 页。

特别是发展中国家带来了深重灾难：无数人被杀戮、无数财富被掠夺、无数宝藏被毁灭。1798 年到 2022 年，美国在海外发动了 469 次军事干预行动，仅冷战结束至今的短短 30 多年间就发动了 251 次，数量远超冷战结束前 190 多年间的总和。中国历史上曾经长期是世界上最强大的国家之一，但中华民族从来就强调“天下一家”“四海之内皆兄弟”。中华文明始终崇尚和平、和睦、和谐，这一追求深深植根于中华民族的精神世界之中，融化在中国人民的血脉之中。“好战必亡”“以和为贵”“和而不同”“铸剑为犁”“睦邻友邦”“天下太平”等既是警世箴言，也是中国坚守的实践原则。

二、普惠型现代化的文明基因

建构“人民站位”的历史唯物主义的厚重地基、维护“每一个平凡人”的基本权益是中国式现代化与人类文明新形态的核心理念。中国成功走出中国式现代化道路，创造了人类文明新形态，为 14 亿多人的普遍生存权提供了最坚实的保障，为 14 亿多人的普惠型发展确立了制度标杆与价值原则。中国共产党在百年实践中逐步探索出了具有中国特色的普惠型发展道路，以共同富裕实现对资本主义制度下劳动异化、人的异化的超越，赋予现代化以共同富裕的文明内涵，秉承人民至上的价值立场，彰显“全中国人”与“全世界人”共同进步的文明典范意义，兼顾效率与公平、发展与稳定、人权与球权。西方现代化的历史就是以资本权侵犯、剥削、压榨、倾轧人权的历史，对工人阶级的奴役、对基本人权的剥夺、对第三世界国家人民的残酷镇压，这种赤裸裸的吸血性与寄生性暴露出西方人权史的脏脏与人民群众的可怜。中国式现代化致力于“为人民谋幸福”“为人类求解放”，致力于在全面建成小康社会道路上，不让一个人掉队，不让一个少数民族掉队，将人权普遍性原则和基本价值要求贯穿于中国百年历程之中，全方位实现维护最广大人民群众权利，始终尊重人权、保障人权、实现人权、发展人权。新时代更将统筹推进经济发展、民主法治、思想文化、公平正义、社会治理、环境保护等建设融入中国式现代化与人类文明新形态之中，全面做好就业、收入分配、教育、社保、医疗、住房、养老、扶幼等各方面工作，在物质文明、政治文明、精神文明、社会文明、生态文明协调发展中全方位提升各项人权保障水平，顺应人民对高品质美好生活的期待，不断满足人民日益增长多方面的权利需求，使人民的文化权益、精神权益得以不断丰富，人们的精神世界充盈丰沛，使受教育权、就业权、健康权获得长足发展。

三、保护文明多样性的文明基因

“物之不齐，物之情也。”多样性是“人类文明多姿多彩的天然形态”①，人类文明因多样才有交流互鉴的价值，阳光有七种颜色，世界也是多彩的，全球有230多个国家和地区，

① 《十九大以来重要文献选编》(中)，中央文献出版社2021年版，第712页。

人类在漫长的历史长河中创造和发展了多姿多彩的文明，由一个国家或者少数国家主导的文明形态不能成为世界文明的代表，文明具有多样性、多元性、多彩性。少数国家视本民族的人种、自己主导的文明高人一等，执意改造甚至取代其他文明，在认识上是愚蠢的，在做法上是灾难性的。从茹毛饮血到田园农耕，从工业革命到信息社会，构成了波澜壮阔的文明图谱，书写了激荡人心的文明华章。中国式现代化是文明平等视野中的现代化，强调文明既没有东西文明优劣之分，也无先进落后之别。从纵向来看，各种文明是平等的；从横向来看，文明也是平等的。既不能因为文明历史的久远而轻视历史不长的文明，也不因为文明没有处在所谓历史的中心区域而被视为边缘化文明。人类文明新形态以包容视野对待不同文明，既不能因为文明大小而产生歧视，也不能孤芳自赏，拒其他文明于千里之外。世界文明演进历史表明，文明演变有其基本规律：任何一种文明都要与时偕行，不断吸纳时代精华[①]，在交流互鉴中成长发展是文明进步的本质要求，是持续一种文明旺盛生命活力的基本手段，固守一域只能葬送文明，顺应历史发展必然性的文明一定要在与其他文明的相互吸纳中吐故纳新，中华文明就是始终在兼收并蓄中历久弥新，基于文明平等、倡导文明多样、追求文明交流是人类文明新形态的基本特质。

---

① 参见习近平："深化文明交流互鉴 共建亚洲命运共同体——在亚洲文明对话大会开幕式上的主旨演讲"，《人民日报》，2019 年 5 月 16 日。

四、开创中国式现代化与人类新文明互推互建的领导机制

中国共产党是中国工人阶级的先锋队，同时也是中国人民和中华民族的先锋队，是中国特色社会主义事业的领导核心。最广大人民群众的信任和拥护是中国共产党能够带领人民创造中国式现代化的根本保证，也是开创人类文明新形态的根本动力来源。马克思、恩格斯曾指出："无产阶级的运动是绝大多数人的，为绝大多数人谋利益的独立的运动。"① 在中国共产党的领导下，中国式现代化推动人类文明新形态的开创与发展，人类文明新形态则进一步呈现中国式现代化独特的领导制度优势和党的领导的根本特征。从革命时期开始，中国共产党就以"不惜牺牲党的'小我'，也要成就群众'大我'"的大无畏精神领导革命、社会主义建设与改革，不断赋予人类文明新形态以新的时代特征，中国特色社会主义制度特征。人类文明新形态的创造主体是中国共产党和中国人民，中国共产党的无私性造就人类文明新形态的国际主义情怀，在彼此建构中不断发展人类文明新形态，推进中国式现代化的纵深展开与不断丰富。在领导力量上的统一有利于中国式现代化的创新和实践融入新文明的基因，全新的文明基因也易于在现代化的实践中落地生根、开花、结新硕果。

---

① 《马克思恩格斯选集》(第一卷)，人民出版社 2012 年版，第 411 页。

第二节　中国式现代化对资本主义工业文明的全面超越

人类文明新形态，是舍弃文明发展的片面性与陈旧性、狭隘的地域性与区域的特殊性而不断彰显人类追求的共同性与普遍性的结果，人类文明发展史就是不断扬弃旧文明形态、摒弃文明优越论、创造新文明形态的历史。文明进步是文明内在特质不断凝聚彰显的过程，也是在特定阶段上展现出来的标志性成果。人类文明越是发展，越是能够实现普遍性与特殊性的辩证统一。全新人类文明形态，是遵循马克思主义的人类社会发展进阶规律，预示人类社会与人类文明的未来，人类文明新形态的开创与“出场”是历史发展的必然，也是近代以来中华民族孜孜以求的梦想。实践充分证明，中国式现代化走得通、行得稳，是超越西方现代化模式、引领人类现代化进程、丰富现代化发展形式的正确道路。

一、人民逻辑超越资本逻辑

人类文明新形态内蕴社会主义性质，始终遵循人民本位立场。正如中华文明始终以人的成长、人的福祉作为自身的核心追求，中国式现代化是以实现人的现代化为归宿。“中国共产党始终代表最广大人民根本利益，与人民休戚与共、生死相依，没有任何自己特殊的利益，从来不代表任何利益集团、任何权势团体、任何特权阶层的利益。”[①] 中国式现代化在认识和实践上的每一次突破、每一次前进，无不来自人民的实践，无不汲取人民的智慧，依靠人民、扎根人民，既要最大限度实现文明创造，也要最大限度实现文明共享，不断巩固脱贫成效，增效共同富裕，防止两极分化，确保资本有序增值，最大限度摆脱异化，减少对物的依赖。人类文明新形态实现了人的主体性张扬与人的现代化的统一。文明的本质追求是人的全面解放，承载全体人民的主体性的广泛展开，记录书写人民的自由与美好生活。人是书写文明的主体，史学家只是书写文明的记录者。没有人，社会文明就少了编剧和表演者；没有人的活动及其成果，社会文明就少了赖以发展的素材。把劳动从资本的压迫下解放出来，是人类文明进步的最基本诉求，政以顺民、政以养民、政以裕民，进步的文明必然体现为政治为民的合目的性和人民不断实现自由的合规律性的统一、现代化的工具理性与人类文明新形态的价值理性的有机统一。

二、系统和谐超越分裂对抗

中国式现代化“从根本上突破了对西方现代社会的抽象模仿，从具体社会的具体文明历史条件出发，实现了一种生产力极大释放、人的全面发展和社会全面和谐的现代化。”[②] 中华文明崇尚并积极践行包容发展、反对分裂对抗。人类文明新形态充分

---

① 习近平：《在庆祝中国共产党成立 100 周年大会上的讲话》，人民出版社 2021 年版，第 11 页。

② 张志强：“大变局与新文明”，《中国社会科学报》之《学术中国 · 2022 专刊》，2022 年 8 月 29 日，第 5 版。

展示了中华文明崇尚并积极践行包容发展的理念，交流互学是文明发展进步的不二法则，中国可以从西方学到实用技术、高效的管理、低碳环保的手段；西方可以从中国学到深思熟虑的历史智慧、胸怀天下的战略格局、崇尚和平的文明基因。正如沟通东西方、连接亚非欧文明的古代丝绸之路，既是东西方之间相互交流的贸易通道，也是东西方交流的文化舞台与文明平台。古代丝绸之路是一条有形的路，促进了沿线国家的贸易往来，也是一条无形的和谐之路，证明了不同文明的相互融通、不同宗教与世俗的相互适应、文化与艺术的相互补充、不同文明之间营造和谐互鉴的可能，彰显了爱好和平的中华文明与人类其他文明交相辉映、相互激荡的实践价值。丝绸之路的精神实质是和谐精神、文明互信精神。为什么习近平总书记说“古丝绸之路，和时兴，战时衰”① 呢？只有沿线不同国家与不同文明共同营造和谐安宁的环境，基于合作共赢的平等互利理念，坚持对话不对抗、结伴不结盟，尊重彼此核心利益和重大关切，才能促进“一带一路”建设。零和思维已经过时，人类社会需要和衷共济、合作共赢的新发展思路，这是中国式现代化与全新人类文明形态的“执念”。

三、天下大同超越霸权思维

中国人民不认可、不赞同、不接受“国强必霸”的逻辑，全新人类文明的本质特征在于超越国别界限、超越霸权思维，

---

① 《习近平谈治国理政》（第二卷），外文出版社 2017 年版，第 511 页。

谁的胳膊粗谁就是老大，谁的腰杆硬谁就说了算，这是一种殖民主义的逻辑。深陷于“国强必霸”的陈旧逻辑，是人类文明发展的末路与坟场废墟，文明的国别特征越明显，越表征出“部落化”遗迹。世界是世界人民的世界，而不是“美国的世界”，文明是世界人民的文明，而不是“西方至上主义的文明”。马克思主义主张“胜利了的无产阶级不能强迫他国人民接受任何替他们造福的办法，否则就会断送自己的胜利”。文明也不能强加别人，西方文明的血腥掠夺常常被掩盖在表面的物质繁荣之中，“文明冲突论”在某种意义上是以扩大文化间矛盾、放大文明对立来粉饰遮蔽资本主义在世界到处攫取利益所造成的矛盾，其推崇的是一种歧视性的殖民主义文明观、强权主义世界秩序观以及自我民族中心主义历史观。[①] 殖民主义心理与自我优越感的强化放大了文明冲突，相反，“异质文明的接触和碰撞，为彼此文明的更新提供了源源不断的内在动力。如果某种文明没有来自于异质文明的刺激与滋养，那么它必将逐步萎缩并最终走向衰亡。”[②] 中国共产党推进的现代化征程是以人类解放事业的发展为根本诉求，始终站在时代前列，引领历史潮流，代表人类历史现代化发展方向，与人类社会发展紧密联系在一起，跳出“西方中心论”的泥沼，以文明交往的中国智慧超越“文明冲突论”，以和平共处论超越“零和博弈论”，展现出中国愿意与各国人民和睦相处、和谐发展、共

① 参见刘建平：“文明冲突论：被揭示的与被遮蔽的”，《学海》，2004 年第 4 期。

② 曹顺庆、张帅东：“构建人类命运共同体意识下的文明冲突与变异”，《学术界》，2019 年第 12 期。

谋和平、共护和平、共享和平、共建文明。

四、自主选择超越无根依附

现代化≠西方化，西方少数国家的选择不是全球必须遵循的价值圭臬，现代化没有一成不变的路劲依赖。实践证明，中国式现代化新道路是“中国道路”的当代形态，是“走自己路”的典范，也为广大发展中国家独立自主迈向现代化、认清依附的危害树立了典范。世界上既不存在定于一尊的现代化模式，也不存在放之四海而皆准的现代化标准。中国式现代化依从于中国的实际，由中国共产党和中国人民独立自主选择，实现了国家自主性选择文明道路与人民主体性开创全新文明形态的有机统一。走马克思主义所指明的路，选择适合中国国情的制度，逐步健全自己的工业体系、金融体系，依靠自身的力量保持自主性、独立性，有效规避各种规锁与钳制，成功跨越依附性陷阱。由于过去不平等的国际经济秩序的约束，发展中国家在实现现代化的过程中要接受外国援助，而外国援助所附加的条件往往会加深依附性，难以实现现代化的原始积累。在相当长的历史时期内，少数西方国家占据着国际经济与贸易的制高点，用高端制造、高端技术、高端金融业务以及其他手段榨取着发展中国家的经济血液。独立自主的探索精神、走自己路的坚定决心，是我们党不断从挫折中觉醒、不断从胜利走向胜利、推动当代中国由“文明大国”向“文明强国”跃迁的真谛。每一个独立文明都必须扎根于本民族的传统文化，开拓适合自己的现代化道路，汲取本民族的文化滋养，保持自身的独特性与文明识别度，人类文明新形态的实现路径是以民族文明创新为内容的中国道路，是弘扬中华优秀传统文化、吸收借鉴西方现代先进文化的结果，跳出了西方文明的原子化思维，摒弃西方至上逻辑，识破西方“教师爷”式虚假说辞，按照人类文明演进规律把人类解放趋势的同一性与文明发展道路的多样性有机统一起来，中华文明薪火相传、共建共享、以民为本、自强不息、尊重自然、开放包容的文明特质，将中华文明的核心理念编织到人类文明新形态的经纬纲目之中。

第三节　中国式现代化赋予全新人类文明形态发展的伟大使命

必须从辩证的否定到更高程度的肯定来评价中国式现代化新道路所开创的人类文明新形态，客观评价中国式现代化道路同其他发展道路的关系，当代中国的伟大社会变革不是“四个版”，那是“什么版”，需要通过中国式现代化和人类文明新形态的建设展现与证明。现代化与人类文明都是未竟的事业，人类文明新形态能否一统天下，需要历史去检验。中国共产党绝不是为了摒弃西方的工业文明随意创造出一个人类文明新形态概念，而是历史发展和道义要求的必然结果。人类文明新形态也不是定于一尊、走向终极的真理，超越工业文明创造人类工业新文明，这是文明发展历程的当代需要，必须不断开创中国式现代化新局面，不断丰富和发展人类文明新形态，更全面地彰显其科学性和道义性价值的本质。

一、明确文明使命与目标

有“谋五年，看百年”的清晰目标，有立足当下兼顾长远的战略安排，这才是文明发展应该有的基本样态。中国共产党在领导中国式现代化建设的过程中创造了人类文明新形态，展现出目标明确的远景性、通盘考虑的规划性、文明型政党的组织性和注重实践的效能性，“中国式”与“现代化”的完美组合实现了民族性与世界性的有机统一。这不仅有效促进了中国特色社会主义的稳定快速发展，为中华民族伟大复兴打下了坚实的文明基础，也为世界不同文明的交流、共存与发展提供了中国经验与中国方案。中国式现代化是科学理性的现代化，有长远清晰的战略规划和分步实施的路线图。中国从1953年开始借鉴苏联“五年计划”的经验，编制实施“一五”计划。五年计划属于短期计划，但从1954年开始，中国就提出了“四个现代化”的长期战略规划，目标是到20世纪末把我国建设成为一个具有现代农业、现代工业、现代国防和现代科学技术的社会主义强国。改革开放后，从邓小平提出的“三步走”战略，十五大提出的“新三步走”和“两个一百年”目标，再到十九大对实现第二个百年奋斗目标做出的两阶段战略安排，都属于长期战略规划。从世界范围来看，其他大国都没有这样长远的规划或战略安排。事实上，这在西方国家也是难以想象的。西方国家的发展规划至多5年，而中国的长期规划短则30年，长则70年。西方各政党基于各自的政治利益，或受到任期限制，不可能有这样长远的战略安排。改革开放以来，中国“分步走”的战略规划目标清晰，且建立在实事求是和计划理性的基础上，每一步目标都能顺利实现，且基本都提前完成。这与一些西方国家政党受民粹主义裹挟提出的不切实际的承诺有根本的不同。

二、创造新的共同体文明

现代化与文明演进需要理论和实践的重大创新，以零和博弈模式看待不同文明之间的关系注定是人类文明的灾难。世界文明史揭示了一个规律，每一种文明都要与时偕行，不断吸纳时代精华。人类文明新形态本着面向未来、照应社会发展全局、观照人类前途命运、包容多种文明、展现未来文明趋势的基本立场，为人类命运共同体提供富有创造力的文明支撑体系。中国式现代化蕴含的独特世界观、价值观、历史观、文明观、民主观、生态观，也是全新人类文明形态的世界观、价值观、历史观、民主观、生态观。中国式现代化以其历史逻辑、辩证逻辑与实践逻辑不断推进世界文明的理性自觉，成为维护世界和平的强大力量、制衡大规模战争的中坚力量、化解世界性难题的重要参与方法。建构共同体文明必须打破“文明冲突论”，促进文明繁荣共生。我们决不走殖民扩张道路来为自己的现代化铺路架桥，为自己的现代化提供那种野蛮的原始积累，这是西方发达国家实现现代化的最主要方式。党的二十大报告指出，我国不走一些国家通过战争、殖民、掠夺等方式实现现代化的老路，那种损人利己、充满血腥罪恶的老路给广大发展中国家人民带来了深重苦难。走和平发展道路意味着：尊重各国人民自主选择的发展道路和社会制度，坚决反对一切形式的霸权主义和强权政治，反对冷战思维，反对干涉别国内政，反对搞双重标准；坚持经济全球化正确方向，反对保护主义，反对“筑墙设垒”“脱钩断链”，反对单边制裁、极限施压；坚持对话协商，推动建设一个持久和平的世界；坚持共建共享，推动建设一个普遍安全的世界；坚持合作共赢，推动建设一个共同繁荣的世界；坚持交流互鉴，推动建设一个开放包容的世界；坚持绿色低碳，推动建设一个清洁美丽的世界。

三、创造人类工业新文明

技术变革是文明进步的酵素和基座，工业文明有其积极价值，但传统工业化的无序发展导致资本家的贪婪无度、两极分化加剧、物质主义膨胀、对外扩张掠夺升级、人与自然关系紧张。人类自进入工业文明时代以来，资本主义发展模式的弊端不断暴露，引发人们的深刻反思。全新人类文明形态体现了时代精神并把握时代特征，把准时代脉搏并引领时代发展，力求最大限度解决好工业文明带来的矛盾，超越西方现代化的资本逻辑，为资本设置“红绿灯”，实现了有效市场与有为政府的有机统一，绝不走粗放扩张、人地失衡、举债度日、破坏环境的老路，坚持以信息化带动工业化，以工业化促进信息化，走出一条科技含量高、经济效 益好、资源消耗低、环境污染少、人力资源优势得到充分发挥的新型工业化路子，超越了“以资本为中心”“单向度”

“不可持续”的发展方式，为资本主义文明形态提供反思参照系。中国在短短40多年内走完了西方国家200年的工业化道路，创造了新型工业化道路，创造了人类工业新文明。党的二十大报告指出：“坚持把发展经济的着力点放在实体经济上，推进新型工业化，加快建设制造强国、质量强国、航天强国、交通强国、网络强国、数字中国。”① 这种新的工业文明焕发出从未有过的强大创造力，全面释放生产性要素的活力。这种创造力比人类历史上任何一个时代工业文明创造的能力都大、都强，这种活力比人类历史上任何一个时代工业文明激发的能量更广泛、更持久，拥有宏大创造力的主体更自愿。新时代10年中，中国的“智造力”“创造力”显著提升，制造业发展取得历史性成就，发生历史性变革，综合实力和竞争力全面升级。中国的新型工业化道路不仅赋予中华文明发展深厚的产业基础、规模优势和信心支撑，而且为人类的发展进步提供了广阔的回旋余地、多元的体制支撑和强劲的发展动力。据统计，2012年至2022年，我国制造业增加值从16.98万亿元增长到33.5万亿元，占全球比重从22.5%提高到近30%。在世界500种主要工业产品中，我国有四成以上产品产量位居世界第一。中国制造业企业500强营业收入从2012年的23.38万亿元增长到2022年的47.11万亿元。

① 习近平：《高举中国特色社会主义伟大旗帜 为全面建设社会主义现代化国家而团结奋斗——在中国共产党第二十次全国代表大会上的报告》，人民出版社2022年版，第30页。

四、创造人类城市新文明

“西方的城市化是一个以资本逻辑驱赶农民的过程，中间充满着血腥。”[①] 就英国来说，1485—1517 年，英国 23 个郡共圈地 101 290 英亩（409.91 平方千米），其中可耕地占 13.2%，转化成牧场的各种土地占 56.2%。[②] 仅 16 世纪内，圈地面积就占英国全部土地的一半以上。经过这样的洗劫，英国农村一片荒凉。17 世纪，英国新兴的资产阶级，“他们完全懂得金钱的价值，为了立即增加地租，竟把成百的小佃户赶走，而代之以绵羊”[③]。在爱尔兰，“羊毛和肉变成了口号，这就是要把耕地变为牧场。因此，从那时起就系统地合并农场”[④]。“在意大利，从共和制衰亡的时候起就几乎遍布全境的面积巨大的大庄园，是用两种方法加以利用的：或者当做牧场，在那里居民就被牛羊所代替。”[⑤] 被资本宰制的绵羊由温顺驯服变得贪婪凶狠，甚至要把人吃掉，使自耕农的田地、家园尽遭蹂躏。失去土地的自耕农忍受肉体和精神上的双重压迫，他们强烈反对圈地运动。中国的城市化是以人民为中心的城市化。从 2012 年到 2022 年，我国的城镇化率提高了 11.6%，达到 64.7%，这促使 9 亿多人口生活在城市中。在短短 40 多年内走完了西方国家 200 年的城镇化道路，创造了新型城镇

① 辛向阳：“人类文明新形态的三维阐释”，《贵州省党校学报》，2023 年第 1 期。
② 蒋孟引主编：《英国史》，中国社会科学出版社 1988 年版，第 320 页。
③ 《马克思恩格斯全集》（第二十九卷），人民出版社 2020 年版，第 374 页。
④ 《马克思恩格斯文集》（第十卷），人民出版社 2009 年版，第 272 页。
⑤ 《马克思恩格斯全集》（第二十八卷），人民出版社 2018 年版，第 176 页。

化道路，创造了人类城市新文明。党的二十大报告还指明了今后城市文明发展的方向是推进以人为核心的新型城镇化，以城市群、都市圈为依托构建大中小城市协调发展格局，推进以县城为重要载体的城镇化建设。“坚持人民城市人民建、人民城市为人民，提高城市规划、建设、治理水平，加快转变超大特大城市发展方式，实施城市更新行动，加强城市基础设施建设，打造宜居、韧性、智慧城市。”①

五、创造乡村新文明

西方“文明”（civilization）一词，从词根与词源来看，是从拉丁语向英文转化而成的，拉丁语的 civi 与 city、citizen 等词汇相联系，也与古希腊语的城邦一词相关联。这就意味着西方定义“文明”的时候，是以城市化为主要特征的。但谁也不能否认，人类城市文明的历史非常有限，在历史发展的长河中，人类文明的根系在乡村，乡村是人类文明发端的第一个大跨度、长周期的历史与现实的精彩场域。历史上，华夏先辈们创造的源远流长、灿烂辉煌的农耕文明曾长期领先世界，鸦片战争以来，形势急转直下，中华大地山河破碎、农村荒凉、民不聊生。实现小康是中华民族的千年梦想，实现中华民族伟大复兴是中国近代以来全部历史的主题。中国共产党领导中国人民打赢了人类历史上规模最大

① 习近平：《高举中国特色社会主义伟大旗帜 为全面建设社会主义现代化国家而团结奋斗——在中国共产党第二十次全国代表大会上的报告》，人民出版社 2022 年版，第 32 页。

的脱贫攻坚战，近一亿农村贫困人口实现脱贫，历史性地解决了绝对贫困问题。除了中国共产党，没有哪个国家哪个政党能实现这个减贫伟业。不让一个人掉队，这是中华文明基因的重要传承。中国的现代化需要农业农村的现代化，中华文明需要乡村文明的支撑，正如习近平总书记所指出的："乡村文明是中华民族文明史的主体，村庄是这种文明的载体，耕读文明是我们的软实力。"① 中国的乡村新文明建设与城市新文明建设是全新人类文明一体发展的有机组成部分，农业丰则基础强，农民富则国家盛，农村稳则社会安。没有农业强国，就没有整个现代化强国，没有农村新文明的支撑，人类文明新形态就存在短板，我们必须实现"乡村由表及里、形神兼备的全面提升"②，"坚持农业农村优先发展，坚持城乡融合发展，畅通城乡要素流动"③。党的二十大提出了全面推进乡村振兴的发展目标："城乡人居环境明显改善，美丽中国建设成效显著。"④ 将乡村文明建设纳入新发展格局与高质量发展的宏大历史任务之中，"统筹乡村基础设施和公共服务布局，建设宜居宜业和美乡村"，"深化农村土地制度改革，赋予农民更加充分的财产权益"，"完善农业支持保护制度，

---

① 《十八大以来重要文献选编》上，中央文献出版社 2014 年版，第 605 页。

② "习近平在中央农村工作会议上强调 锚定建设农业强国目标 切实抓好农业农村工作"，《人民日报》2022 年 12 月 25 日。

③ 习近平：《高举中国特色社会主义伟大旗帜 为全面建设社会主义现代化国家而团结奋斗——在中国共产党第二十次全国代表大会上的报告》，人民出版社 2022 年版，第 31 页。

④ 习近平：《高举中国特色社会主义伟大旗帜 为全面建设社会主义现代化国家而团结奋斗——在中国共产党第二十次全国代表大会上的报告》，人民出版社 2022 年版，第 25 页。

健全农村金融服务体系”①，到 2035 年，“基本公共服务实现均等化，农村基本具备现代生活条件”②。

建设社会主义乡村新文明，走中国特色社会主义乡村振兴道路，在传承发展中提升农耕文明，焕发乡村文明新气象。要补齐农村社会福利短板，精神文明服务短板，赋能乡村文化新科技，既要推动实现农村更富裕、生活更幸福、乡村更美丽，也要培育文明乡风、良好家风、淳朴民风；既要健全中国乡村治理体系，提升乡村治理能力，做好垃圾污水治理、实施厕所革命、提升村容村貌，也要加强对农村老年人、儿童、“三留守”人员等特殊和困难群体的关心关爱；既要健全农村扫黑除恶常态化机制，依法打击农村黄赌毒和侵害妇女儿童权益的违法犯罪行为，也要持续“提高乡村基础设施完备度、公共服务便利度、人居环境舒适度，让农民就地过上现代文明生活”③。整体提升农村新文明，推进移风易俗，把社会主义新农村建设得更加美丽宜居，为老百姓留住鸟语花香的田园风光，留住青山绿水间那一抹乡愁。

---

① 习近平：《高举中国特色社会主义伟大旗帜 为全面建设社会主义现代化国家而团结奋斗——在中国共产党第二十次全国代表大会上的报告》，人民出版社 2022 年版，第 31 页。

② 习近平：《高举中国特色社会主义伟大旗帜 为全面建设社会主义现代化国家而团结奋斗——在中国共产党第二十次全国代表大会上的报告》，人民出版社 2022 年版，第 24 页。

③ “习近平在中央农村工作会议上强调 锚定建设农业强国目标 切实抓好农业农村工作”，《人民日报》，2022 年 12 月 25 日。

六、打通“三个和解”通道

资本主义工业文明导致人与自然之间的矛盾冲突、人与人之间的关系紧张、人自身的发展失衡。如何实现人与人的和解、人与自然的和解、自身发展的合理有序是新工业文明需要面对的重大问题。中国共产党清醒地认识和把握到这三大关系所蕴含的现代文明困境的症结所在。以马克思主义为理论武器，在促进“三大矛盾”和解方面取得了重要成就，在“三大矛盾”的本质性化解中创造了人类文明新形态。从“逐步地改善人民的物质生活和提高人民的文化生活”到物质文明和精神文明“两手抓”，到“三位一体”“四位一体”，再到“五位一体”，人类文明新形态在探索中逐渐形成经济、政治、文化、社会、生态各领域有效衔接、协同发展的整体性文明格局。这一格局在本质上是将自然界、人类社会、人自身纳入整体的发展架构中，实现人与自然、人与社会、人与自身“三大矛盾”的本质性化解，创造性地破解了人类文明演进的困境。中国式现代化昭示着人类文明发展的新趋向，重新审视轴心文明发展历程，积极补救科技—工业文明的短板和人与自然的矛盾，限制发达资本主义国家对广大发展中国家的生态掠夺、对抗生态殖民主义，将人对资本主义制度限制下对物的依赖关系中解放出来，脱离资本主义的虚假共同体，超越了以往“人的依赖关系”的“物的依赖”的社会形态，抑制资本主义条件下的“物的关系”或“死劳动”对工人“活劳动”的支配，反思拜物教影响下人们对物的片面追求而造成的人的发展失衡与精神危机，积极构建社会主义制度下的真实共同体，增强人的自由与财富积累，防止财富向少数人聚拢，切实关注人的现实生存利益、人的高质量生存和人的可持续生存，化解人与自然物质变换的紧张关系，以美丽中国建设和美丽世界拓展人类的自然生存空间，以最先进的生产方式和社会制度扩展各民族平等交往的正义空间和公平秩序，以全人类共同价值扩容人类的价值空间。人类文明新形态本质上是将自然界、人类社会、人自身纳入整体的发展架构中，实现人与自然、人与社会、人与自身“三大矛盾”的本质性化解，创造性地破解了人类文明演进的困境，进一步深化“以人民为中心”的发展思想，不断推进人的自由发展和全面发展，形成互促互进的逻辑自洽的动态运行格局，破解西方国家掌控国际资源和制定世界规则的困境，以中国式现代化的“中国道路”与社会主义的“核心价值观”、“全人类共同价值观”对传统现代化和西方式现代化及资本主义文明实现历史超越。

手握文明跃升的真理，脚踏现代化正道，中国式现代化为动荡的世界提供了更多稳定性，为制衡文明的冲突增加了确定性，为广大发展中国家乃至西方资本主义大国的现代化与再现代化提供了中国方案，为更多国家独立自主探索适合自己的现代化道路增添了信心。将中国式现代化的独特性与人类文明的全新形态融合发展，是一项前无古人的开创性事业，需要通过顽强斗争打开事业发展的新天地、文明发展的新境界，推进中国式现代化要坚持稳字当头、稳中求进，继续发展人类文明新形态，也要信心倍增、张弛有度，这既是世界发展的机遇，也是全人类文明进步的新的时代阵线。

第七章

以全新文明基因型塑人类命运共同体

发挥全新人类文明形态的示范价值、思想引领价值、历史规律价值，以新文明建构人类命运共同体。冷战时期，美国以人权外交彻底摧毁了苏联，致使庞大的苏联轰然崩塌，瞬间分裂为15个国家。近年来，美国通过贩卖普世价值，在世界煽风点火，制造颜色革命，屡屡得手。这警示我们：中国必须跳出西方设置的思维定式，彰显中国式现代化与人类文明新形态的价值，将中华文明的雄厚底蕴与时代精华编织到人类文明最新发展样态之中，为全面推进中华民族伟大复兴贡献文明智慧与价值支撑，扩大中国的“朋友圈”。

第一节　构建人类文明新形态的传播机制

创造历史从来就并非易事，开创人类文明发展的历史则更难。开启中国式探索文明新征程，必须首先消解掉资本主义工业文明的普世性逻辑，正如马克思在致路德维希·库格曼的书信中所言：“工人阶级反对资本家阶级及其国家的斗争，由于巴黎的斗争而进入了一个新阶段。不管这件事情的直接结果怎样，具有世界历史意义的新起点毕竟是已经取得了。”① 巴黎公社运动作为无产阶级致力于实现人类解放终极目标的伟大斗争，在整个世界历史进程中彰显出举足轻重的特殊意义。人类文明新形态“突破了资本现代性文明支配下的人类历史发展规则，丰富了社会主义现代性文明的理论内涵，解答了中华民族现代性文明的探索路径”②。中国共产党顺应人类文明进步潮流、超越西方的根本政治与社会危机、促进了全球各民族的交流融，为促成人类文明的可持续发展注入宏大动能，为把握和塑造人类的共同未来提供文明导向和价值纽带，彰显人类文明新形态创造的伟大世界意义。极大改变世界历史进程的中国共产党，也必然会极大促进了人类文明的发展，人类走向和平发展、和谐共生，必须跳出丛林法则，走出冲突分裂的深渊，远离道不同即为敌的对抗战场，实现文明之间的和解，“实现不同文明体之间生产力的普遍发展与普遍交往是解决不同文明之间冲突的根本出路与方法”，“从归根结底的意义上讲，是不同文明体之间的生产力发展状况与社会经济发展水平最终决定着当今世界的格局与秩序”。③ 只有站在制高点上的文明，才能根治文明对抗，消解文明隔阂，优化文明传承、文明借鉴、文明再造与文明创新。人类文明新形态“向人类昭示了一种新的文明可能性，一种人类文明新形态的可能性。”④

① 《马克思恩格斯文集》（第十卷），人民出版社 2009 年版，第 354 页。

② 王晶：“三重视域下的‘人类文明新形态’及其世界历史意义”，《哈尔滨工业大学学报》（社会科学版），2022 年第 6 期。

③ 戴圣鹏：“文明交往与融合中的文明冲突”，《人文杂志》，2017 年第 7 期。

④ 张志强：“大变局与新文明”，《中国社会科学报》之《学术中国 · 2022 专刊》，2022 年 8 月 29 日，第 5 版。

一、在世界文明体系中构建中华文明的全新文化起点

第一，人类文明新形态的博大源泉赋能中华文明自信。中华文明源远流长，自信源自对中华民族历史的认知和运用，中华文明是中国特色社会主义文化的源头，也是马克思主义所激活的源头活水。自秦始皇以来，“书同文，车同轨，量同衡，行同伦”，确立了中央集权治理下的制度模式，也逐步形成中华文明发展的文化母体。在很长时间内，一些国人陷入文明自卑，不少外国人又陷入污蔑中华文明的文明自负，这些都不是理性的态度。正如谭嗣同从批判封建制度的角度认为，“二千年来之政，秦政也，皆大盗也；二千年来之学，荀学也，皆乡愿也”[①]。西方人也认为：“一个停滞不前、沉睡不醒的中国，等待着充满活力、满载历史变化的西方，把它从无历史变化的不幸状态中拯救出来，这样一幅中国的旧形象终于逐渐消失。”[②] 拉尔夫·沃尔多·爱默生（Ralph Waldo Emerson）在1824年更是嘲讽中国为“愚昧”“令人作呕”的国家，“中华帝国所享有的声誉正是木乃伊的声誉，它把世界上最丑恶的形貌一丝不变地保存了三四千年……甚至悲惨的非洲都可以说我曾经伐木、引水、推动了其他国土的文化。但是中国，她那令人敬仰的单调！她那古老的呆痴！在各国群集的会议上，她所能说的最多

---

① 蔡尚思、方行：《谭嗣同全集》，中华书局1981年版，第337页。

② 柯文：《在中国发现历史——中国中心观在美国的兴起》，林同奇译，中华书局出版社1989年版，第45页。

只是‘我酿制了茶叶’”①。矮化、丑化中华文明都将被历史证伪：“五千年文明史雄辩地说明，与中国文明几乎同时产生的其他古代文明——归于没落，成为历史陈迹，唯独中国文明一枝独秀，代有高峰。何故？从历史向度来分析，除中国文明与时俱进、以变化为其基本精神外，可能还有其他更为复杂的原因。”②

第二，中华文明的优势撑起文明复兴的底气。中华文明给后人提供了看清世界的视角、参透生活的法则、认识自己的镜子、反求诸己的担当、国家交往的尺度、人类共同进步的指导。顺应时代需要不断实现创造性转化的中华文明，不谋求明朝的“朝贡模式”，只谋求在文明的平等交往中能不遭偏见地敞开中华文明的大门，给予愿意探索中华文明的世界各国客观了解中国与中华文化的机会。与西方文明不同，强调以“生”而不是“死”、“现实”而不是“天庭”为认知对象，不语怪力乱神，崇尚人本精神，以“立德、立功、立言”表征生命的价值，“在中华传统文化中，人不是匍匐在诸神脚下的可怜虫，更不是生来就负有原罪的天国弃儿”③，而是善于立足时代需要，实现中华优秀传统文化古为今用，不断增强中华文明传播力影响力。正如英国历史学家汤因比曾预测：中国可能“有意识地、有节制地融合”中国与其他文明的长处，“其结果可能为人类文明提供一个全新的文化起点”，与世界各种文明一道，把握当下、破解困局、面向未

① 转引自柯文：《在中国发现历史——中国中心观在美国的兴起》，林同奇译，中华书局1989年版，第45页。

② 马勇：《中华文明·中国文明通论》，海峡出版发行集团、福建教育出版社2010年版，第573页。

③ 莫砺锋：“以优秀传统文化滋润心灵”，《人民日报》，2017年6月20日。

来，谱写中华文明与人类文明的和谐篇章。

二、超越资本逻辑、校准文明发展航向、拓宽人类现代化路径

第一，西方现代化不是人类文明发展的唯一路径。恩格斯认为，大航海时代开辟了国际贸易新航线，机器化大生产让落后的文明卷入商业大潮，“在中国这个一千多年来一直抗拒任何发展和历史运动的国家中，随着英国人及其机器的出现，一切都变了样，并被卷入文明之中。”① 地理限制造成的中国与世界的隔绝被打破，使东方开始依赖于西方、东方文明从属于西方文明，世界按照资产阶级的技术文明模式向前发展，仿佛是世界文明走向了“终结”。面对文明可能终结于资本主义制度的狂妄，列宁向我们揭示了它的本质：“现在真实的情况是：最文明最民主的资产阶级，也已经不惜采取任何欺骗和犯罪的手段，不惜屠杀千百万工人和农民来挽救生产资料私有制。”② 美国喜欢把自己的历史描写成追梦的奋斗者创造的现代化奇迹，“这幅图像造成的强烈印象，足以掩盖非洲人戴着脚镣被送到大西洋另一岸、流落异邦的记忆，以及欧洲移民不情愿地逐出故国家园的褴褛模样”③。但历史会记住这种文明扩张中的残酷、无度、贪婪与锈迹。

第二，中国式现代化是人类文明发展的新标杆。与西方的文明霸权不同，中国式现代化是五大文明协调发展的现代化，是以

① 《马克思恩格斯全集》（第四十二卷），人民出版社 1979 年版，第 472 页。

② 《列宁全集》（第三十九卷），人民出版社 2017 年版，第 184 页。

③ 乔伊斯·阿普尔比、林恩·亨特、玛格丽特·雅各布：《历史的真相》，刘北成、薛绚译，人民出版社 2011 年版，第 100~101 页。

发展中国家身份实现跨越式发展的现代化，是合作共赢而不是赢者通吃的现代化，是“工业化、信息化、城镇化、农业现代化”以及国家治理体系和治理能力现代化并联式叠加发展的现代化，擎起人类文明发展的新高度。从农业文明步入工业文明，我们向西方学习了很多东西。1886年3月18日，恩格斯在致奥古斯特·倍倍尔（August Bebel）的信中说，中国的铁路建设可能开放，“这样，这最后一个闭关自守的、以农业和手工业相结合为基础的文明将被消灭”[①]。资本主义文明对奴隶社会的文明、封建社会的文明的超越与进步是巨大的，但相比与社会主义社会形态的文明，“在现代资产阶级民主的文明的、冠冕堂皇的外表下掩藏着多少欺骗、暴力、收买、谎言、伪善以及对贫民的压制”[②]。西方世界的器物优势与其对外扩张的能力是捆绑在一起的，以至于西方以“技治主义”来解读文明的本质，加剧其将技术优势误解为制度优势、文明优势、肤色优势，最终将资本主义文明推崇为人类文明的顶峰。中国式现代化创新了现代化道路，打破了现代化路径依赖，中国的人权发展、减贫成效、全要素门类齐全的产业链、农业现代化与城镇化都是中国式现代化道路的标识。

三、讲清楚社会主义文明发展的“时与势”

第一，社会主义文明由弱走强。人类文明新形态的创立显示出社会主义文明由弱走强的强劲态势。列宁曾坦言：“资本主义

① 《马克思恩格斯文集》（第十卷），人民出版社2009年版，第550页。
② 《列宁全集》（第三十五卷），人民出版社2017年版，第327页。

的野蛮胜过任何文明”，“资本主义制度下的文明、自由和富裕，常常叫人想起一个脑满肠肥的财主，他在活活地腐烂，但又容不得新东西生存”。[①] 在布什和戈尔巴乔夫所代表的两种制度文明的较量中，1991 年 12 月 25 日，在西方圣诞节狂欢日苏联解体了，有人说两个智慧的领导人造就一个幸运的时代，“以和平的方式结束了半个世纪的冷战噩梦”。这不是一个幸运的时代，而是资本主义对社会主义的胜利，为什么顺应历史发展的社会主义文明会暂时性败给了资本主义文明，致使世界社会主义事业陷入低谷呢？这也警示我们，任何低估人类文明新形态将遭遇政治认同上的障碍与阻力都是危险的。“且听低谷新潮声”，随着中国特色社会主义事业的大发展、大繁荣，扭转了西方压倒东方的局面，“东升西降”“社升资降”“资弱社强”的走势越发明显。

第二，人类文明新形态把握着人类文明发展的历史主动。资本主义文明的危机本质上是资本支配社会生产、生活的危机，财富向少数人聚集并不断异化的危机，这种危机将不断加剧地区冲突、文明冲突、种族冲突、生态危机、社会危机、政治危机和文化危机。在马克思所理解的资本主义的“虚假的共同体”中，无法实现人的自由和解放，需要建立与更高生产关系相一致的“真实的共同体”，人类文明新形态是超越“虚假的共同体”、向“真实的共同体”转化的重要环节，能有效克服资本主义文明的“野蛮”和“血腥”，抑制自由竞争所造成的垄断加剧、社会分

---

① 《列宁全集》（第二十四卷），人民出版社 2017 年版，第 19 页。

化和对立，破解富国与穷国、发达地区与不发达地区、有产者与无产者、剥削者与被剥削者对立的困境。

四、廓清“强权即正义”的旧文明的丛林法则本质

第一，人类命运共同体代表着世界人民最广泛的主体性追求。历史与现实表明，走向人类命运共同体是人类文明延续与保持持久活力的唯一方法。汤因比认为，“人类无疑正在走向自我毁灭，除非我们能成功地形成天下如一家的状态”[①]。热兵器时代的战争对文明的摧毁往往是颠覆性的。与冷兵器时代的局部战争不同，在杀伤力、破坏力、环境危害方面，尖端武器、核武器的毁灭性破坏力是以几何级数增长的。好战、人为设敌、千方百计阻止对手变强是西方政治理念的灵魂，也是西方文明的本质表现。马基雅维利在《君王论》中说，“谁若是要使别人势力强大，谁就是在自取灭亡”[②]，他推崇以血腥的杀戮保持斗志与兵器的锋刃。尼采认为，“因为只有战争才能将一切事业变得神圣”[③]。斯宾格勒认为，“他的种种观念，诸如：腐化轮回、军国主义、价值转换、权力意志，皆深植于西方文明的本质之中，且对于分析西方文明，有着决定性的重要意义”[④]。热武器时代的战争既可能是社会发展的杠杆，更可能是导致文明退化、重回打

① 阿诺德·汤因比：《历史研究》，刘北成、郭小凌译，上海人民出版社 2000 年版，序言第 1 页。

② 马基雅维利：《君王论》，徐继业译，光明日报出版社 1996 年版，第 20 页。

③ 尼采：《查拉图斯特拉如是说》，黄明嘉译，漓江出版社 2000 年版，第 44 页。

④ 奥·斯宾格勒：《西方的没落》，陈晓林译，黑龙江教育出版社 1989 年版，第 22 页。

磨石器时代的历史发展逆向运行的根源。

第二，和实相生，同则不继。习近平总书记提出："只要秉持包容精神，就不存在什么'文明冲突'，就可以实现文明和谐。"① 汤因比谈道："文明接触引发了尖锐的敌意，也造成了相处中的大量问题。但是我认为，唯一积极的解决办法是，双方都努力地调整自己、相互适应。"② 当今世界有 70 多亿人口、200 多个国家和地区、2500 多个民族、5000 多种语言，创造了各具特色、异彩纷呈的多样文明。正如《左传》所云："若以水济水，谁能食之？若琴瑟之专一，谁能听之？同之不可也如是。"求和睦但不求一致，如烹调汤羹，水、火、盐、醋、酱油相互配合才能入味怡人，如演奏音乐，乐器、演奏者、感情、旋律、歌词要相辅相成，才能感动人。各种文明更是如此，书写自己的文明可以有世界情怀和眼界，但不能把一国的文明史当作世界的文明史，资产阶级按照自己对文明的理解，"按照自己的面貌为自己创造出一个世界"③，这种坐井观天的形而上学是理性文明的背反。文明间的"傲慢和偏见"只会将"人类困境不断推向极限化"，按照自然法则解决社会问题，按照社会达尔文主义应对人类问题，这是放大"兽性"、降低"人性"的不文明做法。

① "习近平在联合国教科文组织总部的演讲"，《人民日报》，2014 年 3 月 28 日。

② 阿诺德·汤因比：《历史研究》，刘北成、郭小凌译，上海人民出版社 2000 年版，第 343 页。

③ 《马克思恩格斯选集》（第一卷），人民出版社 2012 年版，第 404 页。

五、明确新时代世界“普遍文明”的生成路径

第一，超越了资本主义文明的最优替代性方案。人类文明新形态确立了世界文明发展的新范式，绘就了人类未来文明的新图景，给出了世界“普遍文明”四步生成路径：资本主义文明与西方现代化由兴向衰——新时代中华文明与中国式现代化新道路超越西方——文明和谐替代文明冲突与创建人类命运共同体——塑造世界普遍接受的人类文明新形态。马克思主义真理的普遍性与中华文明的深厚渊源的结合，使我们对中国发展目标条件的认知、对世界未来走向的判断，有了更加坚实的历史唯物主义基础，也有了吸纳世界文明精华的方法论支撑，“举世并称的四大文明，为何迄今唯有中国文明连绵不绝，独存于世？从远古到清末，中国文明从中原一隅滚雪球一样发展壮大，在发展中既吸纳了周边文明的精华，以壮大自身，又扩充了中国文明的边界”[①]。文明的演化史是从蒙昧到野蛮、由野蛮向文明的不断上升过程，人类对未来的管控力来自于理性判断和文明的自我扬弃，“人离开狭义的动物越远，就越是有意识地自己创造自己的历史，未能预见的作用、未能控制的力量对这一历史的影响就越小，历史的结果和预定的目的就越加符合”[②]。唯物史观所揭示的社会运动和文明变迁，落后的奴役文明、农业文明被拖入资本主义文明体

① 马勇：《中华文明·中国文明通论》，海峡出版发行集团、福建教育出版社 2010 年版，封底。

② 《马克思恩格斯选集》（第三卷），人民出版社 2012 年版，第 859 页。

系内是世界历史发展必然，在资本开创的贸易体系中，“甚至把最倔强的野蛮民族也拖进了世界贸易，拖进了文明”①，“随着机器的推广，其他国家的野蛮状态不断被消灭”②，成千上万的英美船只开往中国，“这个国家很快就为英国和美国用机器生产的廉价工业品所充斥。以手工劳动为基础的中国工业经不住机器的竞争。牢固的中华帝国遭受了社会危机”③。这是不可逆转的历史进程，但陷入自身生产力悖论的资产阶级文明，也必须接受历史发展的审判和更替，正如恩格斯认为资产阶级社会的“文明时代是在‘恶性循环’中运动，是在它不断地重新制造出来而又无法克服的矛盾中运动，因此，它所达到的结果总是同它希望达到或者佯言希望达到的相反”④。人类文明新形态对资本主义文明形态的救治，就如同资本主义文明对奴隶制文明和封建制文明的超越一样，是不可逆转的。“不同文明的和解”本质在于顺应人类文明发展史的理论逻辑向前推进，作为资产阶级文明灵魂的“鄙俗的贪欲”⑤不可能搭建起契合人类未来文明发展的价值框架。

第二，树立起反文明霸权、文化霸权的典范。与亨廷顿认为的“文明的冲突将主导全球政治”⑥的主张不同，我们不认为人类之间巨大分歧和冲突的根源来自于文化。马克思主义的学说和

① 《马克思恩格斯全集》（第十卷），人民出版社 1998 年版，第 276 页。

② 《马克思恩格斯全集》（第四十二卷），人民出版社 1979 年版，第 472 页。

③ 《马克思恩格斯全集》（第十卷），人民出版社 1998 年版，第 277 页。

④ 《马克思恩格斯选集》（第三卷），人民出版社 2012 年版，第 647 页。

⑤ 《马克思恩格斯全集》（第二十八卷），人民出版社 2018 年版，第 205 页。

⑥ Samuel P. Huntington:“The Clash of Civilization?”, *Foreign Affairs*, Vol. 72, No. 3, 1993, p. 22.

文明，“它绝不是离开世界文明发展大道而产生的一种故步自封、僵化不变的学说”[①]。正如习近平总书记所指出的，“不要看到别人的文明与自己的文明有不同，就感到不顺眼，就要千方百计去改造、去同化，甚至企图以自己的文明取而代之。历史反复证明，任何想用强制手段来解决文明差异的做法都不会成功，反而会给世界文明带来灾难”。[②]“美国人可以保持自己社会和文化的特性，使之不同于别国人民的社会和文化”，但试图按照自己的价值观“去改造别国的人民和文化”[③]则是错误的，这条文化强制同化之路行不通。中华文明是靠着跳出自家的文化圈子、透过强烈的反差来反观，才找到了“进入其现代形态的入口”[④]。西方以“白人”和“非白人”的肤色文明划界的文明观依然根深蒂固，正如美国国务院政策规划事务主任基伦·斯金纳认为的那样，在白人与非白人的中美竞争中，“这是一场与一种完全不同的文明和不同的意识形态的斗争，这是美国以前从未经历过的。”[⑤]这种划界不仅危险，而且强化着狭隘的种色文明，“世界万物之间我中有你、你中有我的相互依存关系”[⑥]，这才是文明发展的潮流。

---

① 《列宁全集》(第二十三卷)，人民出版社2017年版，第41页。

② 习近平：在纪念孔子诞辰2565周年国际学术研讨会暨国际儒学联合会第五届会员大会开幕会上的讲话》，人民出版社2014年版，第8页。

③ 塞缪尔·亨廷顿：《我们是谁？美国国家特性面临的挑战》，程克雄译，新华出版社2005年版，第302~304页。

④ 王国斌：《转变的中国：历史变迁与欧洲经验的局限》，李伯重、连玲玲译，江苏人民出版社2008年版，“海外中国研究系列”总序第1页。

⑤ 转引自钟声：“不要逆历史潮流而动——‘对华文明冲突论’可以休矣”，《人民日报》，2019年5月21日。

⑥ 王坤宇：“文明冲突与中国和谐智慧——王治河教授访谈录”，《哲学探索》，2021年第1期。

六、开创为人民谋幸福与为人类谋进步的价值合流新路径

第一，以全新人类文明形态兼容其他文明。人类文明新形态超越了国别论、文明优劣论、文明冲突论、文明不可共存论，找到了造福国民与造福世界的双赢路径，实现造福国民与造福世界相兼顾。世界文明历史揭示了一个规律："任何一种文明都要与时偕行，不断吸纳时代精华。"① 人类文明新形态立足历史唯物主义所揭示的必然性，代表着历史发展必然性的人类文明新形态，是以其不断优化的文明累进的姿态影响别的文明形式，以其公共性、兼顾性、亲和力而非强制的排他性赢得国际社会的尊重，反对以蛮横霸道歧视的方式消灭其他文明形态。人类文明新形态是以造血与输血方式替换旧文明中遭受污染的血液，既不断完善自身，又不断引导不同文明从落后走向先进，从局部走向世界，在多元共存中实现文明之间的互惠与优势互补，越是生命力旺盛的文明形式，就越是具有与其他文明共生、互鉴的特征，越是能在互鉴中渐进优化自身以适应未来文明发展潮流。

第二，不断扩大社会主义文明共识。人类越进步，越需要在多样化的文明中达成价值共识。沈湘平认为，"全人类共同价值在内涵上构成人类文明新形态核心价值观的基本部分，人类文明新形态模范践行了全人类共同价值。"② 人类文明新形态的目标

---

① 《习近平谈治国理政》（第三卷），外文出版社 2020 年版，第 470 页。

② 沈湘平："论人类文明新形态与全人类共同价值"，《哲学研究》，2022 年第 4 期。

致力于人的全面发展，也致力于文明的多元和谐共存事业。“创造了人类文明新形态，成为推动不同文明超越差异、和谐共生的关键力量。”[①] 价值的共识来自文明的立场，越能兼顾世界最大多数人的文明，其价值共识度就越高，中国人民的美好追求与世界人民的幸福生活在人类文明新形态中实现了价值同构。在多样文明装点的多彩世界中，人类对幸福生活的认知是具有共性的，世界文明百花园必须依托于追求人民利益至上原则，才能形成群芳竞艳、促成文明合流、实现价值归一。习近平总书记指出：“每一种文明都扎根于自己的生存土壤，凝聚着一个国家、一个民族的非凡智慧和精神追求，都有自己存在的价值”[②]；“每一种文明都是美的结晶，都彰显着创造之美”[③]；“推动构建人类命运共同体，不是以一种制度代替另一种制度，不是以一种文明代替另一种文明，而是不同社会制度、不同意识形态、不同历史文化、不同发展水平的国家在国际事务中利益共生、权利共享、责任共担，形成共建美好世界的最大公约数”[④]。一种文明追求其主体的最大公约数，世界性文明则以世界最大公约数为价值目标，人类文明新形态就是要超越国别在更大空间上体现世界主体的共同利益，维护人类文明创造主体的核心权益。反对用一种社会制度下的文明扼杀其他文明，反对文化殖民主义意识下的多主

① 宋涛：“不断为人类文明进步贡献智慧和力量”，《人民日报》，2021 年 12 月 22 日，第 9 版。

② 《习近平谈治国理政》（第三卷），外文出版社 2020 年版，第 468 页。

③ 《习近平谈治国理政》（第三卷），外文出版社 2020 年版，第 469 页。

④ 习近平：“在中华人民共和国恢复联合国合法席位 50 周年纪念会议上的讲话”，《人民日报》，2021 年 10 月 26 日。

体之间的相互倾轧，抵制单边主义的文明盘剥与歧视。人类文明新形态以多边主义的立场倡导携手构建人类命运共同体，追求世界人民的共同幸福，不断克服其在特定历史时空的狭隘性，深化代表世界人民利益的深刻性、广泛性、共同性、敞开性。

七、做引领大变局向优而变的文明表率

第一，摒弃文明霸权。面对21世纪诸多的“不确定性”，人类文明新形态代表着正向发展的“确定性”，坚定站在历史正确的一边、站在人类文明进步的一边，既提炼展示中华文明的精神标识和文化精髓，也不断吸纳人类文明的一切有益成果。那些身体已经进入21世纪，而关于文明本质的理解还停留在殖民地时代，停留在霸权与扩张，停留在冷战思维、零和博弈旧框架内的狭隘主义者，必将成为世界百年未有之大变局向好发展的阻力，世界需要“塑造和引导人类走向未来的新的时代精神”①。“文明冲突论”是一个伪命题，面对“世界怎么了，我们怎么办”这个世界之问，我们必须做出回答，要回答世界是走向文明间的和谐还是对抗？应该不应该形成文明共同体？要不要构建人类命运共同体？怎样构建人类命运共同体？人类共同进步与世界美好未来的确定性系数有多大？哪种文明能够最大限度提供这种确定性？在全球化、信息化、物联化、地球村落化、文化多样化时代，各国携手建设共同家园、共织命运共同体是确保全球进步的不二选择。

① 孙正聿：“从大历史观看中国式现代化”，《哲学研究》，2022年第1期。

第二，增强制衡文明冲突的力量。每个民族、每个国家的前途命运从来没有像今天这样紧密地连接在一起，你中有我，我中有你。构建人类命运共同体不仅是理念，更应该成为化解全球危机的行动，成为引领和平发展的时代潮流和人类合作共赢的进步方向。只有积极推动建设相互尊重、公平正义、合作共赢的新型国际关系，努力建设持久和平、普遍安全、共同繁荣、开放包容、清洁美丽的世界，积极弘扬和平、发展、公平、正义、民主、自由的全人类共同价值，才能引领人类进步潮流和人类文明走向。正如英国学者戴维·麦克莱伦认为的那样，“资本主义与社会主义还将平行发展几十年，最终，人类社会如果能够幸存延续，社会主义就必将取代资本主义。因为历史地、长远地看，资本主义的本质是破坏性的”[①]。人类文明新形态是以建设性确证人类走向美好未来的文明形态，这是人类文明理论宝库的核心支撑。

第二节　以全人类共同价值塑造全球价值共识

以习近平同志为核心的党中央深刻洞察世界发展大趋势，精准定位新时代中国的历史方位和发展机遇，明确指出：“我国处于近代以来最好的发展时期，世界处于百年未有之大变局，两者同步交织、相互激荡。”[②] 向好是主流，向坏发展的因素也很多，正如党的二十大报告指出的：“当前，世界之变、时代之变、历

① 谷棣、谢戎彬主编：《我们误判了中国——西方政要智囊重构对华认知》，华文出版社2015年版，第142页。

② 《习近平谈治国理政》（第三卷），外文出版社2020年版，第428页。

史之变正以前所未有的方式展开。一方面，和平、发展、合作、共赢的历史潮流不可阻挡，人心所向、大势所趋决定了人类前途终归光明。另一方面，恃强凌弱、巧取豪夺、零和博弈等霸权霸道霸凌行径危害深重，和平赤字、发展赤字、安全赤字、治理赤字加重，人类社会面临前所未有的挑战。世界又一次站在历史的十字路口，何去何从取决于各国人民的抉择。”① 随着新兴经济体和广大发展中国家的发展壮大、科技革命的不断迭代与产业变革的深入发展，国际力量对比正在发生深刻调整，外加新冠疫情带来新的不确定性，世界进入新的动荡时期。在中美两个核心变量的较量中，大变局会朝向对谁有利的方向发展，这取决于谁代表着历史前进的方向，谁站在历史正确的一边。2020 年 7 月，著名中美关系学者夏伟（Orville Schell）在接受《纽约时报》采访时指出，中美矛盾的严重性“已从那些可以解决的细微的问题演变成价值观体系的冲突”。中西价值观斗争是引导变局的核心要素之一，厘清中西价值观争斗的态势与趋势，是把握价值观较量的主动权、打赢价值观攻防战的关键。

一、站在历史正确的一边审视价值观论争

从本质上看，百年未有之大变局是人类社会发展进程中多重要素相互作用的结果。与百年前全球独立的主权国家不到 100 个

---

① 习近平：《高举中国特色社会主义伟大旗帜 为全面建设社会主义现代化国家而团结奋斗——在中国共产党第二十次全国代表大会上的报告》，人民出版社 2022 年版，第 60 页。

发展到今天共有230多个国家和地区。这是国家与政治制度、生产方式和生产关系、经济基础和上层建筑、文明样态与思想观念集成的世界经济社会发展总趋势。其中，制度、文明、思想、文化、生产关系的差异显现在价值观的突出之中，呈现出越发激烈的态势，展现出民族性、历史性和巨大的差异性。

第一，价值观之争的本质是社会主义与资本主义两种制度与两条道路的斗争。近代以来的工业化生产形态，在信息化、智能化、物联化的加持下，深刻改变了人类生产方式、生活方式、交往方式和思维方式，也革新着价值观体系和生产关系体系，这些构成大变局的重要变量，以科技为核心的生产力发展和以人的关系为核心的生产关系的变革，始终是人类社会发展的根本动力，数千年的文明兴衰、帝国崛起与幕落、李鸿章理解的三千年未有之大变局，无不验证着这一基本原理。世界百年未有之大变局实质上就是在新的历史阶段的制度竞争所引发的新巨变，大变局核心是国际权力格局之变，表征为“权力转移”，以中国为代表的广大发展中国家和新兴经济体的群体性崛起，对西方主要经济体长期把持的国际格局和国际体系产生深刻的冲击并提出调整需求，终结西方一家独大的全球治理体系，致使产生国际力量对比朝着有利于新兴经济和广大发展中国家倾斜的分化运动，引发守成大国与新兴的群体性经济体之间地位的调整，为建立更加公正的国际秩序、国际格局、国际体系带来战略机遇，并将促成全球更加公平、公正的治理体系和治理格局的形成。大变局的实质是“变”的深刻性、革命性、全局性，体现世界的多级化、治理的民主化、利益的广泛化特征，表明两种社会制度与意识形态既斗争又合作的大博弈必然是“大变局”的主要内容。美国将极力维护霸权主导下的“单边主义”，意图对抗“多边主义”的世界发展的必然趋势，竭力维护“西方中心主义”，打压“东方文明”的崛起，扩大价值观划界以渲染所谓的民主国家，实施“去中国化”运动；而代表历史正确方向的中国则力图捍卫自己的正当权益。在经济中心的“东升西降”与“社升资降”的制度变局中，中西价值观、制度文明、科技较量将不断升级对抗程度与烈度，我们对此必须有清晰判断。

第二，中国始终站在历史正确的一边，代表历史进步的方向。习近平总书记指出：“由于中国特色社会主义不断成功，冷战结束后世界社会主义万马齐喑的局面得到很大程度的扭转，社会主义在同资本主义竞争中的被动局面得到很大程度的扭转，社会主义优越性得到很大程度的彰显。”① 中国遵从人类历史发展规律，始终站在历史正确的一边，站在人类进步的一边。回望西方统治世界的近400年，这些以“文明”和“价值崇高”自居的国家“靠巧取豪夺、强权占领、殖民扩张，世界各地区各民族都被卷入资本主义世界体系之中”②，第二次世界大战之后，世界主导权从欧洲的英国手中转移到美国手里。近几年，美国政府推崇的“美国优先”“让美国再次伟大”的战略，实质是要继续确保甚至扩大美国对世界的掌控能力、盘剥能力、超额利润的垄断能力，美国频繁“退群”不是要甩开世界，而是要回炉再造一

① 习近平：“学习马克思主义基本理论是共产党人的必修课”，《求是》，2019年第22期。

② 《习近平谈治国理政》（第二卷），外文出版社2017年版，第211页。

个他可以掌控的世界秩序体系，是一种“再世界化”的设想。美国的诸多行径一再表明其可以随意牺牲其他国家利益、侵犯其他国家主权、破坏多边国际机制，无视既存的国际规则、国际组织、国际秩序和治理框架，以所谓的“长臂管辖权”随意践踏国际规则，肆意采取损害其他国家利益的行为，只顾实现自身狭隘利益诉求。美国政府的“经济单边主义在很大程度上是美国为了应对中国崛起所做出的一次最新尝试，甚至可以说有不少措施都是为中国‘量身定制’”①。

中国站在多边主义的正义立场，反对西方的霸权与单边主义，站在历史错误的一边，以美国为代表的西方注定要失败。奉行霸权主义的资产阶级为了谋取高额利润，不管是在全球开拓市场以攫取原料，还是收缩海外市场以化解本土产业空心化，其一贯的手段和原则就是“按照资产阶级自己的面貌为自己创造一个世界”。昨天的全球化是“资本主义世界体系”的胜利，是少数资本主义大国的胜利，新时代的全球化必须体现新兴经济体和广大发展中国家的基本诉求，旧的一家独大、一国称霸、单边主义的世界秩序正在被多元世界主体、多极化格局、多边主义和真正意义上的全球治理所替换，过去那种“资本流遍世界，利润流向西方”的做法必须为平等、公正、共赢的多边主义原则所取代。在对外交往中，“多边主义”是国家主体之间遵行平等原则而建立的共同规则，在应对全球性问题方面，很多传统安全和非传统安全问题，如气候问题、核扩散问题、海洋保护问题，不是一个

① 蒋芳菲：“从奥巴马到特朗普：美国对华‘对冲战略’的演变”，《美国研究》，2018 年第 4 期。

国家可以解决的，只顾本国利益，奉行单边主义，是无法应对像新冠疫情这种非传统安全事件的，多边主义是全球的主导呼声，是现有国际秩序的基石，国际关系民主化与国际格局多极化是历史发展的必然趋势。

第三，以美国为首的西方国家（简称“美西方”）多领域打压中国已经呈现出持续性、联盟性、常态化特点。美国为限制中国综合国力的上升，广泛利用七国集团，联合北约国家，威逼利用一些小国家，联手在价值观上蔑视、在战略上围堵、在规则上钳制、在发展上迟滞、在形象上丑化、在贸易上脱钩、在技术上掣肘中国，无所不用其极。美西方正在激化中西“二元对立”的政治价值“博弈”。美国对华恶意建构、污名化中国人的价值观，美国共和党参议员卢比奥叫嚣“中国想要再度愚弄世界”，以类似手段设定对手以启动国内的危机教育，假想“敌对”势力的强大，为自身强化军事斗争、思想斗争提供了支撑，是美国确保世界霸主地位的首选技巧。苏联偶现撼动其霸权苗头时就遭遇冷战扼杀，35 年前日本半导体技术崛起、竞争力上升时也惨遭美国强势打压，美国通过树敌而自我暗示的心理构建原则是：“只要能在心理上跟另一批人为敌，我们自己就会加强凝聚力，从敌我对比之中得到满足。”① 主张政治上的非此即彼的二元对立、非赢即输的零和博弈、非猎人就是猎物、非友即敌的对抗，“国家与国家之间没有永恒的朋友，也没有永恒的敌人，只有永恒的利益”，这一判断一向为西方政治家和外交官视为圭臬，

① 转引自塞缪尔·亨廷顿：《谁是美国人？——美国国民特性面临的挑战》，程克雄译，新华出版社 2010 年版，第 20 页。

并成为国际关系的一项基本准则。美国“退群”、英国“脱欧”其实就是国家利益至上的典型代表，也是丛林法则的运用。

面对西方联手对付中国，中国依然坚定主张，在“永恒的利益”背后必须有一条指引人类走向未来的规则，这个规则必须是超越利益且具有道义制高点的特性，否则，迎接人类的必将是灾难。中国主张的人类命运共同体、坚守人类共同价值，就是要始终站在正义的一边，破除流行于西方世界的“敌友定律”，重新建构一个国与国之间的“和谐定律”。

第四，新兴国家或政权重组的政治集体广泛学习借鉴中国模式呈现为常态化。现在，越来越多的国家正自发“向东看”，从深层次思考中国成功的秘诀。美国学者亨廷顿在思考世界秩序重建问题时得出结论：现代化并不一定意味着西方化。数百年来西方大国“如狼似虎、小国如蝼蚁似的强权政治逻辑”正在走向终结。面对越来越多的第三世界国家积极学习效仿中国发展模式，外交、外联、外贸工作中要解决好“来学”与“往教”的矛盾，广大发展中国家为培养国家治理与储备人才，主动到中国求教，面对“来学”，中国会认真教，但“往教”方面表现不积极、不主动。中国不输出“模式”，但中国道路、中国模式的价值应该让更多第三世界国家理解，我们不必成为“颐指气使的教师爷”，但至少可以平等分享中国成功的奥秘，让渴望借鉴中国经验的各个国家能结合各自的民族特点与文化特点，合意则取，不合意则弃。2019 年，哈佛大学教授尼尔 · 弗格森（Niall Ferguson）指出，“新冷战”已经开始，诸多迹象表明，中国正在扮演着之前苏联的国际角色。但与苏联相比，中美之间在经济和文化方面的关联性更强，而且中国的综合实力也远在苏联之上，因此对于美国而言，想要在这场“新冷战”中胜出，不应沿用20世纪的地缘政治打法，而应打响价值观之战。“美国手中最有利的王牌就是我们的价值观：个人自由、宗教容忍、免于被威权国家干涉的自由，以及最重要的法治。”① 我们也要手握“王牌”：传播为人民谋幸福、为民族谋复兴、为世界谋大同的中国共产党的初心和使命，积极宣扬《中国共产党的历史使命与行动价值》。

二、不存在放之四海而皆准的价值立场

面对中西价值观冲突，中国采取极端化“对抗式”和无底线的“依附式”都不可行，必须充分利用和平、合作、共赢的人类共同价值要素，找到新时代的“中国逻辑”与“世界逻辑”的契合点，在新文明的赛道上前进。

第一，普世价值越发无效与人类共同价值越发凸显出重要性。西方主要国家通过垄断世界规则的制定权，将自我价值观包装为普世价值，再把“普世价值”转化成为普遍规则，这种基于资产阶级利益的“普世价值”进行价值观输出，美其名曰“软实力”，在全世界扩张、推行，逐步成为所谓的“民主外交”“人权外交”手段、“征服”世界的工具。近年来，这种以文化霸权强制其他国家认同“普世价值”事实上已宣告失败。随着主权国家数量越来越多，不同文化和价值的碰撞进一步加剧，“自

① R. Gladstone：“How the cold war between China and US is intensifying”, *The New York Times*, 2020-07-22.

由民主”的单一价值观向“多元化”价值观转化是历史发展的必然。“以史为鉴、开创未来，必须不断推动构建人类命运共同体。”这是2021年7月1日，在庆祝中国共产党成立100周年大会上，习近平总书记铿锵有力地向世界宣告。人类必须在多样文明的世界里，弃绝普世主义，接受多样性和寻求共同性，不断做大共同利益蛋糕，兼顾各方利益最大公约数的合作共赢。中国并不是要推倒现行国际秩序另起炉灶，而是在悉心维护现有秩序的基础上改革完善，积极倡导构建合理公正的国际新秩序，让所有国家共享人类文明发展成果，倡导文化只有在多元化和多样化的磨合中才能实现共生发展。

第二，个人主义必然走向幕落而集体主义重新定义人类美好未来。“只有在集体中才可能有个人的自由”，疫情困扰下的西方社会必然会反思个人主义、自由主义的狭隘性。“高度重视个人自由、广泛强调自我支配、自我控制、不受外来约束的个人和自我”的个人主义，这套盛行于西方的价值体系和人性理论，是对于西方政治、经济社会和宗教行为的总的态度、倾向和信念。他们强调个人本身就是目的，具有最高价值，他人和社会只是达到个人目的的手段。以美国为首的资本主义国家在面对重大传染性病毒时，依然固执强调个人本位、个人平等、个人自由、个人隐私、个人竞争、个人自立、个人成就与个人享乐。自由是病毒的最佳携带者，不服从保持社交距离的自由愿望恰恰是病毒传播的福音。事实上，新冠疫情警示我们，人类发展的利益高于个别国家的利益，国家整体利益高于个体的利益。列宁早就诅咒过西方那种“人人为自己，上帝为大家”的极端自私行为，而是要在群众中倡导“人人为我、我为人人”的生活常规。中国正是基于以集体主义原则调整个人与社会、个人与他人之间的利益关系，“把公摆在前头，个人摆在后头，个人利益服从集体利益”，暂时利益服从长远利益、局部利益服从全局利益是人类道德尺度和政治标准。西方的个人主义本质上是“一切人反对一切人的战争”的社会达尔文主义，依然是自然进化论的简单社会化。西方建立在个人主义意识形态基础上的政治、经济和社会制度，他们以二元对立思维看待“个人主义”与“集体主义”，甚至将“集体主义”误解为“专制压迫”、“反抗与自由”。集体主义是走向“真实的集体”的关键一步，个人主义思想的发展“只能使人们离开社会的利益去追求个人利益，追求个人享乐和向往资本主义私有制的社会制度”。个人主义泛滥极易造成贫富分化、权贵揽政、人际冷漠、社会撕裂、肤色政治、国际对抗的恶果。自由人权本质上是私有财产权，西方价值标准将“武汉封城”视为“侵犯人权”、将“方舱医院”贬损为“集中营”，资本主义又何尝不是少数资本家私人的暴政，连要不要戴口罩防疫都能上升到社会认同问题、政治自由的高度。抗疫斗争的“公共性”再次证明社会主义国家倡导“公”字在前的正当性，资本主义国家强调“私”字当道的错误性。西方世界唯有破私立公、走向集体主义，才能走出“大难到来各自飞”的困境。

第三，积极做好应对“脱钩”的准备。美国以全政府反华的空前一致强调执行“去中国化”运动。美国自诩生活在民主的“自由世界”，中国则属于具有“修正主义”特征的“威权主义”政体，两国存在价值观相异的明显特征，特朗普把中美竞争的本质界定为“赞成专制体制者与赞成自由社会者之间的政治竞争”。美国政要故意放大中美意识形态差异，提出“不能以正常的国家来对待中国”，主张对中国实施“不信任并核查”策略，鼓动“自由世界”以“有创意和果断的”方式，“建立一个理念相近的国家的新联盟”联手对抗“共产党中国”，试图诱导中方行为变化。西方对中国的挑衅与发难，意味着西方资本主义世界试图建立一个新的大型反共产主义联盟，意图以华盛顿共识胁迫中国就范。事实表明，中国是世界的重要组成部分，中国始终本着求同存异、淡化意识形态原则与西方主要国家开展有建设性的交往，美国的“去中国化”就是与机遇“脱钩”，与发展“脱钩”，违背历史发展规律和世界发展趋势，在某种意义上是站到历史必然性的对立面，把中国视为“首要战略竞争对手”，是冷战思维的延续。美国这种逆全球化、民粹主义思潮会加剧国际政治不稳，建立在意识形态判断基础之上的美国对中美关系的定位、中美关系的重构、对华策略的调整，“严重削弱了中美战略互信，破坏了两国关系的重要基础，扭转了双边关系的发展方向，加剧了两国关系的紧张、摩擦与动荡，使两国走向对抗与冲突的风险显著上升。”①

反华、恨中、仇华、疑华等怨气在西方国家甚至一些第三世界国家抬头，美西方国家散布“中国威胁论”、“依赖中国有害论”、“中国隐瞒疫情论”、“中国拖累世界论”，将中国标签化为“威权国家”，将中国参与全球治理的努力妖魔化为“塑造社会

---

① 吴心伯：“特朗普政府重构中美关系的抱负与局限”，《国际问题研究》，2020 年第 2 期。

主义价值观、外推制度认同”，是对抗西方“普世价值”、消解自由民主体制、抹去“华盛顿共识”、扩大全球信任赤字，以孔子学院进行价值观输出，这是冷战思维的继续。2021 年 6 月 5 日，拜登在《华盛顿邮报》发表专栏文章，强调“美国必须以实力地位领导世界，与盟友一起对抗俄罗斯和中国”，“确保民主国家而不是中国来书写 21 世纪贸易和技术领域的规则”。北约组织会在主权和安全问题上对中国加大威慑力度、在民主和人权问题上持续向中国施压、在新冠疫情溯源问题上持续攻击抹黑中国、在科技领域对中国采取恶性竞争政策、对抗中国的“一带一路”倡议。煽动舆论夸大中国社会转型过程中积累的各种社会矛盾，恶意影响国内媒体、制造虚假话题、煽动党群对立情绪、激化社会矛盾，搞乱中国人心，制造“共产党执政的合法性危机”、放大躺平与内卷的意识形态舆论漩涡，夸大社会撕裂、奋斗无意义、怎么奋斗也无法改变底层命运的消极对抗与社会仇视心理。

第四，反对肤色价值观。当前的世界秩序是在西方世界主导下确立的，是从“国别史”跨入“世界史”历程的第一个世界性的治理模式，这种治理模式具有鲜明的西方文明底色。从世界史意义上看，非白人从没有领导过世界，中国旧时代的王朝盛世、万方来朝还不是世界史意义上领导者。伴随着东亚崛起，百年未有之大变局可能由“白人主导与治理”向“非白人主导和群体性治理”的时代转变，东方文明进入全球治理视野，“白人优越论”的西方主流意识形态必然受到挑战。美国国务院政策规划主任斯金纳认为，美国和中国的关系“是与一种完全不同的文明和不同意识形态之间的斗争，美国以前从未经历过”，并说“这是我们第一次面临一个非高加索人种的强大竞争对手”。[①]从目前来看，西方世界并没有任何意愿接受中国的领导，相反，西方主要国家对中国是否会取得国际领导权保持高度警惕。从抗击疫情中可以看出，不管是疫苗生产还是中医药价值的发挥，西方一直竭力提防中国在抗疫过程中取得国际领导权，背后的理由不言自明。肤色政治同样表达着肤色价值观，非白人治理格局的变化必然会引发与肤色文明相关的文明主导权之争。

第五，普世价值的“非普世性”决定了全人类共同价值生成的必然性。从来不存在的文明的化身，欧洲中心主义“他们自认为自己是一个现存的，或者是稳固的‘文明’的提供者，是一个向外界传递‘文明’的旗手”[②]。脱离社会经济关系、生产关系来认定价值，或者以先验价值塑造社会经济关系、生产关系，这是唯心主义的黑格尔式的颠倒。普世价值本质上是把在人类长周期的发展进程中具有“偶然性”的私有制视为是决定人类现在与未来的最合理的、永恒的、普世的所有权价值，将资产阶级的民主、自由、平等、博爱视为价值正统，将以马克思主义为指导的社会主义核心价值观视为异类。哲学上讲抽象和具体、共性与个性，没有离开具体的抽象、没有脱离个性而独立存在的共性，价值从来都是具体的，“没有适用于所有人、所有阶级、所有社会

---

① 转引自王鹏：“‘汰逐’中国：美国对华战略竞争的实质”，《世界知识》，2023年第9期。

② 诺贝特·埃利亚斯：《文明的进程》（上册），王佩莉译，生活·读书·新知三联书店1998年版，第116页。

的价值”[①]。列宁很早就指出：“如果不是嘲弄理智和历史，那就很明显：只要有不同的阶级存在，就不能说‘纯粹民主’，而只能说阶级的民主。”[②] 所以毛泽东强调：“民主自由都是相对的，不是绝对的，都是在历史上发生和发展的。”[③] 戈尔巴乔夫的“新思维”的核心理念就是将西方的“价值神圣化”。西方价值观输出的明显政治目的就是要阻挠、迟滞、诋毁社会主义民主政治、社会主义法治，无视我们的全过程人民民主的真实性，企图按西方选举民主、宪政民主的政治理念和制度模式改造中国的政治制度，改变中国的社会制度，推行宪政与多党制。

三、以大文明格局谋划未来

中国是世界百年未有之大变局的最大变量，应对大变局既要“守”也要“攻”，而中西价值观之争将是一场持久战，也可能是特定空间中的遭遇战。习近平总书记要求“把当代中国价值观念贯穿于国际交流和传播方方面面”，使国际社会更好理解我们的文化和文明。

第一，带头引导世界各国共同研究回答“我们从哪里来、现在在哪里、将到哪里去”的世界之问。我们要用好这个“大有作为的重要战略机遇期”来谋划未来，面对资产阶级在经济和政治

---

① 周新城：“论‘普世价值’是否存在及‘普世价值’鼓吹者们的政治目的”，《政治学研究》，2008 年第 5 期。

② 《列宁全集》（第三十五卷），人民出版社 2017 年版，第 243 页。

③ 《毛泽东文集》（第 7 卷），人民出版社 1999 年版，第 209 页。

上的摇摇欲坠，必须以居安思危的政治清醒、勇于斗争的思想意识，保持战略定力、战略自信与战略耐心，以身示范建构更加公正合理的国际新秩序，提升联合国的作用、健全世界贸易组织的功能、优化国际货币基金组织的公正性、确保世界卫生组织的权威、制约国内法凌驾国际法行为，尽最大力量减少变局的不确定性。面对不断激化的中美矛盾，中国依旧保持足够的克制，始终主张中美关系是世界发展的“压舱石”“稳定器”“平衡力”，中美和则世界兴、中美斗则世界乱，和则两利、斗则双输。习近平主席指出：“我们有一千条理由把中美关系搞好，没有一条理由把中美关系搞坏。”[①] 中美的不同价值立场，是可以在大变局中实现价值共处与多元共赢的。

第二，既要充分彰显社会主义核心价值观自信，又要淡化价值观冲突。在面上不应该将中西价值观对立激化，尽量争取更长的和平发展环境，为中国在实力上赢得战略主动做好筹划。不能简单地认为，“美国做什么，中国就要反对什么；美国不做什么，中国就要做什么”这样直白的对抗，会使中国在国际社会上失去在西方社会中可以争取到的盟友，甚至“道义”的支持。中国既要认清美西方那种“无中生有”的“栽赃陷害”的“无底线”，又要在维护国家核心利益时适度学习借鉴这些手段，更要善于用正义的立场去包装中国应对西方价值冲突的有效策略。单纯本着“自己不主动去惹是生非，但如果他人惹是生非，也不会怕”的原则依然是被动的，培育社会主义核心价值观，树立社会主义核

① 《习近平谈治国理政》（第二卷），外文出版社 2017 年版，第 488 页。

心价值观自信，强大社会主义主流文化，不仅需要积极吸收西方文化的合理成分，更应当重视加强民族本位文化、悠久文明的创新创造，以发挥中华5000多年文明在增进各民族国家的团结中的价值认同作用。在人类发展的历史长河中，不存在一种超越历史、超越阶级的具有抽象性的“普世价值”。科学的马克思主义方法告诉我们，在一定时空中，人类会有一些价值共识，马克思主义所设想的未来社会，最终是建立一个没有压迫、没有剥削、人人平等、人人自由的理想社会。以马克思主义思想为指导的中国所推出的社会主义核心价值观，其理论和实践上的成功经验正在得到世界各国的广泛认同和接受，社会主义核心价值观必将社会主义文明带向全世界，在更广范围获得更多的价值共识。

第三，培育理性的国民心态，前瞻研判应对网络中的价值观冲突隐患。网络安全问题日益成为国际焦点，中国应积极倡导建立规范网络空间的国际规则。有专家指出，假如新冠疫情主要发生在中国，那些攻击敌视中国共产党和中国制度的人一定会联合起来，给中国送来人间最恶毒的价值攻击：他们很可能要把中国从古到今、从上到下、从里到外都彻底掀翻、砸烂、批透，从祖宗文化，到现在的人、现在制度，从黄色皮肤到方块文字，都一概要被他们骂得体无完肤，散布“中国无能论”、“中国倒退论”、“黄祸论”、“东亚病夫论”。必须高度重视新科技革命带来的意识形态内容的生产、传播、隐蔽而形成的价值观消解风险。前瞻和预判意识形态在网络空间中的多维特征，以大数据摸清非主流意识形态的基本发展趋势，重点关注公知大V的言论，通过大数据抓取实时监控网络安全态势，打好网络空间的价值观保卫战。

第四，加强国家凝聚力，提振意识形态建设外循环。经济上要搞内循环，减少中国对世界经济的依赖，但在意识形态和价值观建设中，必须不断扩大外循环，赢得更为广泛的国际认同，结成更大的“朋友圈”。新中国成立70多年来，中国先后同179个国家建交，参与了几乎所有政府间国际组织和500多项国际公约，建立了110对伙伴关系，“伙伴网”越织越密，中国日益融入国际体系，积极参与全球治理，中国主张和中国智慧获得越来越多的国际认可。必须继续扩大这种优势，认真总结反思苏联的教训。习近平总书记深刻指出：“苏联为什么解体？苏共为什么垮台？一个重要原因就是意识形态领域的斗争十分激烈，全面否定苏联历史、苏共历史，否定列宁，否定斯大林，搞历史虚无主义，思想搞乱了，各级党组织几乎没任何作用了，军队都不在党的领导之下了。最后，苏联共产党偌大一个党就作鸟兽散了，苏联偌大一个社会主义国家就分崩离析了。这是前车之鉴啊！”① 苏联几任领导人的调整不仅未能从根本上重视及纠正文化发展的方向，反而使苏联文化遭遇更严重的危机，最终在文化危机与政治危机、经济危机合力下导致苏联解体。美国的文化渗透致使苏联丧失文化主阵地，苏联的国家价值认同危机。我们既要积极应对以武力打压为手段导致的精神征服，又要在价值观领域防止隐蔽性渗透，认清强势国家以其雄厚的经济、军事实力为后盾，利用现代媒介肆意向外推行其价值主张，妄图统摄甚至抹煞其他国

① 习近平：“关于坚持和发展中国特色社会主义的几个问题”，《求是》，2019年第7期。

家的价值观，破坏文明生态，实施文化殖民，驻阿美军撤离时的狗命比人命贵的残酷现实再次警醒那些第三世界国家，弱者如不能保持文明与价值观上的独立，其所依赖的文明终究会遭遇强势文明的遮蔽。

第五，强化国家物质凝聚力、国家精神凝聚力、伟大建党精神凝聚力、国家政治凝聚力、中华文明凝聚力、国家文化凝聚力和国家安全凝聚力，必须及时质疑和批判外交投降主义、心态上的跪美崇美主义、依附心态上的臣妾主义，严厉对抗侵蚀国家凝聚力、误导国家发展的价值理念。比如，销毁核武器以取悦美国等错误言论。如果说印刷品比军队和坦克推进得更快、更深入，那渗透在网络中的外来观念则直接抵达每一个中国人的电子产品的终端，它们常常通过质疑主流价值观来消解社会主义制度的合法性，威胁攻击中国政治秩序的稳定性。如果说苏共是通过印刷品而被西方征服的，以偷梁换柱的方式实现对苏联价值观的更替，并使之溃败和投降，在大变局与网络智能化时代，美西方掌控着网络的主导权，网络价值观输出比之攻克苏联时代的印刷品来得更有冲击力与破坏力，也更隐蔽，必须保持网络话语中对中国制度、中国道路认识的统一性，防止西方构建新的话语范式，通过网络制造价值观紊乱，提防披着西方价值观外衣的“极权主义”“专制主义”“威权主义”“政治专制”，倡导不关心国事的“小民尊严论”、谁执政都与我无关的“个人幸福论”，对中国意识形态实施观念入侵，消解国家凝聚力，弱化制度认同感。

第六，对外宣介中要讲好中国共产党的故事与伟大价值。只要没“变色”，“染色”行动就不会停歇，这是美西方持续发动对我颜色革命的一贯立场。实践证明，在国际舞台上，中国共产党不说自己好，很难让别人说我们党好；我们自己不注重国际舆论引导与塑造，就很难改变挨骂的局面，也无法充分展示国家的良好国际形象；我们不去从根基上毁掉对我进行颜色革命的惯用手段，就无法避免被腐蚀的风险。要自信地讲、大胆地讲中国共产党的发展壮大史、中国共产党领导中国人民脱贫攻坚史、中国共产党集中统一领导创造的抗疫奇迹。既要从宏观上讲中国共产党的光辉历程，讲“中国共产党为什么能”“中国特色社会主义为什么好”“社会主义为什么行”，也要在微观上结合不同文化表述风格、表达方式、接受习惯，用接地气、有温情、显情怀、敢担当的表述与西方文化合流。创新外宣管理模式，减少层级管理，以扁平化提高效能，以快速化精准反应，网络化便捷传播。把中国共产党的主张与世界正面临的一系列严峻挑战结合起来，与公平正义的多边主义结合起来，与共建绿色、清洁、健康、创新的“一带一路”结合起来，充分展示中国共产党促进世界经济和全球治理朝着更加公正合理、互利共赢的方向发展的价值立场，造福全球、增进全人类共同福祉的天下情怀。通过抗疫合作打造健康之路，通过商贸往来打造合作之路，通过倡导人类命运与共同打造全球治理之路，通过搭载中国经济发展便车走向经济增长之路，通过相互尊重、求同存异、互学互鉴打造政党外交之路。

第七，在平衡自身利益与国际责任中展现跨越金德尔伯格陷阱的大国担当。“金德尔伯格陷阱”是指在全球权力转移过程中，如果新兴大国不能承担领导责任，就会导致国际公共产品短缺，进而造成全球经济混乱和治安失序。2020年，中国在世界主要经济体中，是唯一一个实现正增长（2.3%）的国家，中国GDP（国内生产总值）已经达到了美国GDP的70%。在百年未有之大变局的背景、百年一遇的新冠疫情的加速演进和美国频繁退群的多重作用下，美国已经显示出不能、也不愿为世界提供更多国际公共产品的强烈意向。作为广大发展中国家和新兴经济体的代表，自2010年已经稳居世界第二大经济实体大国的中国，是否能够接替美国为全球提供公共产品，避免世界陷入“金德尔伯格陷阱”？是世界发出的一个疑问。中国共产党是百年大党，也是世界上最大的党。正如习近平总书记所指出的，“大就要有大的样子”。作为大国大党，“欢迎大家搭乘中国发展的列车，搭快车也好，搭便车也好，我们都欢迎”①。但是，我们必须清楚，中国担当国际责任，不是要为美国的贸易保护主义买单，不是要为美国的修正主义和制度霸权买单，中国既要勇于担当，为世界发展发挥引领作用，也要维护好自身利益，承担一个发展中大国应有的责任，不能在西方捧杀中失去判断。与发达资本主义国家相比，我们还有很大差距，所谓的“权力中心转移”与“经济中心转移”是相对意义上的，具有量的意义，而质的意义还不充分。中国承担大国责任，应努力重塑公平公正的新秩序，“各国都应成为全球发展的参与者、贡献者、受益者。不能一个国家发展、其他国家不发展，一部分国家发展、另一部分国家不发展。

① 《习近平关于社会主义文化建设论述摘编》，中央文献出版社2017年版，第210页。

各国能力和水平有差异，在同一目标下，应该承担共同但有区别的责任”①。面对国际社会遭遇治理赤字、信任赤字、和平赤字、发展赤字，中国主张以公正合理、互商互谅、同舟共济、互利共赢方式建设美好世界。

第八，必须从技术创新、战略、舆论与外宣等方面做好应对“脱钩”准备。抵制单边主义是顺应世界呼声的“去美国化”运动，中美关系即便走向对抗的极端化，作为代表正义一方的中国也不会任凭欺凌而不敢亮剑，我们必须始终以正义立场有理有节地应对美国对中国的打压。资本主义衰退是必然趋势，其固有矛盾难以调和是最终内爆的根源，这是马克思主义揭示的历史发展规律，也是我们制度自信的来源。认清“纸老虎”的本质，处理好战略藐视与战术重视的关系，剔除恐美心理，外加核武器平衡的存在，双方会保留管控分歧的底线，即便天塌下来，除了顶上去也别无选择。“中美之间博弈不是世界第一、第二的博弈，而是正义与非正义的博弈，是前进和后退的博弈，是开放与封闭的博弈，是经济全球化还是逆全球化的博弈。”②“世界经济的大海”不应该“退回到一个一个孤立的小湖泊、小河流”、国与国之间会不能重新筑起围墙。但竞争对手已经出招，如果我们不还手，将损失更大，在外贸上、技术上也应做好准备，以应对美国“去中国化”的“脱钩”。中国不愿意把中美贸易摩擦上升为

① 习近平：《习近平在联合国成立70周年系列峰会上的讲话》，人民出版社2015年版，第2页。

② 陈文玲：“对当前中美经贸关系走势的分析与研判”，《学术前沿》，2019年7月（上）。

社会主义和资本主义两种社会制度、两种意识形态的较量，但我们也必须充分认识到中美贸易摩擦无法剥离意识形态斗争的属性，这种与意识形态捆绑的摩擦具有长期性、尖锐性和复杂性，我们要“坚定战略定力，树立长期作战思想，下定决心准备打持久战”。当前中国仍处在经济崛起的起步阶段，对美国主导的经济体系、技术体系存在脆弱性依赖，美国打压中国华为等高科技公司，中方却无法在高科技领域实施对等反制，比如，打压微软可能导致中国90%的电脑瘫痪，但这次学费虽然昂贵，教训与警醒价值却极大：核心技术必须掌握在自己手中，中国已经“不能寄希望于继续在美国主导的体系内实现经济崛起，需要具备与美国主导的国际经济体系‘脱钩’的底线思维和必要准备”，以应对来自美国的意识形态挑战、经济挑战、政治挑战和军事挑战。决不能让中国对中美关系稳定向好的愿望，变成美国对中国反复勒索和抬价的筹码，也要警惕美国利用中国稳定发展中美关系的迫切愿望，极限施压逼迫中国在核心利益上妥协。虽然在意识形态领域，中国与美较量的“软实力”“锐实力”“话语权”“议题设置权”有待提高，但今日的中国毕竟不是当年冷战下的苏联，我们要有敢打敢胜的信心和决心。

四、弘扬全人类共同价值

第一，中华文明反对抗求共存，反暴力求和平。中华文明之所以绵延至今，“正在于以文明的时间传播（道德传统、文明遗产之传承）救济文明空间扩张之种种流弊，力戒贫富过度分化、政治权力过度集中、穷兵黩武、种族主义以及过度的文明需求对自然生态的破坏，从而永葆文明的连续统一”[①]。中国人始终站在历史正确的一边、价值正确的一边，抑恶扬善、弘扬全人类共同价值。并不是每个憧憬世界美好未来的人都能提出一种可以实践的方案，能够拓展人类文明未来发展空间的，一定是建基在唯物史观基础上的新主张，百年共产党“深刻影响了世界历史进程”，自然也极大修正了人类文明的发展进程。拜金主义、享乐主义、极端个人主义和历史虚无主义都是文明发展的“废弃物”，这既是普世价值导致的直接的或次生灾害，也是恶意搞意识形态划线、标签西方联盟为“文明阵营”，丑化社会主义的阵线为“野蛮或集权主义阵营”的结果。面对普世价值的渗透和意识形态划界，中国人民依然怀着“比海洋、天空更为宽广的胸怀”与西方友好相处，结伴而不结盟，不搞集团对抗，提出各个民族国家、各种文明不以强加文明为目的、不为改变别国的社会制度为使命，基于人类只要存在下去，都应该接受或尊重的一些共性的价值主张，提出“弘扬和平、发展、公平、正义、民主、自由的全人类共同价值，引领人类进步潮流”[②]。中国愿意把来自 5000 年的智慧转化成可以达成共识的世界语言，传递中国话语、中国范式、中国理念与全人类共同价值追求相遇的必然性、相融的可能性、互鉴的有益性。这些既是中华优秀传统文化的追求，体现

---

① 毛峰：“回归道德主义：孔子文明传播思想论析”，《南开大学学报》，2005 年第 3 期。

② 《中共中央关于党的百年奋斗重大成就和历史经验的决议》，人民出版社 2021 年版，第 60 页。

在代表中华文明血脉的民族精神之中，也是习近平新时代中国特色社会主义的核心要义，浓缩在时代精华之中，更是世界各国都要面对的文明发展之问，是直抵人心的共同的生存呼唤，弃之则必酿人间惨剧。从这个意义上看，马克思主义中国化的第三次飞跃，既要“飞出”中国特色社会主义理论体系，又要“融入”世界社会主义发展浪潮，从中国特色社会主义的“国别史”走向中国特色社会主义的“世界史”，超越“中国”二字的限定，成就“人类”文明新形态，“给世界上那些既希望加快发展又希望保持自身独立性的国家和民族提供了全新选择”①，进一步扩大对世界历史进程的影响。世界各种文明应牢记殷鉴不远的冷战惨痛、法西斯铁蹄下的人间地狱。我们既倡导各种文明应固本培元、守正创新，又主张打开文明的大门交流交融，携手建设更加开放、包容、普惠、平衡、共赢的美好新世界。将中华优秀传统文化这项中华民族的突出优势，放到新时代条件、大变局语境中传承和弘扬好，既要坚持“在世界文化激荡中站稳脚跟的根基”②，又要在中华优秀传统文化传承发展方面，向世界传播我们的价值信念，以全人类共同价值的倡导者身份讲好中国故事，以全人类平等交流的参与者的地位讲好中国共产党故事。

第二，广泛宣传中国是全人类共同价值的坚定维护者、实践者与推动者。中国梦与世界各国人民的美好梦想相通，中国与世界人民一道追求和平、幸福并奉献世界，这些是人类共同价值的

① 《中共中央关于党的百年奋斗重大成就和历史经验的决议》，人民出版社 2021 年版，第 64 页。

② 《中共中央关于党的百年奋斗重大成就和历史经验的决议》，人民出版社 2021 年版，第 46 页。

基础。提升“全人类共同价值”话语权，重塑和平、发展、公平、正义、民主、自由的内涵及表达方式，奠定“人类命运共同体”的价值基础，增强国际社会的认同度，关键在于中国是否具有强大的文化软实力作为支撑和保障。中国提出“人类命运共同体”和“全人类共同价值”理念，超越美国意识形态二元对立的价值观和冷战思维，它不为任何一个国家或民族的政治意图服务，而是基于对人类社会前途命运的深层关怀，为解决人类面临的共同时代难题而提出的中国方案。中美之间的竞争，主要看谁对人类命运共同体承担的责任大、所做的实质性贡献大，谁就能得到国际社会的高度认同。目前，中国在软实力层面仍然处于相对弱势的地位。根据英国波特兰公司所发布的 *The Soft Power 30*，2015 年至 2019 年，中国软实力在全球的排名始终处于 25 至 30 名之间，这说明中国与西方主要发达国家的软实力仍然存在较大差距。中国以价值观为核心的文化话语权在国际社会仍有较大的提升空间。中国文化软实力的建设应将提升“全人类共同价值”话语权、为构建“人类命运共同体”提供价值支撑，作为当前一项重要的战略任务；必须以大战略、大智慧、大手笔赢得战略主动，将中华文明中契合国际道义正能量向世界广泛传播，比如大道之行、天下为公；要正义、不要邪恶，要平等、不要傲慢，要公正、不要偏见，要多边、不要单边，要合作、不要对抗，要共赢、不要损人，是国家兴亡之道。习近平总书记指出：“今天的人类比以往任何时候都更有条件共同朝着和平与发展的目标迈进。”中国特色社会主义制度和国家治理体系展现的强大优势，既是人类制度演进的历史必然性的证明，也昭示着未来社会发展与变革方向的必然趋势。两种制度存在根本性矛盾和不可弥补的裂缝，当前社会主义与资本主义的力量对比，特别是站在真理和道义制高点一方的中国特色社会主义制度，展示出来的硬实力、塑造力、引领力与发展潜力正在表征出于我有利的明显优势，具有制度转型意义的“大变局”正在发生。

五、为人类文明新形态开辟价值空间

2014 年 6 月 5 日，习近平主席在中阿合作论坛第六届部长级会议开幕式上做了题为“弘扬丝路精神深化中阿合作”的讲话，以冯友兰所撰的《西南联大纪念碑》碑文——“五色交辉，相得益彰。八音合奏，终和且平”，道出中国对世界和谐的主动追求。大力提倡全新人类文明主张的“三个不代表”：正义的全球治理绝不能仅仅代表少数国家的少数资本家的利益；公正的全球秩序绝不能体现为某个国家的“利益优先”；人类文明的美好未来绝不能以单一文明形式遮蔽人类文明的多姿多彩。习近平主席指出：“文明之间要对话，不要排斥；要交流，不要取代。人类历史就是一幅不同文明相互交流、互鉴、融合的宏伟画卷。我们要尊重各种文明，平等相待，互学互鉴，兼收并蓄，推动人类文明实现创造性发展。”[①] 百年来，中国共产党不仅创造了中国式现代化新道路，也创造了人类文明新形态。人类需要在文明的多样性中谋求共识，高度契合人类发展理念、怀有天下一家协和万

① 习近平：《习近平在联合国成立 70 周年系列峰会上的讲话》，人民出版社 2015 年版，第 18 页。

邦思想、经过马克思主义改造的东方文明有望成为世界主导文明形式。

第一，倡导以和谐共处法则取代西方文明所崇尚的丛林法则。西方文明、西方文化深刻影响世界几百年，资产阶级以人类文明的集大成者、人类文明的最高阶段自居，把自我美化为全人类的代言人，把他们的价值主张升华为极端化的人类共识：谁反对这些共识，谁就是反对全人类、反文明的代表。在依托于西方文明的资产阶级意识形态的这种攻势下，大多数落后国家乃至社会主义国家被逼把自己的文明与文化丑化或束之高阁，被动接受资产阶级的观念，甚至毫无批判地吸收资产阶级的观念来“更新”自己的文明与文化体系，最终变成失去文化根性的精神迷失者、“颜色革命”的受害者与亡党亡国的流浪者。资本是按照自己的嗜血本性建立秩序与规则，资本主义制度的扩张始终是以资本为先锋队，资本主义制度和资本在对外扩张中总是依靠不平等原则来获利，这种唯我独尊的霸权必然会带来文化霸权、文化同化、单向度精神钳制，对抗文化平等、抹去文化多元。人类要走出丛林法则，必须依靠比资本主义更有竞争力的制度文明，走出西方单一文明模式，倡导多元文明交融互鉴，张扬社会主义制度文化的优越性，挖掘中华5000年文明的时代价值。在这个意义上，百年未来之大变局是西方文明宰制世界的终结，多元文明的兴起，特别是“东方文明”以其对未来世界的深邃洞见，为人类的发展指明了新路径。以中国为代表的广大发展中国家和新兴经济体的群体性崛起，将会对西方主要经济体长期把持的国际格局和国际体系产生深刻的冲击并提出调整需求，为建立更加公正的国际秩序、国际格局、国际体系带来战略机遇，并将促成形成全球更加公平、公正的治理体系和治理格局。

第二，倡导以中华文明的“王道”代替西方文明的“霸道”。颐指气使的“教导文明”应当被“学习文明”和“对话文明”取而代之。西方痴迷于把自己的主张高度道德化和意识形态化，把自己的制度神圣化，而把非西方文明“妖魔化”，把非资本主义制度“邪恶化”。事实上，具有包容性的文明必然要取代唯我独尊的文明模式，世界文明的百花园应该是多样而富有色彩的，今日世界已经不能按西方一种文明模式和制度范本演进。正如亨廷顿所说：“多元文化的世界是不可避免的，因为建立全球帝国是不可能的……维护世界安全则需要接受全球的多元文化性。”① 正如习近平所说：“人类只有肤色语言之别，文明只有姹紫嫣红之别，但绝无高低优劣之分。认为自己的人种和文明高人一等，执意改造甚至取代其他文明，在认识上是愚蠢的，在做法上是灾难性的！”② 西方中心主义无法引领世界走向美好未来，这样的文明必将终结，西方霸权的终结也必然伴随着西方文化的衰落。西方文明主张历史终结式的“一统天下”，东方文明则推崇不同文明能够各美其美“和而不同”，主张“好战必亡”是中华文明深刻思想的印证，致力与世界各国开展互利合作是中华文明中的“义利观”的实际应用。合作共赢是人间正道，那种唯我独尊、损人利己、以邻为壑的狭隘思想，只能给命运紧紧相连的

① 塞缪尔·亨廷顿：《文明的冲突与世界秩序的重建》，周琪等译，新华出版社1998年版，第3678页。

② 《习近平谈治国理政》（第三卷），外文出版社2020年版，第468页。

人类带来灾难。国际意识形态必须重新洗牌，终结“文明霸权”是实现全球治理的关键，文明冲突必然让位于文明和谐，经由创新性发展与创造性转化的东方文明的兴盛带有天然的必然性，吸纳中华5000年文明精华的21世纪的马克思主义有能力逐步成为多样文明与多元文明的领跑者，将中华文明的丝线编织到着眼于世界美好未来的全球共识之中。强化中华文明就是人类现代化的主流文明，既有财富又有自由，既有公平又有共同富裕。中国不是世界灵魂的攫取者，而是世界灵魂的丰富与集大成者。从人类文明的逻辑立场解释中国崛起、中国道路，构建中国崛起的文明新语境，以中华5000年文明的博大张力主推“和而不同”的差异化文明交往，强调“内生外王”对“修昔底德”陷阱的超越，主张“睦邻友好”、协和万邦、天下大同的“王道”价值，尊重弱小国家的主体性、民族文化的原生性、文明传统的平等性。

第三节　不断丰富发展人类文明新形态

党的二十大报告指出：“我们对新时代党和国家事业发展作出科学完整的战略部署，提出实现中华民族伟大复兴的中国梦，以中国式现代化推进中华民族伟大复兴，统揽伟大斗争、伟大工程、伟大事业、伟大梦想，明确‘五位一体’总体布局和‘四个全面’战略布局，确定稳中求进工作总基调，统筹发展和安全，明确我国社会主要矛盾是人民日益增长的美好生活需要和不平衡不充分的发展之间的矛盾，并紧紧围绕这个社会主要矛盾推进各项工作，不断丰富和发展人类文明新形态。”① 丰富和发展人类文明新形态是党和国家事业发展的题中应有之义。

一、深化人类文明新形态的中国特色社会主义建构

“在语义上，人类文明新形态是以人类文明为立足点的中华文明的当代形态，是富含新意的人类文明的崭新形态，是具有独立形态的现代文明的中国形态。”② 坚持和发展中国特色社会主义就是对人类文明新形态的最忠实的践行与发展。新时代十年，中国共产党带领中国人民在推动物质文明、政治文明、精神文明、社会文明、生态文明协调发展上迈出坚实步伐，迈上全面建设社会主义现代化国家的新征程，为不断丰富和发展人类文明新形态注入新内涵。人类文明新形态是可亲、可敬、可爱的全新人类文明形态，要在坚守中华文化立场中展现中国形象，要在提炼中华文明的精神标识和文化精髓中融入生动的中国故事，要全面提升国际传播效能，将中国声音传得开、传得响、传得远、传得活、传得久，展现可信、可爱、可敬的中国形象、中华文明形象，概括提炼我们独特的文化传统、独特的历史命运、独特的基本国情和独特的奋斗目标，从“理论依附”走向“理论自主”，

---

① 习近平：《高举中国特色社会主义伟大旗帜 为全面建设社会主义现代化国家而团结奋斗——在中国共产党第二十次全国代表大会上的报告》，人民出版社 2022 年版，第 7 页。

② 杨非非、任晓伟：“人类文明新形态的话语生成逻辑”，《学习论坛》，2022 年第 6 期。

提升中国理论的“免疫力”①，形成完整而严密的关于中国式现代化的理论体系、学术体系和话语体系，充分发挥马克思主义学院、马克思主义研究院的思想创新与引领作用。“据统计，全国高校中马克思主义学院在2016年一跃发展到454家；2017年达到653家；2018年达到834家；2019年这个数字突破了一千家，达到1012家；这个数字在2020年又改写为1161家。”② 目前，这一数字刷新为1440家。在推动文明交流互鉴中，马克思主义研究者、大学思政课老师、智库智囊的专家要积极争取我们的国际话语权、发言权、议题设置权，推动中华文化更好走向世界，向世界展示坚定走相互尊重、和衷共济、和合共生的人类文明发展正确道路的中国决心与发展人类文明新形态的中国行动，在全球广泛平台上大力弘扬平等、互鉴、对话、包容的文明观，以生动的中国故事、鲜活的中国形象，使中华文化更加深入人心。

方向决定道路，道路决定命运。“应对共同挑战、迈向美好未来，既需要经济科技力量，也需要文化文明力量。”③ 经过新时代十年的攻坚克难，我们闯过了一个个难关险阻，创造了一个个人间奇迹，中国特色社会主义与中国式现代化不断向纵深推进。今天，中国共产党团结带领中国人民又踏上了实现第二个百年奋斗目标新的赶考之路，在新时代新征程上，我们举什么旗、走什么路、以什么样的精神状态、朝着什么样的目标继

① 韩庆祥：“人类文明新形态与发展21世纪马克思主义”，《中国社会科学报》，2022年9月29日。

② 陈占安：“关于建强建优全国重点马克思主义学院的思考”，《思想理论教育导刊》，2021年第8期。

③ 《习近平谈治国理政》（第三卷），外文出版社2020年版，第465页。

续前进？习近平总书记在党的二十大报告再次强调，“坚持党的全面领导是坚持和发展中国特色社会主义的必由之路，中国特色社会主义是实现中华民族伟大复兴的必由之路，团结奋斗是中国人民创造历史伟业的必由之路，贯彻新发展理念是新时代我国发展壮大的必由之路，全面从严治党是党永葆生机活力、走好新的赶考之路的必由之路”①。新时代、新征程，党和国家事业发展必须坚持的领导核心、必须坚持的前进道路、必须葆有的精神风貌、必须遵循的发展理念、必须依靠的重要保障，科学指明坚持新时代党和人民奋进的必由之路。在坚持党的领导这个重大原则问题上，绝不能有任何含糊和动摇；中国特色社会主义是当代中国发展进步的根本方向，是改革开放以来党的全部理论和实践的主题；中国特色社会主义是实现中华民族伟大复兴的康庄大道；团结奋斗是中国共产党和中国人民创造历史伟业的最显著的精神标识；新发展理念是确保在日趋激烈的国际竞争中把握主动、赢得未来的不二选择；只有保持党不变质、不变色、不变味，清除一切侵蚀健康肌体的病原体，人民的政党方能永葆青春、行稳致远。

“五个必由之路”是中国式现代化道路的生动诠释，是开创人类文明新形态的主要手段，也是丰富和发展人类文明新形态的现实载体。“五个必由之路”的重大论断贯通历史、现实和未来，融通中国与世界，站在真理和道理的制高点，给

---

① 习近平：《高举中国特色社会主义伟大旗帜 为全面建设社会主义现代化国家而团结奋斗——在中国共产党第二十次全国代表大会上的报告》，人民出版社 2022 年版，第 70 页。

世界上那些既希望加快发展又希望保持自身独立性的国家和民族提供了全新选择，为解决人类问题提供了“必由之路”。既是新时代中国发展的理论总结和升华，也是世界上其他发展中国家走向现代化的重要参照；既是全体中华儿女锚定目标、意气风发、阔步迈向中华民族伟大复兴的光辉未来的行动指南，也是世界人民寻求美好生活的新起点；既是引领中国以更加昂扬的斗志、更加自信的步伐奋进新征程、建功新时代的宣言书，也是为人类谋进步、为世界谋大同，推动建设更加美好世界的奋进号角。

二、发挥人类命运共同体与人类文明新形态的互促效应

时代是思想之母，实践是理论之源。中国共产党和中国人民以开放的胸襟勇于融入世界经济和人类文明大潮之中，率先“开启了一种不同于西方现代文明的思想空间与实践样态，生成了一条独特的文明跃迁道路”①。中国特色社会主义主张，“我们既要让本国文明充满勃勃生机，又要为他国文明发展创造条件，让世界文明百花园群芳竞艳”②。如何在新的历史条件下推动人类解放目标的实现？当前，“世界百年未有之大变局加速演进，新一轮科技革命和产业变革深入发展，国际力量对比深刻调整，我国

① 张永刚：“人类文明新形态的中国特色社会主义建构”，《探索》，2022 年第 4 期。

② 习近平：“深化文明交流互鉴 共建亚洲命运共同体：在亚洲文明对话大会开幕式上的主旨演讲”，《人民日报》，2019 年 5 月 16 日。

发展面临新的战略机遇。”① 新时代中国共产党人必须做出战略策略上的调整和改变，以适应发展中的新形势和新变化，进行符合时代特征的新的伟大斗争。进入 21 世纪，和平与发展的时代的主题遭遇挑战，各种不确定性、不稳定性更加突出，人类面临着前所未有的矛盾和危机。与此同时，国际力量对比发生重大调整，形成了“东升西降”的新世界格局，世界范围呈现两种社会制度长期共存的客观事实。以习近平同志为核心的党中央坚持马克思主义的基本立场和方法，在深刻把握中国与世界发展大势中理性认识当代国际关系的新变化，不断探寻 21 世纪人类发展进步的实现方式。针对“世界怎么了，我们怎么办”这一关乎人类前途命运和世界未来发展的“时代之问”“世界之问”“人类之问”，习近平总书记在多次重要会议和讲话中提出“构建人类命运共同体”的中国方案，积极推动建设相互尊重、公平正义、合作共赢的新型国际关系，以化解全球性危机，共创人类美好未来。

从本质上看，积极推动构建人类命运共同体是反对霸权主义和强权政治的合理选择，不同国家应该坚持和平共处原则，中国主张以和平方式处理国际争端与冲突，超越了资本主导下的冷战思维和强权外交，为 21 世纪全球关系问题的正确处理提供了一种崭新样态。针对西方中心主义的文明论调，人类命运共同体尊重世界文明的差异性和各国文明发展道路的多样性，主张以文明

① 习近平：《高举中国特色社会主义伟大旗帜 为全面建设社会主义现代化国家而团结奋斗——在中国共产党第二十次全国代表大会上的报告》，人民出版社 2022 年版，第 26 页。

的交流互鉴超越文明的对抗冲突，昭示着一种新的全球文明理念的生成，为21世纪人类文明进步指明了前进的方向；针对西方大国“赢者通吃”的利益逻辑，人类命运共同体秉持“以义为先、义利兼顾”的发展理念，遵循世界各国合作共赢的目标原则，为重塑世界利益格局、实现全球繁荣发展开拓了新的路径。可以看出，人类命运共同体理念以其超越性特质描绘了经济全球化时代全人类和平发展的共同愿景，体现了人类文明新形态重要的世界意义。

三、大力发展社会主义数字文明

习近平主席在出席2015年第二届世界互联网大会时指出，“纵观世界文明史，人类先后经历了农业革命、工业革命、信息革命”[①]。数字技术正在广泛影响经济、政治、文化、社会、生态文明建设各领域和全过程。有人说“从人类文明发展一般样态看，人类史亦是数字史”，“可以说任何文明的推进都需要数字文明的革新。”[②] 随着新一代信息技术的发展，云计算、大数据、区块链和人工智能等新兴互联网技术方兴未艾，以信息化驱动现代化、以数字化引领智能化是现代社会发展的基本路径，在数据的采集、整合、储存、管理、交流和分析中蕴含着文明传播的基质，数字时代必须打造数字文明。互联网是老百姓“接受信息”

① 中共中央党史和文献研究院：《习近平关于网络强国论述摘编》，中央文献出版社2021年版，第35页。

② 孙亮：“从数字化生存批判到数字文明建设：一种研究范式的转换”，《福建师范大学学报（哲学社会科学版）》，2023年第1期。

“传播信息”“发声表达”的主渠道，也是商业数据开发、信息资源化、投送定向化的重要载体。在文明发展的浪潮中，阿尔温·托夫勒在《第三次浪潮》划分了“第一次浪潮文明”农业文明，“第二次浪潮文明”工业文明，“第三次浪潮文明”信息文明，第三次浪潮“意味着工业化文明的末日，展示着一个新的文明正在兴起”[①]。在数字化带来伟大成就的同时，互联网又是虚假信息、黄赌毒泛滥的主要载体，还伴随着数字垄断、数字宰制、数字茧房、数字剥削，“在经济领域，平台经济的飞速发展在构建新型经济模式的过程中，出现了诸如冲击现有市场秩序（比如不公平竞争）、抑制技术创新发展（比如扼杀式并购）、损害消费者利益（比如个人信息滥用）、侵犯劳动者权益（比如算法剥削）等现象”[②]。建设网络文明需要从数字文明入手，建构健康向上的数字网络环境。

在流量为王的时代，“大流量”就是“大商机”，大数据是掘金的新宝藏，数据流量已经成为“算法”瞄准的滚滚财源。社交网络，网购平台，美团、大众点评等消费平台基于数据库的精准算法，经常性推送浏览者反复浏览过的类似商品、店铺、餐食，直至“甲方成为消费的乙方”，从潜在顾客变成消费主体，相关的捆绑推送才会终结，并不断诱导生成浏览者新的网购消费欲望。社交工具可以轻易算出使用者在某一年度或时段与谁聊天最频繁、聊天时间最长、彼此最关切。美团与大众点评网可以根

① 阿尔温·托夫勒：《第三次浪潮》，朱志焱、潘琪译，生活·读书·新知三联书店 1984 年版，第 46 页。

② 郑永年、洪晓文：“数字文明时代 中国有动力起到引领作用”，《中国中小企业》，2022 年第 10 期。

据消费者一年的消费记录、点评、浏览痕迹，生成消费偏好、浏览偏好，形成所谓的“点评成绩单”“网购成绩单”，告知消费者点评帮助过多少人、四星以上点评多少条、二星以下点评多少条、遍布多少个城市、浏览过多少条内容、点赞收藏多少次，帮助了多少人选对心仪的消费物，又帮助多少人“排雷”与“规避陷阱”。这是基于“算法”给参与者总结的历史成绩单，多少有点年终考核的意义在里面，潜在地暗示使用者，明年该在哪些方面改进与提高，不断激发参与者的主动性与热情，并进一步成为网络人气的支撑者、数据流量的制造者和新用户的有力引导者。甚至有些商家利用大数据捆绑社会热点、虚构情节，利用“正能量”营销，骗取点击量，以“虚假正能量”内容插入广告带货、请求打赏捐赠。在“算法”引导下的人脸、声音和画面自如切换的大数据时代，“有图未必有真相”，这让谣言更加难以辨别。以营利为目的的谣言紧跟热点问题，如炮制抗疫秘方，而攻击社会的谣言往往借势最吸引眼球的热点，制造虚假的敌对，放大生活的痛处。试想，如果不是国家网信办、扫黄打非办公室管理禁令的限制，枪支、毒品等商品，以及反党反社会主义等方面的信息早就会借助“算法推荐”，实现与潜在需求者或真实需求者的精准匹配。这种政府强制本质上也是通过运营商和网络平台的语言指令与算法介入来实现的。

工业革命以技术为核心动能、以工人无产者为关键载体，创造了人类社会文明演进的工业化文明时代，而以大数据、人工智能等为代表的数字技术开创了数字文明时代、数字化生产方式与生活方式，数字技术对世界和人类的深刻影响表征为一种文明的数字化存在样态，深刻改变了人类现代文明。“数值之变可以成‘道义’，可以成‘魂魄’，可以成‘理性’，可以成‘机会’——相似地，万物皆可以数来说明。他们又见到了音律的变化与比例可由数来计算——因此，他们想到自然间万物似乎莫不由数范成，数遂为自然间的第一义。”① 习近平主席在致 2021 年世界互联网大会乌镇峰会的贺信中指出：“数字技术正以新理念、新业态、新模式全面融入人类经济、政治、文化、社会、生态文明建设各领域和全过程，给人类的生产生活带来广泛而深刻的影响。”②截至 2022 年 12 月，我国网民规模达 10.67 亿，互联网普及率达 75.6%，我国线上办公用户规模达 5.40 亿。随着新媒体的快速发展，国际国内、线上线下、虚拟现实、体制外体制内等界限愈益模糊，构成了越来越复杂的大舆论场，变成了社会舆论的放大器。新媒体更具有自发性、突发性、公开性、多元性、冲突性、匿名性、无界性、难控性等特点，意识形态领域许多新情况、新问题往往因网而生、因网而增，许多错误思潮也都以网络为温床生成发酵，“茶杯里的小风波”可能演变成“影响社会稳定的大风暴”，一张图、一段视频经互联网爆发式传播，瞬间就可能成为影响社会稳定的现象级事件。

与智能相结合的大数据正在通过数字语言的深度开发、算法的运用，实现精准信息分发，造成价值传导、人格塑造、网络人群分化，加剧网络阶层意识、群体意识、政治意识的分化。算法

① 亚里士多德：《形而上学》，吴寿彭译，商务印书馆 1959 年版，第 12~13 页。

② “习近平向 2021 年世界互联网大会乌镇峰会致贺信”，《人民日报》，2021 年 9 月 27 日。

推荐已经成为互联网语境下营销、开发潜在客户，实施新闻分发的主流模式，它颠覆了传统信息不对称情况下的“人找信息”、消费者找商家，而是以消费者、阅读者不经意或有意的浏览痕迹为切入口，形成用户偏好的“算法”导向，实施对消费者或阅读者的精准与高效匹配，以算法定位的“信息找人”正在取代“人找信息”模式。商业开发中的“算法推荐”作为市场行为，有极大的经济价值。视频换脸技术中的商机说明，只要有大数据图像样本，即使是一个对视频剪辑一窍不通的外行，只需借助于一个强大的图像处理器，输入一个或几个“算法”，就能实现李逵变“李鬼”的人脸交换，并且可以制作出以假乱真的视频效果。而阅读浏览中的“算法推荐”会造成主流意识形态内容遭遇“算法”屏蔽或信息茧房的隔离，主流价值传播一旦游离于“算法推荐”，就会造成意识形态工作的被动局面，积极内容被消极内容替换进一步加剧群己分离、价值观分化、意识形态工作边缘化。掌控算法平台就能掌控意识形态话语权警示我们，政府即便可以监控浏览器，实现主流宣传内容获得优先置顶的权限，但如果不能在算法上有所介入，风险不仅没有减少，反而会逐步扩大。就如前面提及的“换脸技术”，随着这种技术的集成与简化，其破坏力不可估量。比如，通过伪造领导人发表某种不当政治言论制造扰乱金融市场的虚假权威发布，利用名人效应制造虚假换脸广告。基于大数据的AI技术的发展，必须在技术前端确保视频信息的真实性。当前并没有相关技术能确保受众在社交媒体获取信息的真实性，这一空白会成为敌对势力发起意识形态攻击、制造思想混乱，或者成为不良商家利用虚假数据流量获利的机会。算法使“自主学习”变成“被动学习”，总是浏览自杀信息的人，平台会不会基于“算法”定向推荐自杀指南，从理论上是可以实现的，至少推送关联内容早已成为事实。小说平台可以根据阅读习惯、浏览痕迹算出偏好，根据浏览记录强化偏好给出“猜你喜欢”，技术性地区分出“都市”“穿越”“言情”“玄幻”“仙侠”等推荐类别。算法的存在进一步强化了“被动阅读”“被动学习”的局面。“翻墙”软件的存在在某种意义上是“算法”的二次建构模式，既打通浏览障碍，又依据“算法”深挖潜在的同盟军和国内代理人，培养更多的“美粉水军”，这种被动学习一旦遭遇敌对的意识形态算法捆绑，后果一定很严重，一个算法就可能造就一个“充满敌意的亚群体”。算法使“阅读广泛”变为“兴趣窄化”，局部信息茧房的存在深刻影响着全体人民在理想信念、价值理念、道德观念上紧紧团结在一起的实效，个人兴趣与“算法”之间形成双向叠加与强化，兴趣引导“算法”跟进，“算法”则加剧茧房的束缚，一旦人们将自己的生活桎梏于像蚕茧一般的“茧房”，这种信息圈层化则进一步加剧阅读信息窄化，形成脱离社会主流价值的孤岛，导致兴趣收缩、成功欲望降低、低欲氛围浓烈，也会加剧信息碎片化，强化某种偏激认知，容易被不良自媒体制造的矛盾引导，激化对社会的不满。如标题党往往通过“渣男”“绿茶婊”、“拜金”“享乐主义”“蒙冤自杀”“大学领导或导师强奸行为”为消费点，制造噱头，把社会新闻简单化、法律问题情绪化、整体问题碎片化、严肃问题娱乐化、健康问题色情化。这些不良报道以正义者的身份伪装贩卖敌视社会制度、削弱大学殿堂地位、嘲讽专家学者、离间社会信任、破坏文明法治之目的，也是潜在茧房的制造者。境外媒体信手拈来的攻击中国政治、污蔑中国政府、敌视中国共产党的素材，很多来源于中国的“茧房观点”“茧房自媒体”，我们应该建立自媒体审查的黑名单制度，严把准入关。

我们的生活全面融入数字时代，拥抱数字化生产模式，必须构建数字文明，保护公民的个人权利和隐私，保护数字竞争的公平性、伦理性。总之，数字无处不在，数字文明建设也必须不留死角。在全程媒体、全息媒体、全员媒体、全效媒体时代，信息无处不在、无所不及、无人不用，数据已经成为重要的生产力要素，传统媒体的文明指标、文化要求、思想要求可防可控，随着数字媒体的迭代，“以信息技术、人工智能为代表的新兴科技快速发展，大大拓展了时间、空间和人们认知范围，人类正在进入一个‘人机物’三元融合的万物智能互联时代”①。基于二进制的数字技术，“智能制造取得长足进步，人工智能、数字经济蓬勃发展，图像识别、语音识别走在全球前列，5G 移动通信技术率先实现规模化应用”②。无论技术怎么发展，无论什么形式的媒体，从前端来讲，出产“正能量是总要求，管得住是硬道理”③，从后端和效果来讲，“用得好是真本事”④。线上线下都必须是正能量充沛，大屏小屏都必须清爽干净，网络绝不能是法外

① 习近平：“在中国科学院第二十次院士大会、中国工程院第十五次院士大会、中国科协第十次全国代表大会上的讲话”，《人民日报》，2021 年 5 月 28 日。

② 习近平：“在中国科学院第二十次院士大会、中国工程院第十五次院士大会、中国科协第十次全国代表大会上的讲话”，《人民日报》，2021 年 5 月 28 日。

③ 《习近平谈治国理政》（第三卷），外文出版社 2020 年版，第 318 页。

④ 《习近平谈治国理政》（第三卷），外文出版社 2020 年版，第 319 页。

之地、管不住的“舆论飞地”，让网络空间更加清朗、数字流量更加纯洁、网络文明更加充盈，“把我们掌握的社会思想文化公共资源、社会治理大数据、政策制定权的制度优势转化为巩固壮大主流思想舆论的综合优势”①。

建设社会主义数字文明，必须科学认识网络传播规律。提高用网治网水平，使互联网这个最大变量变成事业发展的最大增量，坚决加强对意识形态阵地的管理，坚决打赢网络意识形态斗争主动仗，建设具有强大凝聚力和引领力的社会主义网络意识形态。高度堤防西方借助互联网对中国发起的“颜色革命”、面向中国定向传播新自由主义、“宪政民主”、“普世价值”与“新闻自由”等错误思潮，推销其经济制度、政治制度和价值观念，警惕他们恶意攻击我们党的领导和我国社会主义制度，极力歪曲、丑化、否定我们的党、我们的国家、我们的军队和我国革命、建设、改革的伟大实践，恶意编造、肆意传播政治谣言。习近平总书记指出：“要深入开展网上舆论斗争，严密防范和抑制网上攻击渗透行为，组织力量对错误思想观点进行批驳。”② 习近平总书记告诫全党“要加强对各种社会思潮的辨析和引导”③，“强化互联网思维”，高度重视推动媒体融合发展，打造舆论矩阵。盯紧互联网这个意识形态斗争的主阵地、主战场、最前沿，科学甄别社会思潮属性的“三个地带”，提出应对黑色与灰色地带的新主张，全方面提高新闻舆论传播力、引导力、影响力、公信力。

---

① 《习近平谈治国理政》（第三卷），外文出版社 2020 年版，第 319 页。

② 中共中央党史和文献研究院：《习近平关于网络强国论述摘编》，中央文献出版社 2021 年版，第 52 页。

③ 《习近平谈治国理政》（第二卷），外文出版社 2017 年版，第 327 页。

建设社会主义数字文明，必须将人类文明新形态的理念注入网络系统。工业母机、高端芯片、基础软硬件、开发平台、基本算法、基础元器件既是重要的技术的单元，也有意识形态的植入捆绑，关键核心技术受制于人，既会造成工业竞争的劣势，也会失去意识形态主动权、管理权的掌控。推动我国网信事业发展，必须贯彻以人民为中心的发展思想，让互联网更好造福人民。要本着对社会负责、对人民负责的态度，依法加强网络空间治理，加强网络内容建设，做强网上正面宣传，培育积极健康、向上向善的网络文化，建设网络良好生态，发挥网络引导舆论、反映民意的作用，为广大网民特别是青少年营造一个风清气正的网络空间；要牢牢掌握舆论场主动权和主导权，用主流价值导向驾驭“算法”，全面提高舆论引导能力，“强化平台企业反垄断、反不正当竞争监管，加强平台企业沉淀数据监管，规制大数据杀熟和算法歧视”①，实现信息内容、技术应用、平台终端、管理手段共融互通，打造一批具有强大影响力、竞争力的新型主流媒体，要形成资源集约、结构合理、差异发展、协同高效的全媒体传播体系，牢牢占据舆论引导、思想引领、文化传承、服务人民的传播制高点，使网络正能量更强劲、主旋律更高昂。

建设社会主义数字文明，在建构数字文明的过程中“必须贯彻以人民为中心的发展思想，把增进人民福祉作为信息化发展的出发点和落脚点”②。2011 年工信部发布的《国家电子政务“十

① “习近平主持召开中央全面深化改革委员会第二十六次会议强调 加快构建数据基础制度 加强和改进行政区划工作”，《人民日报》，2022 年 6 月 23。

② 中共中央党史和文献研究院：《习近平关于网络强国论述摘编》，中央文献出版社 2021 年版，第 25 页。

二五”规划》，2013年工信部发布的《基于云计算的电子政务公共平台顶层设计指南》，2015年《国务院关于印发促进大数据发展行动纲要的通知》，2015年先后制定发布的《关于运用大数据加强对市场主体服务和监管的若干意见》《国务院关于积极推进“互联网”行动的指导意见》，2016年提出“实施国家大数据战略”，密集颁布《国家信息化发展战略纲要》、《国务院关于加快推进“互联网+政务服务”工作的指导意见》、《“互联网+政务服务”技术体系建设指南》和《“十三五”国家政务信息化工程建设规划》，社会主义数字文明管理制度建设日益完善。遵循社会主义数字文明的原则，“一是恪守原则性，坚持对资本主义数字文明的政治经济学的批判；二是注重协同性，强化技术创新与制度优势的有机结合；三是彰显人文性，促进中华文明与数字文明的对接耦合。”① 要营造公平的数据环境，不能任由某些特殊利益集团形成数据垄断，不容许滥用“信息茧房”，不容许将算法推荐变成疯狂追利的手段，不容许不受制度约束与监督而变得一家独大、尾大不掉数据狂魔；争取“算法定义权”，防止资本左右媒体、利用数据算法引导意识形态。2019年1月25日，习近平总书记强调：“要从维护国家政治安全、文化安全、意识形态安全的高度，加强网络内容建设，使全媒体传播在法治轨道上运行。”② 比如，要不要禁止未成年用户直播打赏功能，“算法”可以给出参数和建议；意识形态激化的群落在哪里潜藏，“算法”

① 吴艳东、廖小丹：“人类文明新形态视野下数字文明的本质意蕴及建构反思”，《重庆社会科学》，2023年第1期。

② “习近平：推动媒体融合向纵深发展 巩固全党全国人民共同思想基础”，《人民日报》2019年1月26日。

可以找到他们；那些与境外勾连的敏感人群也可以通过“算法”找到。掌控“算法”，有利于“全天候全方位感知网络安全”状况，推升意识形态的算法参与性，实现意识形态干预的关口前移，减少末端治理的被动局面。“算法定义权”要求我们必须在云计算、大数据、人工智能等技术驱动领域有所作为，扭转基础技术受制于人的局面，掌控互联网核心技术“命门”，拥有我国互联网发展的主动权，才能拥有“算法的定义权”。意识形态植入是基于数据算法来实现了，算法推荐通过数据库里的信息内容进行特征化处理，对用户进行深度感知和画像，以隐语义推荐实现个性化、量身定制化信息推送。我们掌控大数据，就能掌控算法。实施大数据建设工程，是5G时代的一项重要任务。只有减少数据依赖、实现数据独立，才能实现意识形态的独立，也才能降低西方国家通过数据库与算法对我国进行意识形态渗透的力度与效果。通过大数据的“算法”监管“舆论飞地”，不能让大数据平台自己操控算法，必须建立政府意识形态算法主要参数的合法渗入制度，对我们能够管控的主要网络供应商、App加入意识形态与正能力的“算法介入”。不能总停留于对不合适的信息实施被动删除的末端治理，必须基于精准算法实现思想教育的个性化信息分发，改变阅读窄化、浏览内容固化、思想认识僵化的不良算法推送模式；提高大数据的整合与“算法”关联，增强意识形态宣传的实效性、思想传播的针对性、敏感人群与事件的预警性；强化在数据搜集、整合、分析方面的部门合作意识，突破信息平台的横向和纵向互联技术瓶颈、商用和民用藩篱，有效降低数据搜集成本，提升意识形态宣传部门获取数据和算法的能力，为“意识形态算法介入”奠定技术基础和制度保障，确保网络平台、游戏平台、消费平台对政府相关部门的数据开放，便于监管部门甄别不当“算法”风险，精准推荐“优化算法”。

四、筑牢中华文明共同体意识

中华民族共同体意识是民族团结之本、国家统一之基、精神力量之魂。一种文明的强大首先来自内部的团结稳固，扩大中华文明的影响力，提升人类文明新形态的世界认同，必须在内部铸牢中华民族共同体意识，引导各族人民牢固树立休戚与共、荣辱与共、生死与共、命运与共的共同体理念。实现中华民族伟大复兴，离不开全国各族人民大团结的力量，离不开各民族智慧的更好凝聚。“五十六个星座五十六枝花，五十六族兄弟姐妹是一家”，就是要发挥“人心齐泰山移”、“一双筷子轻轻被折断，十双筷子牢牢抱成团”的团队作用、集体智慧、合力之威。习近平总书记指出：“中华民族多元一体是先人们留给我们的丰厚遗产，也是我国发展的巨大优势。”① 在中华民族多元一体格局中突出“一体”，是强调中华文化的主线和方向，中华文化是主干，各民族文化是枝叶，根深干壮才能枝繁叶茂，要发挥“多元”要素的向心合力价值，石榴籽必须围绕着中心才能抱在一起。

在中华民族发展史上，各民族共同开拓了辽阔的疆域，各民族共同书写了悠久的历史，各民族共同创造了灿烂的文化，过去

---

① “习近平在全国民族团结进步表彰大会上发表重要讲话强调 坚持共同团结奋斗共同繁荣发展 各民族共建美好家园共创美好未来”，《人民日报》，2019 年 9 月 28 日。

我们靠团结战胜了很多看似难以战胜的困难，未来即便面对前进道路上风高浪急甚至惊涛骇浪，我们坚信，团结的中华民族是不可战胜的。巩固中华民族共同体思想基础，就是要实现不同民族在空间、文化、经济、社会、心理等方面的全方位互嵌，树立正确的国家观、历史观、民族观、文化观、宗教观，全面推进中华民族共有精神家园建设，推动各民族共同走向社会主义现代化，促进各民族交往交流交融；推动中华文明探源考古研究，为确证中华文明多元一体格局提供历史依据。新时代铸牢共同体意识要牢记做好民族工作的“十二个必须”：必须从中华民族伟大复兴战略高度把握新时代党的民族工作的历史方位；必须把推动各民族为全面建设社会主义现代化国家共同奋斗作为新时代党的民族工作的重要任务；必须以铸牢中华民族共同体意识为新时代党的民族工作的主线；必须坚持正确的中华民族历史观；必须坚持各民族一律平等；必须高举中华民族大团结旗帜；必须坚持和完善民族区域自治制度；必须构筑中华民族共有精神家园；必须促进各民族广泛交往交流交融；必须坚持依法治理民族事务；必须坚决维护国家主权、安全、发展利益；必须坚持党对民族工作的领导。

必须从中华民族伟大复兴战略高度推进民族事业，坚守以中华民族伟大复兴为出发点和落脚点，弘扬中华优秀传统文化，发扬敢于抗争精神与爱国传统，继续推进“两个结合”，科学把握各民族之间的共同性和差异性，要增进共同性，也要尊重和包容差异性，引导各民族始终把中华民族利益放在首位，赋予各民族改革发展以彰显中华民族共同体意识的意义，以铿锵有力的声音告诉世界，只有在全球构建世界民族的共同体意识、生命共同体意识，才能解决人类面临的全球性问题。

五、进一步夯实自由人联合体的制度基础，拓宽实现通道

我们必须决定按照“新社会的光辉先驱”马克思、恩格斯、列宁所指明的路走下去，“为世界进文明，为人类造幸福”。习近平总书记在纪念马克思诞辰200周年的大会上指出：“马克思主义博大精深，归根到底就是一句话，为人类求解放。”① 这是全人类终极性的目标追求，将人类社会由“此岸”世界带向“彼岸”王国。“万物并育而不相害，道并行而不相悖。”中华民族既对内构建中华民族共同体，又坚持心灵沟通、开放包容、和谐共生，构建人与自然和谐的生命共同体，构建自我与他人的联系共同体，构建天下民族的命运共同体。没有中华民族共同体，就无法实现人类命运共同体，一门之内的兄弟姐妹都不和睦，不可能有众门多姓氏之下的族群的和谐，没有实现人与人之间、国与国之间的和谐，就不会有人类命运与共的可能，人与人、国与国的矛盾不解决，人与自然的矛盾就只能越来越大。实现任何一个共同体，都需要有先“舍”而后“得”，甚至只“舍”“不得”的思想境界。

每一种文明都在以自己的方式回应和适应大变局，中国既要坚守中华文明之本，也要坚持推动文明交流互鉴，“推进中华民

① 习近平：《在纪念马克思诞辰200周年大会上的讲话》，人民出版社2018年版，第8页。

族共同体、人类命运共同体和人与自然生命共同体建设，在实践中不断丰富人类文明新形态，推进中外人文交流走内涵式高质量发展之路，为建设一个更加美好的世界而努力”①。人类文明新形态是创造辉煌壮丽的现代文明的新起点，是在人类历史上第一个搭建起共商、共建、共享的文明对话格局的文明形态，“体现无产阶级政权的性质和以人民为中心的执政理念的优势，照射出人类解放和崭新文明的曙光”②。自由的声音要传遍世界，文明的脚步应铿锵有力，自由人联合体虽然遥远，但人类命运共同体近在眼前，要用“一带一路”传播中华文明理念，铸塑天下一家的全球意识，共同创造一个更加繁荣、安定、和谐、美丽的新世界。

① 赵可金：“新文明观视域下的世界文明交流互鉴”，《当代世界》，2022年第8期。

② 刘仓：“人类文明新形态的生成逻辑、多维内涵和世界意义”，《陕西师范大学学报（哲学社会科学版）》，2022年第4期。

结　语

“余读世界文明进化史，其文化发达最早者，当推吾国，吾国自有史以来，声教被海内，文化冠四海。”[①] 许倬云先生指出：“中国曾经是和西方文明并行发展的另外一个文明系统。”[②]这是值得礼赞的伟大文明：“自从先圣大贤制定礼教之后，就有孝、悌、忠、信、礼、义、廉、耻、仁、义、道德、博爱、平等种种精义。”[③] 故有人云：“然而直到今日，中国文化顿呈衰落的现象，欧美和日本的文化，却与国家的武力和物质建设同时突飞猛进，真不能不使人惭愧！但据我观察，中国文化的历史在世界上要算最悠久的，中国民族在世界各民族中，又算得天独厚的。文化既是人类调适环境的产物，那么在不久的将来，中华民族手中所创造的文化，一定不至于像一株河边的枯树，终于老死的，他一定能在狂风暴雨的当中，再有抬起头来的一天。”[④]

美国学者赛珍珠也说：“中国具有四千年历史，我们（指美

---

① “宣言”，《华东季刊》，1926 年创刊号，第 7 页。

② 许倬云：“五百年来西方”，《新京报》，2013 年 12 月 09 日，8 版。

③ 杨成祺：“中国对于世界文明的重大责任：参加本校演讲竞赛会讲稿”，《春雷》，1931 年第 1 期。

④ 钱慰宗：“中国文化落后之原因及在沟通中日文化过程中应有之认识与努力”，《安徽教育》，1941 年创刊号。

国）还不及五百年，英国也只有一千年。在这四千年中，中国的智慧比我们中任何一国为丰富。它试过又摒弃过集体权主义，它懂得社会主义、封建制度和帝国制度。”① 在处理人和人关系方面智慧超群，在对人心理解上博大精微。孔子说“后世必有圣人出”，当今中国正处在需要理论、也能产生伟大理论的时代，需要思想家、也能产生伟大思想家的时代。中国共产党始终奉行独立主义、自力更生、正道直行、不依附别国，保持中华民族的自尊、自信、自强之精气神，“不自卑，然后不致对外人作盲目的崇拜，不丧失独立的精，而后对于欧美帝国主义拥有反抗的气魄。不自骄，而后能学人之所长，不至于深闭而固拒。不失自我的精神，而后能与人立于对等的地位”②。中国特色社会主义与中华文明正在成为人类文明创造的典范，成为新兴市场国家争相学习的典范，成为独立探索自己国家未来、牢牢掌握自己命运的典范，坚持把国家和民族发展放在自己力量的基点上。俗话说，吃自己的饭，流自己的汗，自己的事情自己干。个人如此，国家、民族亦如此。在人类发展史上，没有任何一个国家能依赖外部力量而走向强大，也没有哪一个民族靠跟在他人后面亦步亦趋、拾人牙慧而实现振兴。邓小平同志说，“中国的事情要按照中国的情况来办，要依靠中国人自己的力量来办。独立自主，自力更生，无论过去、现在和将来，都是我们的立足点”③。习近平总书记强调，“自力更生是中华民族自立于世界民族之林的奋

① 赛珍珠：“中国对未来世界的贡献”，徐钟珮译，《西风（上海）》，1945 年第 74 期。

② 何子恒：“中国文化落后的因素”，《东方文化》，1942 年第 1 卷第 3 期。

③《邓小平年谱（一九七五——一九九七）》（下卷），中央文献出版社 2004 年版，第 844 页。

斗基点”①。《中共中央关于党的百年奋斗重大成就和历史经验的决议》在总结中国共产党百年奋斗的历史经验时，指出“独立自主是中华民族精神之魂，是我们立党立国的重要原则”②。将民族命运和国家前途放在自己力量的基点上，以自力更生、自信自强展开大业、创造伟业，是历史的结论，也是马克思主义辩证法的要求。

批判是为了更好地建构，超越旧文明开辟新文明，既是理论创新发展的需要，也是对文明研究规律的科学回应，世界文明终将“在历史前进的逻辑中前进、在时代发展的潮流中发展”③。文明本质上是要在不确定的世界变局中增强确定性、可控性，强化不同民族国家彼此相通的全球性共识、利益同享的共同性共识、携手创造美好生活的必要性共识、与优美生态环境的共生性共识、认清殖民掠夺的破坏性共识、摒弃狭隘的文明自大的短视性共识。

人类文明新形态直观表现为人类文明发展的迭代，也关涉人性丰富性的展开，更展现出当代中国生产境遇的变化、中国人生活方式的历史性嬗变。在马克思主义的文明分期中，文明类型是与生产方式紧密相关的，不同文明匹配着不同的生产方式与生活方式，这是历史唯物主义所揭示的客观规律。马克思说，“手推

① 《习近平谈治国理政》，外文出版社2014年版，第122页。

② 《中共中央关于党的百年奋斗重大成就和历史经验的决议》，人民出版社2021年版，第67页。

③ 习近平：《论坚持推动构建人类命运共同体》，中央文献出版社2018年版，第521页。

磨产生的是封建主的社会，蒸汽磨产生的是工业资本家的社会"①，经济范畴只不过是生产的社会关系的理论表现，手推磨只能造就封建社会，蒸汽磨则缔造了资本主义工业化生产格局。社会化大生产形成了社会主义公有制的生产方式与生活方式，中华文明基因在"双创"中融入当代中国人的生活场景，使马克思主义文明见解与中华文明的精华融汇于新时代，开创了人类文明新形态的全新生活图景。

与黑格尔强调头脑中的辩证法、只有"观念在理性中的顺序"、"没有'与时间次序相一致的历史'"② 的主张不同，"历史"本身就是时间概念，不管如何抽象，或进行纯粹思辨，"历史"时间的丰富性都不容置疑。每一个社会的生产关系都是在特定的历史时空中形成的相对稳定的体系，"同机器、信用等等一样，直接奴隶制是资产阶级工业的基础"③，"封建主义也有过自己的无产阶级，即包含着资产阶级的一切萌芽的农奴等级"④。正如在封建社会的胚胎中产生农奴制、产业工人，在资本主义的工业文明的胚胎中产生真正的"无产阶级"。无产阶级与资产阶级的利益是对抗和冲突的，资产阶级得以在其中活动的那些生产关系也因无产阶级的存在而积累着分化的新能量，无产阶级因为在给资产阶级创造财富的资本主义生产关系，也在给自身带来贫困，在制造压力的那些生产关系与文明体制中，也在培育着对抗

---

① 《马克思恩格斯选集》（第一卷），人民出版社 2012 年版，第 222 页。
② 《马克思恩格斯选集》（第一卷），人民出版社 2012 年版，第 221 页。
③ 《马克思恩格斯选集》（第一卷），人民出版社 2012 年版，第 224 页。
④ 《马克思恩格斯选集》（第一卷），人民出版社 2012 年版，第 232 页。

这种生产关系与文明体制的力量，资产阶级的财富集中越明显，无产阶级的对抗就越充分，无产阶级靠自己的革命打破旧制度、旧文明，建立“自己当家作主”的社会主义新制度、社会主义新文明，并在全球立起了文明进步的新标杆。

参考文献

一、经典文献

[1]马克思恩格斯全集:1 卷[M]. 北京:人民出版社,1956.

[2]马克思恩格斯全集:2 卷[M]. 北京:人民出版社,1957.

[3]马克思恩格斯全集:3 卷[M]. 北京:人民出版社,1960.

[4]马克思恩格斯全集:4 卷[M]. 北京:人民出版社,1958.

[5]马克思恩格斯全集:19 卷[M]. 北京:人民出版社,1963.

[6]马克思恩格斯全集:20 卷[M]. 北京:人民出版社,1971.

[7]马克思恩格斯全集:21 卷[M]. 北京:人民出版社,1965.

[8]马克思恩格斯全集:22 卷[M]. 北京:人民出版社,1965.

[9]马克思恩格斯全集:35 卷[M]. 北京:人民出版社,1971.

[10]马克思恩格斯全集:23、24、27、29、31、34、38 卷[M]. 北京:人民出版社,1972.

[11]马克思恩格斯全集:25、26(I)、32、36、39 卷[M]. 北京:人民出版社,1974.

[12]马克思恩格斯全集:42 卷[M]. 北京:人民出版社,1979.
[13]马克思恩格斯全集:40 卷[M]. 北京:人民出版社,1982.
[14]马克思恩格斯全集:41 卷[M]. 北京:人民出版社,1982.
[15]马克思恩格斯全集:45 卷[M]. 北京:人民出版社,1985.
[16]马克思恩格斯选集:1~4 卷[M]. 北京:人民出版社,1995.
[17]马克思恩格斯全集:30 卷[M]. 北京:人民出版社,1995.
[18]马克思恩格斯全集:37 卷[M]. 北京:人民出版社,1995.
[19]马克思恩格斯全集:44 卷[M]. 北京:人民出版社,2001.
[20]马克思恩格斯全集:3 卷[M]. 北京:人民出版社,2002.
[21]马克思恩格斯全集:46 卷[M]. 北京:人民出版社,2003.
[22]马克思恩格斯全集:47 卷[M]. 北京:人民出版社,2004.
[23]马克思恩格斯全集:42 卷[M]. 北京:人民出版社,2016.
[24]马克思恩格斯全集:28 卷[M]. 北京:人民出版社,2018.
[25]马克思恩格斯文集:1~10 卷[M]. 北京:人民出版社,2009.
[26]马克思恩格斯选集:1~4 卷[M]. 北京:人民出版社,2012.
[27]列宁全集:25 卷[M]. 北京:人民出版社,1958.
[28]列宁全集:38 卷[M]. 北京:人民出版社,1959.
[29]列宁全集:5 卷[M]. 北京:人民出版社,2013.
[30]列宁全集:7 卷[M]. 北京:人民出版社,2013.
[31]列宁全集:16 卷[M]. 北京:人民出版社,2017.
[32]列宁全集:18 卷[M]. 北京:人民出版社,2017.
[33]列宁全集:22 卷[M]. 北京:人民出版社,2017.
[34]列宁全集:23 卷[M]. 北京:人民出版社,2017.
[35]列宁全集:27 卷[M]. 北京:人民出版社,2017.

[36]列宁全集:35卷[M]. 北京:人民出版社,2017.

[37]列宁全集:37卷[M]. 北京:人民出版社,2017.

[38]列宁全集:39卷[M]. 北京:人民出版社,2017.

[39]十二大以来重要文献选编:上[M]. 北京:人民出版社,1986.

[40]十三大以来重要文献选编:中[M]. 北京:人民出版社,1991.

[41]毛泽东文集:2卷[M]. 北京:人民出版社,1993.

[42]邓小平文选:1~3卷[M]. 北京:人民出版社,1994.

[43]建国以来重要文献选编:10册[M]. 北京:中央文献出版社,1994.

[44]毛泽东文集:3卷[M]. 北京:人民出版社,1996.

[45]十四大以来重要文献选编:上[M]. 北京:人民出版社,1996.

[46]十四大以来重要文献选编:中[M]. 北京:人民出版社,1997.

[47]建国以来重要文献选编:12册[M]. 北京:中央文献出版社,1997.

[48]毛泽东文集:6卷[M]. 北京:人民出版社,1999.

[49]毛泽东文集:7卷[M]. 北京:人民出版社,1999.

[50]毛泽东文集:8卷[M]. 北京:人民出版社,1999.

[51]江泽民论有中国特色社会主义(专题摘编)[M]. 北京:中央文献出版社,2002.

[52]中央文献研究室. 毛泽东书信选集[M]. 北京:中央文

献出版社,2003.

[53]十五大以来重要文献选编:下[M]. 北京:人民出版社,2003.

[54]中华人民共和国史编年:1949年卷[M]. 北京:当代中国出版社,2004.

[55]十六大以来重要文献选编:上[M]. 北京:中央文献出版社,2005.

[56]十六大以来重要文献选编:中[M]. 北京:中央文献出版社,2006.

[57]江泽民文选:1~3卷[M]. 北京:人民出版社,2006.

[58]习近平. 之江新语[M]. 杭州:浙江人民出版社,2007.

[59]十六大以来重要文献选编:下[M]. 北京:中央文献出版社,2008.

[60]建国以来周恩来文稿:1册[M]. 北京:中央文献出版社,2008.

[61]改革开放三十年重要文献选编:上[M]. 北京:人民出版社,2008.

[62]改革开放三十年重要文献选编:下[M]. 北京:人民出版社,2008.

[63]建党以来重要文献选编:十四册[M]. 北京:中央文献出版社,2011.

[64]十七大以来重要文献选编:下[M]. 北京:中央文献出版社,2013.

[65]毛泽东年谱(1893~1949)(修订本):中卷[M]. 北京:中

央文献出版社,2013.

[66]中共中央文件选集(一九四九年十月~一九六六年五月):27册[M]. 北京:人民出版社,2013.

[67]习近平. 在纪念毛泽东同志诞辰120周年座谈会上的讲话[M]. 北京:人民出版社,2013.

[68]习近平. 在纪念孔子诞辰2565周年国际学术研讨会暨国际儒学联合会第五届会员大会开幕会上的讲话[M]. 北京:人民出版社,2014.

[69]十八大以来重要文献选编:上[M]. 北京:中央文献出版社,2014.

[70]习近平谈治国理政:1卷[M]. 北京:外文出版社,2014.

[71]习近平. 在文艺工作座谈会上的讲话[M]. 北京:人民出版社,2015.

[72]胡锦涛文选:1~3卷[M]. 北京:人民出版社,2016.

[73]习近平. 在哲学社会科学工作座谈会上的讲话[M]. 北京:人民出版社,2016.

[74]习近平. 在庆祝中国共产党成立95周年大会上的讲话[M]. 北京:人民出版社,2016.

[75]习近平谈治国理政:2卷[M]. 北京:外文出版社,2017.

[76]习近平. 决胜全面建成小康社会夺取新时代中国特色社会主义伟大胜利:在中国共产党第十九次全国代表大会上的报告[M]. 北京:人民出版社,2017.

[77]习近平关于社会主义政治建设论述摘编[M]. 北京:中央文献出版社,2017.

[78]十八大以来重要文献选编:下[M]. 北京:中央文献出版社,2018.

[79]习近平. 在纪念马克思诞辰200周年大会上的讲话[M]. 北京:人民出版社,2018.

[80]习近平谈治国理政:3卷[M]. 北京:外文出版社,2020.

[81]十九大以来重要文献选编:中[M]. 北京:中央文献出版社,2021.

[82]中共中央关于党的百年奋斗重大成就和历史经验的决议[M]. 北京:人民出版社,2021.

[83]习近平. 高举中国特色社会主义伟大旗帜 为全面建设社会主义现代化国家而团结奋斗:在中国共产党第二十次全国代表大会上的报告[M]. 北京:人民出版社,2022.

[84]习近平谈治国理政:4卷[M]. 北京:外文出版社,2022.

[85]习近平. 论坚持推动构建人类命运共同体[M]. 北京:中央文献出版社,2018.

[86]习近平. 在纪念马克思诞辰200周年大会上的讲话[M]. 北京:人民出版社,2018.

[87]习近平. 在庆祝改革开放40周年大会上的讲话[M]. 北京:人民出版社,2018.

[88]习近平. 在党史学习教育动员大会上的讲话[M]. 北京:人民出版社,2021.

[89]习近平. 在庆祝中国共产党成立100周年大会上的讲话[M]. 北京:人民出版社,2021.

二、中文专著

[90]李大钊全集:2 卷[M]. 北京:人民出版社,2013.

[91]李大钊文集:上[M]. 北京:人民出版社,1984.

[92]瞿秋白文集·政治理论编:2 卷[M]. 北京:人民出版社,2013.

[93]社会主义发展简史[M]. 北京:人民出版社、学习出版社,2021.

[94]孙中山全集:6 卷[M]. 北京:中华书局,1981.

[95]习近平新时代中国特色社会主义思想学习纲要[M]. 北京:学习出版社、人民出版社,2019.

[96]蔡尚思,方行. 谭嗣同全集[M]. 北京:中华书局,1981.

[97]陈启能,姜芃. 文明理论[M]. 福州:海峡出版发行集团、福建教育出版社,2010.

[98]陈先达. 归根到底是因为马克思主义行[M]. 北京:人民出版社,2021.

[99]陈筠泉. 文明发展战略[M]. 福州:海峡出版发行集团、福建教育出版社,2010.

[100]高洪,邱永辉,吴云贵,等. 当代文明(下)[M]. 福州:海峡出版发行集团、福建教育出版社,2010.

[101]谷棣,谢戎彬. 我们误判了中国:西方政要智囊重构对华认知[M]. 北京:华文出版社,2015.

[102]哈佛燕京学社. 全球化与文明对话[M]. 南京:江苏教

育出版社,2004.

[103]贺麟．儒家思想的新开展[M]．北京:商务印书馆,1988.

[104]蒋孟引．英国史[M]．北京:中国社会科学出版社,1988.

[105]蒋廷黻．中国近代史[M]．北京:长江文艺出版社,2020.

[106]梁漱溟．中国文化要义[M]．上海:上海人民出版社,2011.

[107]刘须宽．国家治理体系和治理能力现代化[M]．北京:人民日报出版社,2020.

[108]马勇．中华文明·中国文明通论[M]．福州:海峡出版发行集团、福建教育出版社,2010.

[109]沈壮海．论文化自信[M]．武汉:湖北人民出版社,2019.

[110]孙周兴．海德格尔选集:下卷[M]．上海:上海三联书店,1996.

[111]汤一介．和而不同[M]．沈阳:辽宁人民出版社,2001.

[112]辛向阳．中国特色社会主义新时代[M]．北京:人民出版社,2021.

[113]辛向阳．中国新时代[M]．北京:中国人民大学出版社,2020.

[114]姚介厚,王逢振,杨深．外国文明理论研究:上[M]．福州:海峡出版发行集团、福建教育出版社,2010.

[115]叶秀山．哲学的希望[M]．南京:江苏人民出版社 2019.

[116]赵汀阳．天下体系:世界制度哲学导论[M]．北京:中国人民大学出版社,2011.

[117]左玉河．中国近代文明通论[M]．福州:海峡出版发行集团、福建教育出版社,2010.

三、外文译著

[118]鲍登．文明与战争[M]．哈尔滨:哈尔滨工程大学出版社,2019.

[119]斯宾格勒．西方的没落[M]．哈尔滨:黑龙江教育出版社,1989.

[120]黑格尔．法哲学原理[M]．范扬,张企泰,译,北京:商务印书馆 1982.

[121]黑格尔．黑格尔历史哲学[M]．北京:九州出版社,2011.

[122]黑格尔．黑格尔全集:27 卷[M]．北京:商务印书馆,2017.

[123]黑格尔．哲学史讲演录:1 卷[M]．贺麟,王太庆,译,商务印书馆,2009.

[124]雅斯贝斯．历史的起源与目标[M]．魏楚雄,俞新天,译．北京:华夏出版社,1989.

[125]尼采．查拉图斯特拉如是说[M]．黄明嘉,译．桂林:漓江出版社,2000.

[126]埃利亚斯．文明的进程:上册[M]．王佩莉,译．北京:生活·读书·新知三联书店,1998.

[127]汤因比．历史研究[M]．刘北成,郭小凌,译．上海:上海人民出版社,2000.

[128]布罗代尔. 文明史纲[M]. 肖昶,等,译. 桂林:广西师范大学出版社,2003.

[129]艾恺. 最后的儒家:梁漱溟与中国现代化的两难[M]. 王宗昱,冀建中,译. 北京:外语教学与研究出版社,2018.

[130]马兹利什. 文明及其内涵[M]. 北京:商务印书馆,2017.

[131]福山. 历史的终结与最后的人[M]. 陈高华,译. 桂林:广西师范大学出版社,2014.

[132]房龙. 文明简史[M]. 北京:华文出版社,2019.

[133]基辛格. 大外交[M]. 顾淑馨,等,译. 海口:海南出版社,1998.

[134]柯文. 在中国发现历史:中国中心观在美国的兴起[M]. 林同奇,译. 北京:中华书局,1989.

[135]马尔库塞. 单向度的人[M]. 上海:上海译文出版社,2008.

[136]阿普尔比,亨特,雅各布. 历史的真相[M]. 刘北成,薛绚,译. 北京:人民出版社,2011.

[137]亨廷顿. 文明的冲突与世界秩序的重建[M]. 周琪,等译. 北京:新华出版社,2010.

[138]亨廷顿. 我们是谁? 美国国家特性面临的挑战[M]. 程克雄,译. 北京:新华出版社,2005.

[139]特劳特曼. 印度次大陆:文明五千年[M]. 北京:当代世界出版社,2021.

[140]王国斌. 转变的中国:历史变迁与欧洲经验的局限[M]. 李伯重,连玲玲,译. 南京:江苏人民出版社,2008.

[141]麦克尼尔．西方的兴起：人类共同体史[M]．孙岳，等译．北京：中信出版社，2015.

[142]池田大作，汤因比．展望二十一世纪：汤因比与池田大作对话录[M]．荀春生，等译．北京：国际文化出版公司，1997.

[143]福泽谕吉．文明论概略[M]．北京编译社，译．北京：商务印书馆，1959.

[144]马基雅维利．君王论[M]．徐继业，译．北京：光明日报出版社，1996.

[145]森．以自由看待发展[M]．任赜，于真，译．北京：中国人民大学出版社，2012.

[146]罗素．中国问题[M]．田瑞雪，译．上海：学林出版社，1996.

[147]汤因比．历史研究[M]．刘北成，译．上海：上海人民出版社，2000.

[148]伊格尔顿．马克思为什么是对的[M]．李杨，等，译．重庆：重庆出版集团、重庆出版社，2017.

四、期刊

[149]格雷斯．亨廷顿"文明冲突"论的潜台词：上[J]．潘忠岐，陈威，译．现代外国哲学社会科学文摘，1998(8).

[150]赛珍珠．中国对未来世界的贡献[J]．徐钟珮，译．西风(上海)，1945(74).

[151]宣传之道:耶稣诞辰为世界文明进化的起点[J]. 公教周刊,1933(197).

[152]包心鉴. 新文明观:面对新全球化的价值选择[J]. 理论视野,2017(6).

[153]曹顺庆,张帅东. 构建人类命运共同体意识下的文明冲突与变异[J]. 学术界,2019(12).

[154]车玉玲. 反启蒙与新文明探索:俄罗斯反思西方现代化的思想路径[J]. 哲学研究,2022(2).

[155]陈曙光. 世界大变局与人类文明的重建[J]. 哲学研究,2022(3).

[156]陈占安. 关于建强建优全国重点马克思主义学院的思考[J]. 思想理论教育导刊,2021(8).

[157]陈志刚. 百年奋斗创造人类文明新形态[N]. 中国社会科学报,2022-03-15.

[158]戴圣鹏. 文明交往与融合中的文明冲突[J]. 人文杂志,2017(7).

[169]方世南,马姗姗. 从"五位一体"的文明协调发展把握中国式现代化新道路和人类文明新形态[J]. 思想理论教育,2021(11).

[160]高海波."人类文明新形态"的理论由来、科学内涵和核心要义[J]. 学习与实践,2021(8).

[161]高正礼. 中国特色社会主义创造了人类文明新形态[J]. 人民论坛·学术前沿,2021(13).

[162]龚云. 开辟21世纪马克思主义、当代中国马克思主义

新境界[J]. 党的文献,2019(5).

[163]龚云. 中国共产党对世界社会主义的历史性贡献[J]. 历史研究,2021(2).

[164]韩喜平,郝婧智. 人类文明形态变革与中国式现代化道路[J]. 当代世界与社会主义,2021(2).

[165]韩震. 人类文明形态的演进历程[J]. 人民论坛,2021(34).

[166]郝志昌. 超越资本文明:人类文明形态变革的学理性根据[J]. 河南大学学报(社会科学版),2021(1).

[167]何子恒. 中国文化落后的因素[J]. 东方文化,1942,1(3).

[168]贺新元. 中华文化和中国精神的时代精华[J]. 新湘评论,2022(15).

[169]贺云翱. 古希腊文明考古是我们了解世界文明大格局的重要途径[J]. 大众考古,2018(9).

[170]胡适. 我们对于西洋近代文明的态度[J]. 东方杂志,1926,23(17).

[171]胡钰,薛静. 论人类新文明视野下的中华文化建设[J]. 出版发行研究,2019(1).

[172]黄会林. 世界文明格局中的中国文明主体性[J]. 中外艺术研究,2020(1).

[173]黄廷英. 历史的毒害[J]. 东方杂志,1938,35(18).

[174]姜辉,林建华. 当代中国历史方位和发展阶段的科学判断及其演进逻辑[J]. 中国社会科学,2022(1).

[175]姜辉．“两个结合”是马克思主义中国化的必然途径[J]．当代中国史研究,2021(5).

[176]姜辉．构建人类命运共同体:百年大党的中国方案和世界期待[J]．党建,2021(7).

[177]姜佑福．文明论与普遍历史的有机统一:中国道路研究的根本视域[J]．天津社会科学,2017(5).

[178]蒋宋美龄．七个致命的劣根性[J]．清明,1939(刊号卷).

[179]蒋志红,黄其洪．论作为总体性文明的中国特色社会主义的世界意义[J]．西南大学学报(社会科学版),2020(3).

[180]寇清杰,肖影慧．论人类文明新形态生成的五重逻辑[J]．理论学刊,2022(4).

[181]李斌雄,魏心凝．中国共产党探索社会主义现代化道路的百年历程和基本经验[J]．中南民族大学学报(人文社会科学版),2021(8).

[182]李文堂．中国共产党百年文化成就[J]．中国党政干部论坛,2021(10).

[183]李旭．中华民族劣根性之铲除与新信仰的树立[J]．时论(南京),1935(10).

[184]李艳艳．中国特色社会主义创造了人类文明新形态[J]．人民论坛,2021(34).

[185]林建华．百年来马克思主义基本原理与中国实际相结合的逻辑[J]．高校马克思主义理论教育研究,2020(12).

[186]林建华．全面建设社会主义现代化国家的中国意义和

世界意义[J]. 思想教育研究,2020(12).

[187]林建华. 人类文明新形态的意蕴和旨归[J]. 旗帜,2022(1).

[188]刘仓. 人类文明新形态的生成逻辑、多维内涵和世界意义[J]. 陕西师范大学学报(哲学社会科学版),2022(4).

[189]刘晨光. 人类文明新形态何以可能?[J]. 科学社会主义,2021(4).

[190]刘建平. 文明冲突论:被揭示的与被遮蔽的[J]. 学海,2004(4).

[191]刘须宽. "量""质""时""雅""界" 人民期盼的美好生活,要从这五个字上下功夫[J]. 人民论坛,2018(11).

[192]刘须宽. 百年共产党的强党规律研究[J]. 广西社会科学,2021(1).

[193]刘须宽. 对当前世界力量对比变化与发展趋势的一点思考[J]. 世界社会主义研究,2020(10).

[194]刘须宽. 人类文明新形态的历史唯物主义分析[J]. 世界社会主义研究,2022(6).

[195]刘须宽. 世界百年未有之大变局的意识形态分析[J]. 马克思主义研究,2020(12).

[196]刘须宽. 探究人类文明新形态形成的理论生成逻辑[J]. 毛泽东研究,2022(3).

[197]刘须宽. 新时代中国社会主要矛盾转化的原因及其应对[J]. 马克思主义研究,2017(11).

[198]刘须宽．中国共产党百年精神强党经验研究[J]．宁波大学学报(人文科学版),2021(4).

[199]刘同舫．人类文明新形态的内在依据:生产方式的创新性发展[J]．北京大学学报(哲学社会科学版),2023(1).

[200]刘志明．推进国家治理体系和治理能力现代化:根本依据、战略意涵与标志性意义[J]．中南大学学报(社会科学版),2021(4).

[201]鲁汉．中国人之劣根性[J]．革命,1929(86).

[202]麻磊,张士海．人类文明新形态:生成逻辑、核心要义与价值意蕴[J]．西安交通大学学报(社会科学版),2022(6).

[203]毛峰．回归道德主义:孔子文明传播思想论析[J]．南开大学学报,2005(3).

[204]苗翠翠．人类命运共同体:中国方案引领人类文明新形态[J]．重庆社会科学,2019(4).

[205]南珍．中国人的劣根性[J]．现代生活,1923,1(1).

[206]庞立生．中国道路的文明意蕴[J]．思想理论教育导刊,2021(8).

[207]彭树智．论人类的文明交往[J]．史学理论研究,2001(1).

[208]钱慰宗．中国文化落后之原因及在沟通中日文化过程中应有之认识与努力[J]．安徽教育,1941(创刊号).

[209]瞿宣颖．国民劣根性之研究[J]．约翰声,1916,27(6).

[210]如星．铲除劣根性[J]．联益之友,1931(176).

[211]沈湘平．坚持把马克思主义基本原理同中华优秀传统

文化相结合[J]. 中国高思想理论教育,2021(5).

[212]沈湘平. 论人类文明新形态与全人类共同价值[J]. 哲学研究,2022(4).

[213]孙正聿. 从大历史观看中国式现代化[J]. 哲学研究,2022(1).

[214]太戈尔. 东方文明的危机[J]. 东方杂志,1924,21(10).

[215]陶文昭. 创造人类文明新形态[J]. 中国高校社会科学,2021(6).

[216]田鹏颖,李雨珊. 论人类文明新形态的未来指向[J]. 思想教育研究,2022(1).

[217]田鹏颖,武雯婧. 试论人类文明新形态[J]. 学习论坛,2021(5).

[218]王衡. 中国人之劣根性[J]. 春花,1923(毕业纪念刊).

[219]王晶. 三重视域下的“人类文明新形态”及其世界历史意义[J]. 哈尔滨工业大学学报(社会科学版),2022(6).

[220]王坤宇. 文明冲突与中国和谐智慧:王治河教授访谈录[J]. 哲学探索,2021(1).

[221]王文东. 人类文明新形态:生成逻辑与坐标体系[J]. 江海学刊,2021(4).

[222]王一涵,郭凤志. 论社会主义文明是一种新文明形态[J]. 湖北社会科学,2020(12).

[223]王逸舟. 国际政治的又一种透视[J]. 美国研究,1994(1).

[224]卫中. 卫中博士对于中国文化的观感[J]. 东方杂志,

1927,24(17).

[225]魏飒．中国特色社会主义文明是人类文明新形态[J]．湖北社会科学,2021(12).

[226]吴海江,徐伟轩．新文明的中国形态[J]．复旦学报(社会科学版),2020(5).

[227]吴晓明．马克思主义中国化与新文明类型的可能性[J]．哲学研究,2019(7).

[228]吴晓明．世界历史与中国道路的百年探索[J]．中国社会科学,2021(6).

[229]吴晓明．中国道路的百年探索与马克思主义中国化[J]．京师范大学学报(社会科学版),2021(4).

[230]郗戈．历史唯物主义中国化与中国现代性建构[J]．江海学刊,2012(1).

[231]习近平．建设中国特色中国风格中国气派的考古学　更好认识源远流长博大精深的中华文明[J]．求是,2020(23).

[232]习近平．学习马克思主义基本理论是共产党人的必修课[J]．求是,2019(22).

[233]习近平．以史为鉴、开创未来埋头苦干、勇毅前行[J]．求是,2022(1).

[234]习近平．在全国党校工作会议上的讲话[J]．求是,2016(9).

[235]辛向阳．科学把握人类文明新形态的基本内涵[J]．江西师范大学学报（哲学社会科学版),2022(3).

[236]辛向阳．人类文明新形态的三维阐释[J]．贵州省党校学报,2023(1).

[237]辛向阳．深刻把握“胸怀天下”的历史经验[J]．天津社会科学,2022(1).

[238]辛向阳．中国式现代化对世界发展的重大影响[J]．理论与评论,2021(5).

[239]辛向阳．中国式现代化新道路的性质与特征[J]．马克思主义理论教学与研究,2022(1).

[240]辛向阳．中国特色社会主义道路与世界文明发展[J]．北京社会科学,2009(5).

[241]颜晓峰．创造社会主义现代化的文明新形态[J]．马克思主义研究,2021(7).

[242]颜晓峰．坚持把马克思主义基本原理同中华优秀传统文化相结合[J]．社会主义核心价值观研究,2022(1).

[243]杨彬彬．“人类文明新形态”概念提出的合理性[J]．科学社会主义,2022(2).

[244]杨成祺．中国对于世界文明的重大责任:参加本校演讲竞赛会讲稿[J]．春雷,1931(1).

[245]杨光斌．中国式现代化与人类文明新形态[J]．教学与研究,2022(10).

[246]杨金海．人类文明新形态提出的深远历史意义[J]．想理论教育导刊,2021(7).

[247]杨乔乔,郭凤志．中国道路开启新文明类型的可能性:基于

现代性生成逻辑比较语境下的探析[J]. 思想教育研究,2019(12).

[248]杨振闻. 从“文明蒙尘”到“人类文明新形态”:中国式现代化道路的文明旨归[J]. 求索,2022(1).

[249]于沛. 历史大变局中的人类文明新形态[J]. 历史研究,2021(6).

[250]俞沛文. 中国人的几点劣根性[J]. 光华附中半月刊,1935,3(3).

[251]宇宙. 欧战与世界文明的前途[J]. 杂志,1940,6(5).

[252]臧峰宇. 中国式现代化的文明底蕴及其世界历史意义[J]. 哲学研究,2023(1).

[253]张东荪. 由自利的我到自制的我[J]. 东方杂志,1926,23(3).

[254]张鹏. 马克思主义哲学视域中的人类文明新形态内在逻辑探析[J]. 中共山西省委党校学报,2022(5).

[255]张艳涛,吴波. 文明辩证法视域下的人类文明新形态生成逻辑[J]. 中国浦东干部学院学报,2022(4).

[256]张艳涛. 中国崛起与人类文明新形态开启:兼论〈资本论〉的文明意蕴[J]. 中国浦东干部学院学报,2019(4).

[257]张云飞. 努力创造人类文明新形态[J]. 国家治理,2021(25).

[258]张兆涵,刘涵. 将人类文明共同体思想融入思政教育的理论准备[J]. 现代交际,2020(1).

[259]张志强. 沟通欧亚文明根脉 探索命运与共的人类文明

新形态[J]. 甘肃政协,2021(5).

[260]赵可金. 新文明观视域下的世界文明交流互鉴[J]. 当代世界,2022(8).

[261]振甫. 严复的中西文化观[J]. 东方杂志,1937,34(1).

[262]周新城. 论“普世价值”是否存在及“普世价值”鼓吹者们的政治目的[J]. 政治学研究,2008(5).

五、报纸文章

[263]习近平在中共中央政治局第三十九次集体学习时强调:把中国文明历史研究引向深入　推动增强历史自觉坚定文化自信[N]. 人民日报,2022-05-29:1.

[264]韩庆祥,陈远章. 学习把握新时代中国特色社会主义的大逻辑[N]. 人民日报,2018-05-24.

[265]袁世凯. 中华民国大总统莅任宣言书[N]. 申报,1910-10-10.

[266]季塔连科. 世界友人致电致函本报:世纪之交看中国[N]. 光明日报,2001-01-01.

[267]胡锦涛. 在纪念中国人民抗日战争暨世界反法西斯战争胜利60周年大会上的讲话[N]. 人民日报,2005-09-04(2).

[268]习近平. 顺应时代前进潮流促进世界和平发展:在莫斯科国际关系学院发表重要演讲[N]. 光明日报,2013-03-24.

[269]许倬云. 五百年来西方[N]. 新京报,2013-12-09.

[270]习近平在联合国教科文组织总部的演讲[N]. 人民日报,2014-03-28.

[271]习近平. 在纪念孔子诞辰2565周年国际学术研讨会暨国际儒学联合会第五届会员大会开幕会上的讲话[N]. 人民日报,2014-09-25.

[272]莫砺锋. 以优秀传统文化滋润心灵[N]. 人民日报,2017-06-20.

[273]马翠明. 怀特海的文明观及其局限[N]. 中国社会科学报,2017-11-30.

[274]刘同舫. 在增进文化认同中坚定文化自信[N]. 人民日报,2018-04-25.

[275]本报评论员. 荒唐的"文明冲突论" 愚蠢的强权霸道心态[N]. 光明日报,2019-05-16.

[276]习近平. 深化文明交流互鉴 共建亚洲命运共同体:在亚洲文明对话大会开幕式上的主旨演讲[N]. 人民日报,2019-05-16.

[277]宣言. 中国没有辜负社会主义[N]. 人民日报,2021-06-08.

[278]西原春夫. 中国有能力建设理想社会[N]. 中国社会科学报,2021-10-15.

[279]沈湘平. 学术中国观点集萃[N]. 中国社会科学报,2021-10-15.

[280]冯俊. 中国式现代化新道路展现人类文明新形态[N]. 中国社会科学报,2021-10-19.

[281]习近平．在中华人民共和国恢复联合国合法席位 50 周年纪念会议上的讲话[N]．人民日报,2021-10-26.

[282]宋涛．不断为人类文明进步贡献智慧和力量[N]．人民日报,2021-12-22(9).

[283]马建堂,赵昌文．党领导人民创造了人类文明新形态[N]．人民日报,2022-02-09.

[284]夏莹．唯物史观视域中新文明的辩证演化[N]．中国社会科学报,2022-07-29.

[285]张志强．大变局与新文明[N]．中国社会科学报之学术中国·2022 专刊,2022-08-29(5).

[286]韩庆祥．人类文明新形态与发展 21 世纪马克思主义[N]．中国社会科学报,2022-09-29.

[287]张梧．在重大历史关键节点深化哲学思考[N]．中国社会科学报,2022-11-24.

[288]习近平在中央农村工作会议上强调 锚定建设农业强国目标 切实抓好农业农村工作[N]．人民日报,2022-12-25.